卓越教师

厦门市卓越教师培育项目成果
西南大学教育学"双一流"学科建设实践成果

教学主张丛书　总主编　陈　珍　朱德全

福建省教育科学"十四五"规划2023年度课题
"大美育视角下小学跨学科主题教学的实践研究"研究成果
（课题编号：FJJKZX23-305）

融美数学

探寻小学数学课堂新境

李玲玲　著

西南大学出版社
国家一级出版社　全国百佳图书出版单位

· 重庆 ·

图书在版编目(CIP)数据

融美数学：探寻小学数学课堂新境 / 李玲玲著.
重庆：西南大学出版社, 2024. 10. -- (卓越教师教学主张丛书). -- ISBN 978-7-5697-2609-1

Ⅰ. G623.502

中国国家版本馆CIP数据核字第20249HW205号

融美数学：探寻小学数学课堂新境
RONGMEI SHUXUE: TANXUN XIAOXUE SHUXUE KETANG XINJING

李玲玲　著

责任编辑：朱春玲
责任校对：郑祖艺
特约校对：蒋云琪
封面设计：闰江文化
版式设计：散点设计
排　　版：贝　岚
出版发行：西南大学出版社(原西南师范大学出版社)
　　　　　地址：重庆市北碚区天生路2号
　　　　　邮编：400715
　　　　　市场营销部电话：023-68868624
印　　刷：重庆亘鑫印务有限公司
成品尺寸：170 mm × 240 mm
印　　张：20.25
字　　数：364千字
版　　次：2024年10月　第1版
印　　次：2024年10月　第1次印刷
书　　号：ISBN 978-7-5697-2609-1
定　　价：65.00元

编委会

总序

习近平总书记在2024年全国教育大会上指出,要实施教育家精神铸魂强师行动,加强师德师风建设,提高教师培养培训质量,培养造就新时代高水平教师队伍。《中共中央 国务院关于弘扬教育家精神加强新时代高素质专业化教师队伍建设的意见》指出,要加强中小学学科领军教师培训,培育一批引领基础教育学科教学改革的骨干。强化中小学名师名校长培养。

厦门市历来重视名师队伍的培育培养工作,根据教师专业成长规律,经二十年探索,逐步形成了"骨干教师—学科带头人—专家型教师—卓越教师"的金字塔式名师阶梯成长体系。自2021年起,厦门市教育局与西南大学开展战略合作,共同推进厦门教育高质量发展和教师队伍建设。"厦门市首期卓越教师培育项目"是由厦门市教育局与西南大学教育学部联合倾力打造的精品培训项目,也是厦门市迄今为止最高层次的教师培训项目。该项目旨在打造一支具有教育情怀、高尚师德,富有创新精神,具有鲜明教育教学思想和教学主张,在教育教学和教育科研上发挥领军作用的高层次教育人才队伍。项目以产出导向为理念,坚持任务驱动,通过个人自学、高端访学、课题研究、讲学辐射、挂钩帮扶、发表论文、出版专著、提炼教育思想、推广教学主张等方式优化培育过程。

三年琢磨,美玉渐成。通过三年的探索,围绕成为"有实践的思想者"这一核心目标,每一位卓越教师培育对象形成了特色鲜明、理念前沿的教学主张,并以教学主张为中心形成了一本专著,从而汇集成目前呈现在大家面前的"卓越教师教学主张丛书"。

本丛书,既是"厦门市首期卓越教师培育项目"三年实施成果的沉淀,是每一位卓越教师培育对象思想的结晶,也是西南大学教育学"双一流"学科建设的实践成果。

仔细阅读本丛书,可以欣喜地看到,卓越教师培育对象们不仅能敏锐地捕捉到教育教学领域的难点、热点问题,揭示其中的本质规律,还能结合本地教学实际智慧地提出解决方案。总体来说,本丛书有以下三个方面的特点。

一是有较浓厚的学术气息。29位培育对象中有获得国家、省级基础教育教学成果奖的教师,有正高级教师,有省特级教师,但他们还在不断突破,追寻对教育教学本质的理解,追寻从实践到思想的蝶变,追寻高水平的专业表达。他们从实践中提炼出主张,再用主张引领实践,他们在书稿中融入了理论的阐释,学会了建构模型,并借助模型简洁地表述自己的教育教学思想,读起来不生涩也不单调。

二是有较强的系列探索味道。《义务教育课程方案(2022年版)》提出,应做好学段间的教育教学衔接。29位培育对象中,既有教育科研专职人员和学校的管理者,也有班主任、一线教师等,研究成果覆盖了小学、初中和高中的大部分学科,最终形成了29本培育对象教学主张的专著和1本全景式呈现卓越教师培育的经验和初步成效的论著。因此,本丛书既有基于教育者几十年教学实践的思想提炼,又有深入课堂的案例剖析,可以"用眼睛来读",作为教师专业发展的自读文选;也可以"用行动去做",作为教学范例直接进入课堂实践,在行动研究中孵化、创生;也适合专门研究者或管理人员参阅,从中窥探从小学到高中的教育教学重点与发展脉络。

三是有鲜明的课程育人特色。本丛书的撰写以学科课程为载体,以学科课程核心素养为目标,积极探索新时代背景下的育人方式变革,寻求育人最佳路径,以德施教,立德树人。因此,单看每本专著,已能感受到其中鲜明的课程育人特色,综合丛书来看,这一特色更加明显。

期盼厦门市首批卓越教师培育对象大力弘扬践行教育家精神,追求卓越的步伐永不停留,不断完善、应用和推广自己的教学主张和教学成果,为厦门教育做出更多更大的贡献。也期盼本丛书能为广大中小学教师深化教学改革提供参考,为教育学"双一流"学科服务教育实践提供借鉴。

是为序。

陈 珍

(中共厦门市委教育工委书记、厦门市教育局局长)

朱德全

(西南大学教育学部部长、西南大学教育学一流
学科建设"首席责任专家"、国家重大人才工程
特聘教授、国务院学位委员会学科评议组成员)

序一

数学文化是以数学科学体系为核心，以其内在的思想、精神、方法和庞大的知识体系等所辐射、渗透和扩展到相关文化领域的一个具有强大精神与物质功能的动态系统，是数学知识、数学精神、数学思想、数学方法、数学思维、数学意识、数学活动等数学文明的总和。《义务教育数学课程标准(2022年版)》明确指出：数学承载着思想和文化，是人类文明的重要组成部分。关注数学学科发展前沿与数学文化，继承和弘扬中华优秀传统文化。

厦门市音乐学校李玲玲副校长(正高级教师、省特级教师)带领团队积极将数学文化融入小学数学课堂，探索课堂教学变革路径，落实立德树人根本任务。有助于激发学生的数学学习兴趣，使学生接受优秀文化熏陶；有助于帮助学生更好地认识数学、理解数学、学习数学，开拓学生视野，丰富学生的数学学习内容；有助于提高数学核心素养、推动素质教育活动的实施；有助于提高学生学习能力、实践能力和创新能力；有助于培养学生的数学精神，增强民族自豪感。

在长期的数学文化教育实践中，李玲玲副校长提出"融美数学"教学主张，组织撰写了《融美数学：探寻小学数学课堂新境》一书，全书包括融美数学的逻辑起点、理论基础、内涵诠释、教学设计、教学策略、支持体系、评价机制七章，构建了"一体两翼"课程框架，其中"两翼"分别为数学阅读和数学游戏项目；探索出"三环六步"融美数学教学流程，充分观照审美发展规律，注重学生的情感与认知协同发展，推动核心素养生成；开展跨学科主题学习研究，引导学生在"做中学"，努力丰富学生的数学学习样态。2024

年5月,厦门市音乐学校承办了由教育部西南基础教育课程研究中心举办的"第十届幼儿园、小学数学文化优质课展示暨课堂摩研讨会",该校多位年青教师优质课展示中获奖,学生在课堂中的精彩表现得到与会者高度认同,很好地呈现了融美数学教学主张的实践效果。

数字技术的迅猛发展正不断刷新我们对教育的认知,也让我们更加深刻认识到未来社会需要的是全面发展、具有审美力和创造力的人才。回应高质量教育发展的时代需求,让学生享受良好的数学教育,积淀终身发展必备的核心素养,是基础教育数学教师的重要使命。融美数学,正是李玲玲副校长及其研究团队,在这种使命驱使下的实践表达。我很高兴地看到,李老师所带领的研究团队积极探索信息时代下的数学文化传播方式,利用工作室微信公众号推送学习资源,推广数学阅读、数学游戏,利用丰富的数学文化素材、多媒体素材,把激发数学学习兴趣作为生成和发展核心素养的推动力。期盼他们在今后的教育实践中,继续讲好融美数学故事;也期盼更多教师同仁加大对数学文化的重视与研究力度,以数学文化为基点,撬动数学教育育人方式变革。

应李玲玲副校长邀请,略述几句,是为序。

2024 年 10 月

(宋乃庆,西南大学二级教授、博士生导师,国家级教学名师,当代教育名家,国家瞭望智库首批入驻专家,首届全国教材建设先进个人。教育部西南基础教育课程研究中心主任,西南大学基础教育研究中心主任,中国基础教育质量监测协同创新中心首席专家,教育部基础教育课程教材专家工作委员会原副主任,中国教育学会原副会长,西南大学原常务副校长,原西南师范大学校长)

序二

感谢李玲玲老师邀请我为她的最新专著《融美数学：探寻小学数学课堂新境》作序。在此之前，李老师已出版了两本专著，《小学数学教师5项修炼》和《课程统整：小学项目式学习的实践研究》，均获得了广泛好评。如今，在从教30余年之际，她进一步将自己在小学数学教育中的心血凝结成册，奉献给广大教师。这本书不仅展示了她对小学数学教育的深刻洞见，还生动诠释了她对"融美数学"理念的探索与思考。李老师将一线教学中的反思与实践融入书中，为我们揭示了如何在数学课堂中实现审美教育与育人目标的高度统一。作为一名教育研究学者，我对李老师的教育历程、教育理念以及她为推动小学数学教育发展所付出的不懈努力，充满了由衷的敬意。

李玲玲老师的教育之路是一个不断探索、积累与自我超越的过程。从一线教师到教研员，再到学校管理者，李老师在不同的教育岗位上丰富了自己的教育经验，积累了深厚的教学智慧。她的职业生涯不仅让她接触到中国基础教育界的众多名家，也使她从这些教育大家的思想中获得了深刻的启发与熏陶。她曾得到尝试教学法创始人邱学华老师的多年指导，亲身感受到邱老师推广尝试教学法的坚定信念与教学热情。邱学华老师自20世纪60年代起酝酿尝试教学的理念，历经小学数学尝试教学法、尝试教学法、尝试教学理论，最终发展为尝试学习理论，这一研究历程整整用了50年。在这半个世纪中，教育理念不断推陈出新，而邱老师"任尔东西南北风，我自岿然不动"，始终坚守自己的理论研究，这种精神在当今"时髦概念满天飞"的教育领域尤其值得深思与学习。邱老师一生践行"一辈子干一件事"的教育信条,致力于尝试教学法的推广与实践,这种信念深深感染了李老师。此外,李老师还参与了叶澜教授的"新基础教育"研究。叶教授以"生命活力"为核心的教育理念给了她极大的启迪,使她逐渐认识到教育不仅是知识的传授,更是生命的成长与绽放。在跟随叶教授团队于实验学校开展研究指导的过程中,李老师深刻感受到其严谨务实、低调高效的研究作风。这些教育经历,带给她更完整的看待学生作为"人"的视角。李老师也始终努力践行"一辈子干一件事"的信念,30余年来,她在小学数学教育中不断探索,并最终将其凝练为"融美数学"的教学主张。

"融美数学"这一理念不仅是李老师教学智慧的凝练,更是对小学数学学科育人价值的深刻诠释。早在此之前,她在"融"字上就有了丰富的积累,通过多年课程融合的研究,并将其成果集结于《课程统整:小学项目式学习的实践研究》一书。在凝练这一主张的过程中,她从中华优秀传统文化中汲取力量,进一步深入探讨了"融"的理念,提出在数学教育中,"融洽关系、融通教学、融合实践"是"融"的核心要素。李老师认为,数学课堂不仅是知识传授的场所,更是让学生感受美、理解美、欣赏美的空间。她在书中提出的"融美数学"主张,将数学知识的严谨性与审美教育的价值巧妙融合,让学生在数学学习中获得心灵的愉悦与智力的成长。这个理念中的"融"与"美"两大要素相辅相成:"融"代表知识的整合与跨学科联系,旨在打破学科壁垒,使数学知识与其他学科相互融合;"美"则包含数学所蕴含的审美价值,强调对学生核心素养的全面培养。在李老师看来,数学学习过程并非仅仅是逻辑推理与计算,而是一个让学生发现和体验美、获得情感与智力发展的过程。在她的教学理念中,数学之美不仅体现在公式与定理的简洁优雅,更体现在数学思维所展现的和谐美感,以及解决问题过程中思维的深度与创造力的释放。因此,她提出的"融美数学"不仅是一种教学方法,更是一种教育理念,对教育目标进行了重新思考与定义。尤其在当前倡导核心素养、跨学科整合的大背景下,这一理念无疑具有极大的现实意义和前瞻性。

李老师在书中不仅从理论上详尽阐述了"融美数学"的内涵，还提供了丰富的实践指导和案例分析，为教师将这一理念应用于实际教学提供了宝贵的参考。全书的一大亮点在于其内容的系统性与实用性。李老师不仅将多年来积累的教学经验进行了系统梳理，还将"融美数学"理念具体化，通过深入分析人教版小学数学教材中的"融美"教学点，挖掘了教材蕴含的美学价值和育人元素。这种详实的分析，不仅帮助教师更好地理解教材，更为他们在课堂中开展"融美数学"提供了直接的支持和参考。特别是在"三环六步"教学设计原则的指引下，李老师对数与代数、图形与几何、统计与概率等四大数学领域中的每一项内容进行了细致的讲解，并结合丰富的教学情境和实际案例，帮助教师将"融美"理念在课堂上扎实落地。所谓"三环"即"融洽关系，感美启学；融通教学，立美导学；融合实践，创美延学"三大环节，而"六步"则是唤醒、激趣、探究、联系、反馈和拓展这六个逐层深入的步骤。通过这些案例，教师们可以清晰地看到如何在实际教学中将"融美数学"理念融入到不同的教学内容中，进而激发学生的学习兴趣，提升他们的数学核心素养。这种内容梳理和案例呈现，体现了李老师有强烈的一线教师立场。她非常清楚地知道，一线教师在教学中的实际困难，并带领团队尽可能将教师在日常教学中所使用的教材的"融美"育人点梳理出来。这种做法对于一线教师而言，具有极高的实用价值，也是一种可持续供一线教师借鉴、使用的方式。

　　李老师的"融美数学"主张特别重视对学生情感和思维的双重培养。她提出，在教学中要营造愉悦的课堂氛围，注重师生间的有效对话与互动。这不仅有助于学生对知识的掌握，更能促进他们的高阶思维和批判性思维的发展。此外，李老师强调尊重学生的个体差异，以"读懂学生"为前提开展差异化教学，为学生提供多样化的学习体验和发展空间。这些教学策略深刻体现了以学生为中心的教育理念，关注学生的个性发展和情感体验，将"融美数学"从知识传授扩展到了育人层面。在她的课堂上，学生不仅是知识的接受者,更是数学美的发现者和创造者。课堂的每一个环节都给予学生美的体验和情感的愉悦。可以说,李老师的"融美数学"理念,不仅帮助学生在数学学习中掌握知识,还通过审美体验引导他们全面发展。

一种优秀的教育主张应当经得起时间和实践的双重考验,它们不仅指向教育中的核心内容,还同时具备与时俱进的特点。尽管在不同阶段,我们的课程标准和方案提出了一些新的术语和概念,但这些背后的价值理念是一以贯之的,即始终为了凸显学生的学习主体地位。无论是新课标中的跨学科主题学习,还是对内容结构化的强调,都是为了激发教师用更系统、完整的观念看待学习内容,最终更好地育人。书中提到一个令人动容的数据:在2024年3月李老师及其团队对学校1300多位小学生进行的问卷调查中,93%的学生表示"喜欢数学,认为数学很美"。这个结果不仅让李老师和她的团队感到欣慰,更坚定了他们"融美相成,师生共长"的美好愿景。作为一名教育研究者,我也为那些能在学习中感受到数学之美的小学生们感到幸运。让小学生在当今时代中体会到学习数学的美,确实是一件令人欣慰而又充满挑战的事。学生的反馈,我想是对李老师及其团队坚持"融美"教育,最好的实践印证!

郑鑫

2024年10月于西南大学

(郑鑫,西南大学教育学部副教授、硕士生导师。主要研究课程改革、教师学习与专业发展、中小学教研体系等,围绕上述领域在国内外高水平期刊发表文章四十余篇,多项成果被新华文摘、人大复印资料全文转载。主持国家级、省部级课题多项,多次获得省部级以上科研成果奖励,出版专著《教师学习与专业发展:国际视野与本土体系》)

前言

本书记录的是我在参加厦门市卓越教师研修期间,在导师的指导下,对自己34年教学生涯进行回顾总结、梳理提升,凝练出的"融美数学"教学主张。其主要内容有以下几个部分。

第一章聚焦融美数学的逻辑起点,从回应需求、回归本真、追根溯源三个方面,对高质量教育体系建设背景下的育人使命、充分发挥数学的学科育人价值,以及自己三十多年教学实践的主张生成进行了生长式的省思,以期明了"融美数学"教学主张的教育逻辑。

第二章从哲学、教育学、心理学的角度对融美数学的理论基础进行了论证。

第三章是对融美数学的内涵诠释,分别围绕"融""美"的要素解读,融美数学的基本观念,回答了"融美数学是什么"的问题。

第四章主要聚焦融美数学的教学设计,梳理出数学教材中的融美育人点,分析融美数学的教学设计原则,探讨融美数学的教学流程设计,并分享具体的应用案例。

第五章主要探讨了融美数学的教学策略,分别从愉悦氛围、优质对话,挖掘资源、突显数学,问题引领、结构教学,读懂学生、尊重差异,重视实践、引导反思等方面进行了阐述。

第六章主要阐述了融美数学的支持体系,分别从借助信息技术提升融美实效,提升教师审美素养促进融美相成,融美数学的阅读拓展课程,融美数学的游戏拓展课程等方面进行了分析。

第七章围绕融美数学的评价机制,分别从课堂观察、学业质量评价、课堂评价等方面进行了介绍。

目录

第一章

融美数学的逻辑起点

融美数学是在实践田园生长出来的教学主张,既是对自己30多年教育生涯的总结提升,也是对未来数学课堂的展望。

第一节

回应需求：高质量教育体系建设背景下的育人使命

一　加快建设高质量教育体系的时代使命

党的二十大报告指出，要"加快建设高质量教育体系""着力造就拔尖创新人才"。加快建设高质量教育体系，是当前以及未来我国加快建设教育强国、科技强国、人才强国的一个核心要点，培养拔尖创新人才则是其中的关键，需要我们在新的历史征程上坚持不懈推进新时代教育改革创新，加快建设高质量教育体系，特别是要做好自主培养拔尖创新人才的工作。作为一门基础学科，数学在"加快建设高质量教育体系""着力造就拔尖创新人才"方面，同样肩负有光荣而艰巨的使命。

高质量教育是人民美好生活的应有之义。人民满意的教育，一定是美好的教育体系。美好的教育体系是高质量教育体系的实质内涵，是教育回归本真的主旨体现。教育的政府立场、社会立场均表明，高质量的教育体系指人民满意的教育体系，人民满意是高质量教育体系的核心标准。[1]

党的二十大报告强调，全面提高人才自主培养质量。从人才成长的规律来看，学生如果缺乏实践能力与创新精神，即使他们具备扎实的学术基础，也难以最大程度地发挥潜能。因此，激发学生发现和创造的内在兴趣，培养其创新精神、开拓意识、实践能力，应成为我国基础教育人才培养的重要任务。

2016年9月，《中国学生发展核心素养》研究成果在北京发布。核心素养以培养"全面发展的人"为核心，分为文化基础、自主发展、社会参与三个方面，综合表现为人文底蕴、科学精神、学会学习、健康生活、责任担当、实践创新六大素

---

[1] 薛二勇,李健.高质量教育体系建设:涵义、挑战与着力之处[J].教育与经济,2022,38(6):5.

养,具体细化为国家认同等18个基本要点。学生发展核心素养指学生应具备的,能够适应终身发展和社会发展需要的必备品格和关键能力,是关于学生知识、技能、情感、态度、价值观等多方面要求的综合表现。《中国学生发展核心素养》的发布,标志着我国的教育开始与国际接轨。其中,"文化基础"的"人文底蕴"包括如下三个方面。①人文积淀。重点是:具有古今中外人文领域基本知识和成果的积累;能理解和掌握人文思想中所蕴含的认识方法和实践方法等。②人文情怀。重点是:具有以人为本的意识,尊重、维护人的尊严和价值;能关切人的生存、发展和幸福等。③审美情趣。重点是:具有艺术知识、技能与方法的积累;能理解和尊重文化艺术的多样性,具有发现、感知、欣赏、评价美的意识和基本能力;具有健康的审美价值取向;具有艺术表达和创意表现的兴趣和意识,能在生活中拓展和升华美等。

高质量教育体系,在实践层面可理解为"通过五育融合促进'三全'育人,实现全面发展。"从"五育并举"到"五育融合"是贯彻落实新时代党的教育方针和有关重大政策的需要,是遵循青少年身心发展规律和教育规律、促进青少年学生全面发展的客观要求,也是解决学校"教育拥挤""课程拥挤"现实问题的迫切需要。在实现"五育并举"的基础上深入推进"五育融合",要采用系统性思维,转变教育观念,加强顶层设计;提升教师"五育融合"的意识与能力,强化"教育者"与"人生导师"的身份认同;构建引导和指向"五育融合"的学校评价体系;将人格教育和社会主义核心价值观教育作为"五育融合"的桥梁和纽带,提升"五育融合"育人实效。①

2023年12月,教育部发布了《关于全面实施学校美育浸润行动的通知》,提出以习近平新时代中国特色社会主义思想为指导,全面贯彻党的教育方针,落实立德树人根本任务,大力发展素质教育,以社会主义核心价值观为引领,弘扬中华美育精神,坚定文化自信,以浸润作为美育工作的目标和路径,将美育融入教育教学活动各环节,潜移默化地彰显育人实效,实现提升审美素养、陶冶情操、温润心灵、激发创新创造活力的功能,培养德智体美劳全面发展的社会主义建设者和接班人。美育,不仅仅是艺术类学科老师的任务,而应是每一位教育工作者的使命。以美融通五育,促进学生全面发展,是每一位学科任课教师回

---

① 石中英,董玉雪,仇梦真.从"五育并举"到"五育融合":内涵、合理性与实现路径[J].中国教育学刊,2024(2):65.

应高质量教育发展的应有作为。作为数学教师，也应该接受新时代赋予的教育使命。

二　大美育视域下的学校文化建设需要

习近平总书记提出"要全面加强和改进学校美育，坚持以美育人、以文化人，提高学生的审美素养和人文素养。"2023年3月，全国政协委员、民盟四川省委会副主任委员、四川省教育厅副厅长蔡光洁在谈起"美育"话题时指出，体育、美育不仅能够在潜移默化中影响人们看待事物的角度、格局等，而且能提升学生创造美的能力，成为新时代的"刚需"。她进一步指出："体育、美育不仅是审美教育、情感教育，更是塑造健全人格的教育。"通过体育、美育，人们可以更好地观察世界，而学生则可以在体育锻炼中享受乐趣、尊重规则、学会合作。

1987年，滕纯提出了"大美育"，认为"在所有的课程中，在一切的教育教学生活中，在青少年的全部生活中，都有美育的因素，可以说美育是无时不在，无处不在。"①江苏省南菁高级中学在"大美育"实践研究方面做了很多可贵的探索，认为"大美育"是普泛意义上的美育，是面向全人培养、面向全体学生进行的全程渗透的美育，是感性教育和理性教育的统一，旨在提升人的审美素养，潜移默化地影响人的情感、趣味、气质、胸襟，让教育过程成为学生体验美、欣赏美、表现美、创造美的过程，成为学生正确的世界观、人生观、价值观的形成过程。"大美育"以中华美学精神统摄学校教育，让美育面向全体学生，贯穿高中教育全过程，涉及全部学科，融入学生日常生活。②较之以往的美育观点，"大美育"理念将美育从相对狭窄的美育认知中解放出来，以一种全新的角度审视学校美育，涉及学校教育的各个方面，覆盖学生成长的全过程，具有深刻性、广泛性、融合性等特征，从而起到以美育德、以美增智、以美健体、以美促劳等作用，促进学生素质的全面发展和个性成长。

2020年10月15日，中共中央办公厅、国务院办公厅印发了《关于全面加强和改进新时代学校美育工作的意见》(以下称《意见》)，对新时代加强和改进学

①　汤杰英.美育概念考察[J].西南师范大学学报(人文社会科学版),2002,28(2):70-76.
②　杨培明.基于"大美育"理念的新时代学校美育认识与实践[J].教育研究与评论,2021(1):16.

校美育的总体要求、课程和教材体系、教学改革、办学条件、组织保障等都作了详细的规定与说明。《意见》要求坚持面向全体,健全面向人人的学校美育育人机制,全员全过程全方位育人,形成充满活力、多方协作、开放高效的学校美育新格局,在课程体系建设上要"树立学科融合理念"。2023年12月,《教育部关于全面实施学校美育浸润行动的通知》发布,提出"以美育浸润学生,全面提升学生文化理解、审美感知、艺术表现、创意实践等核心素养,丰富学生的精神文化生活,让学生身心更加愉悦,活力更加彰显,人格更加健全。以美育浸润教师,发挥教师职业的美育功能,提升全员美育意识和美育素养,塑造人格魅力,涵养美育情怀。以美育浸润学校,打造昂扬向上、文明高雅、充满活力的校园文化,建设时时、处处、人人的美育育人环境。"这些顶层设计上的"大美育"理念,对中小学开展和改进美育工作具有重要意义。有学者认为,"大美育"是面向人人,由多元主体对学生开展审美知识、审美能力、审美意识方面的教育。它超越了狭隘的"小美育"观念,有利于对学生实施全面的美育,有利于重构美育生态,有利于构建合作的美育运行机制。实施"大美育"须在顶层设计上完善美育制度建设,创建"大美育"课程体系,构建立足于美育的"五育融合"体系。[①]而课堂属于学校文化建设整体中的一部分,融美数学教学主张的提出,是回应学校"大美育"课程建设的现实需求。

三 "双新"背景下的育人方式变革

2022年4月,教育部印发《义务教育课程方案和课程标准(2022年版)》(简称"双新"),为广大教师规划了今后一段时间义务教育发展的蓝图。《义务教育课程方案(2022年版)》完善了义务教育培养目标,进一步明确"培养什么人、怎样培养人、为谁培养人"。为全面落实习近平总书记关于培养担当民族复兴大任时代新人的要求,新课程方案根据义务教育性质以及义务教育课程定位,聚焦面向未来的关键能力、必备品格与价值观念,针对调研过程中发现的原有培养目标过于抽象与笼统导致指导作用不强的问题,从"有理想、有本领、有担当"

① 姜学艺.新时代实施"大美育"的价值意蕴、基本逻辑与路径选择[J].教学与管理, 2022(12):1.

三个方面,明确了义务教育阶段时代新人培养的具体要求。[①]

《义务教育数学课程标准(2022年版)》(以下简称2022课标,也称新课标)指出,义务教育数学课程以习近平新时代中国特色社会主义思想为指导,落实立德树人根本任务,致力于实现义务教育阶段的培养目标,使得人人都能获得良好的数学教育,不同的人在数学上得到不同的发展,逐步形成适应终身发展需要的核心素养。要"强化课程综合性和实践性,推动育人方式变革,着力发展学生核心素养",在学科类课程标准中"设立跨学科主题学习活动,加强学科间相互关联,带动课程综合化实施,强化实践性要求",注重培养学生在真实情境中综合运用知识解决问题的能力。2022课标还指出,通过义务教育阶段的数学学习,学生逐步会用数学的眼光观察现实世界,会用数学的思维思考现实世界,会用数学的语言表达现实世界(简称"三会")。学生能:(1)获得适应未来生活和进一步发展所必需的数学基础知识、基本技能、基本思想、基本活动经验;(2)体会数学知识之间、数学与其他学科之间、数学与生活之间的联系,在探索真实情境所蕴含的关系中,发现问题和提出问题,运用数学和其他学科的知识与方法分析问题和解决问题;(3)对数学具有好奇心和求知欲,了解数学的价值,欣赏数学美,提高学习数学的兴趣,建立学好数学的信心,养成良好的学习习惯,形成质疑问难、自我反思和勇于探索的科学精神。

数学在形成人的理性思维、科学精神和促进个人智力发展中发挥着不可替代的作用。数学素养是现代社会每一个公民应当具备的基本素养。数学教育承载着落实立德树人根本任务、实施素质教育的功能。义务教育数学课程具有基础性、普及性和发展性。学生通过数学课程的学习,掌握适应现代生活及进一步学习必备的基础知识和基本技能、基本思想和基本活动经验;激发学习数学的兴趣,养成独立思考的习惯和合作交流的意愿;发展实践能力和创新精神,形成和发展核心素养,增强社会责任感,树立正确的世界观、人生观、价值观。[②]可以说,积极践行新课程方案、新课标理念,是每一位教师在当下的一项重要而紧迫的任务。

---

① 崔允漷,王涛.培根铸魂 启智润心——《义务教育课程方案(2022年版)》解读[J].全球教育展望,2022,51(4):6-7.

② 中华人民共和国教育部.义务教育数学课程标准(2022年版)[M].北京:北京师范大学出版社.2022:1.

四 人工智能时代的审美素养培育呼唤

截至2021年12月,我国网民规模达10.32亿,互联网普及率达73.0%,网民使用手机上网的比例达99.7%(参阅2022年《中国互联网络发展状况统计报告》)。信息时代和知识社会的主要特点是创新驱动与全球交往。特别是我们的教育对象——当下的儿童,他们是数字时代的"原生代",从出生开始就生活在有信息技术、人工智能的现实情境中。那么,他们作为未来社会的建设者,学校应该重点培养他们哪些素养呢? 这是每一位教师都应该面对和思考的问题。

当前,以人工智能为代表的技术创新进入到一个前所未有的活跃期,而教育仍未摆脱"工业化"的印记,以至于有人认为,"我们把机器制造得越来越像人,却把人培养得越来越像机器",这不仅制约着教育功能的充分发挥,而且导致经济社会转型面临危机。所以,我们要有一种时代紧迫感,全面深化教育改革,推动"工业化教育"向"智慧型教育"转变,扩大高质量人才的供给能力,为经济社会发展提供强有力的人力资源保障。

项贤明认为,人工智能时代教师的一个关键素养就是哲学与审美素养。只有人,才会面对真正的价值和意义,也只有人,才会真正理解价值和意义。人在人工智能时代要能够在智能领域继续保持对智能机器的优势,哲学和审美素养显然十分关键。有研究者认为,就强人工智能而言,"恰当编程的计算机其实就是一个心灵",或者"更确切地说,带有正确程序的计算机确实可被认为具有理解和其他认知状态"。然而,即便是强人工智能的这种理解和认知能力,也不可能真正理解及认知价值和意义,因为价值和意义是人才能真正拥有的理解和认知万物的"尺度"。"人是万物的尺度",作为万物之一的人工智能无法成为人的尺度。人类必须清醒地把握好自己理解和认知世界万物的这个"尺度",才能很好地应对智能时代的挑战。在智能时代,培养教师进而通过教师培养学生的哲学和审美素养,就变得十分关键。[①]

人工智能发展到现在,世界上最高超的棋手都无法胜过人工智能,但人工智能却能模仿优秀播音员,甚至做到24小时不间断播音。那么,什么素养是人工智能比较难以取代的呢? 有学者认为,审美是人工智能无法超越人类的特殊精神领域,是人之为人且人工智能所无法超越的特质。人工智能虽然在行为或

---

① 项贤明.在人工智能时代如何学为人师?[J].中国教育学刊,2019(3):76-80.

功能层次上体现了某些特定的审美,但其不具备人类的审美属性,它无法全面地体验和理解人类审美活动,也没有审美素养。人工智能与人类在本体论层面有着本质的不同,人工智能无论如何发展都达不到人类的体验层次,都改变不了其非人类的属性,"人工智能之所求原本只是'智',是'缸中大脑',而非'情'非人"。乔布斯说过,苹果公司与其他计算机公司最大的区别,在于追求科技的同时,始终保持对于艺术和美的追求。审美作为关乎个体心灵与精神的生命特质的核心之一,是人工智能无法超越人类的特殊精神领域。审美素养是永远与人类生命同行同在的素养。^①这也是每一位教师在自己的课堂教学中都应努力渗透并使学生拥有的素养。华东师范大学课程与教学研究所所长崔允漷教授在其报告《新教学"新"在哪里》中,从新时代、新课程、新教学的角度诠释了课程改革(也称课改)进入第3个10年的愿景。他指出,新时代意味着中国人从站起来到富起来花了70年,接下来就是要从富起来走向强起来。我们亟须解决的是国民素养问题。他举了两个例子。一是上海中心,以龙为意象;二是北京大兴国际机场,以凤为意象。设计,简单地说,就是"创意+美感"。创意美感,靠考试考得出来吗?考试考不出来。但是,从学生参与跨学科主题学习的过程中,随时可以感受到创意美感的绽放。实践证明,当数学学习指向发展高阶思维时,也是创造条件让学生不断迸发思维火花、产生精彩创意的过程。

综上,为了回应时代育人需求,面向未来培育学生核心素养,使学生德智体美劳全面发展,成为有理想、有本领、有担当的时代新人,融美数学,是我作为一名一线教师在课堂改良方面的实践表达。

---

① 何齐宗,晏志伟.人工智能时代教师的审美素养:何以必要与何以生成[J].中国电化教育,2021(11):48.

第二节

回归本真：融美相成，充分发挥数学的学科育人价值

融美数学，努力思考和实践"良好的数学教育"之真谛，并用行动探索和实现"融美相成、师生共长"的愿景。

一 反思当前小学数学课堂现状

数学课堂应该是一个充满艺术创造和美学鉴赏的课堂，但在现实中仍然经常有让人失望之感。早在2009年，上海市教育科学研究院普通教育研究所所长傅禄建和他的团队曾在奥数竞赛得奖者中随机访谈，结果令人惊讶。不少受访者表示，如果高考不考数学，自己根本不会去学数学。主持人撒贝宁有次在节目中谈起自己的经历，说进北大第一天，在师生交谈中，直接问老师"我们学数学吗？"当老师回答"是选修课，有4学分"时，撒贝宁说："就是40学分也不学。"他的经历有一定的代表性，在基础教育阶段，数学成了很多孩子的"噩梦"。虽然这只是个例，但也足够引起我们的反思。

在教学中，数学更多地被看作一门工具性的学科，其数学的艺术性、生活性以及智慧性等具有美学价值的内容常常被忽视，教师教学时更多强调的是公式定理的习得、符号知识的掌握。课堂教学枯燥、乏味，缺乏生机、愉悦与乐趣，学生更谈不上好奇心和创造力。数学课堂可以是充满诗意的，但很多数学教师对数学美的认识不到位，只是简单重复着数学教学，很容易出现"审美疲劳"，甚至产生职业倦怠。而学生无法从数学课堂获得美的感受，进而失去学习数学的兴趣与信心。苏霍姆林斯基曾说，"我一千次地确信：没有一条富有诗意的、感情的和审美的清泉，就不可能有学生全面的智力发展。儿童思维的天性本身要求富有诗意的创造。……富有诗意的创造开始于美的幻想。"[1]缺乏美感的数学课

---

[1] 苏霍姆林斯基.教育的艺术[M].肖勇，译.长沙：湖南教育出版社，1983：161.

堂是无法培养出具有创造力、审美力的未来人才的,这是当前我国数学教育所面临的严峻考验。

陝和亮老师通过问卷,调查了某小学的美育现状,内容主要涉及小学生数学课堂上的美感状况,小学教师对数学美育功能的认识,以及如何把小学数学学习和教学变得美起来等三部分,共 10 道题。在"你认为数学存在着'美'吗?"的问题回答中,57%学生认为小学数学存在"有点点美",22%的认为根本没有,只有21%的学生认为存在美。可见有近79%的学生对数学美感知很少,这可能是由于学生年龄小、审美能力低没能认识到美,但更有可能的是很少有人引导他们去发现美。"你在学习数学的过程中获得过美感吗?"从数据上可以看出,41%的小学生没有感觉到学数学有美感,32%的学生感觉到偶尔有,只有27%的学生感觉到经常有。可以看出,大部分小学生没有感觉到学习数学的乐趣,这与上面很少人能感知到数学美的调查结果是一致的。"你对当前数学学习最明显的感觉是?"进一步调查可以发现,在学习小学数学的感觉方面,41%的学生是为了升学考试,强迫自己学习,个人始终处于被动方面;39%的学生认为老师教学单调,只有 20%的学生感觉非常快乐。[1]从以上三个问题调查分析结果可以看出,当前很多小学生对数学中的美认识不足,学习数学的美感度不高,老师教学各要素的美化力不强,导致学生在学习数学时更多地处在被动状态。抽象难懂的知识和紧张繁重的练习,使学生在生理和心理上逐渐积累对数学的厌恶和疲劳。这时如果没有审美活动带来的愉悦与满足予以平衡,就很难再品味到数学的乐趣,也就难以激发学习数学的信心。

二　良好的数学教育呼唤具有美感的课堂

美国数学家、数学教育家克莱因指出:"数学学科并不是一系列的技巧,这些技巧只不过是它微不足道的方面,它们远不能代表数学,就如同调配颜色远不能当作绘画一样,技巧是将数学的激情、推理、美和深刻的内涵剥落后的产物。"克莱因这一论断,对数学教学具有重要的指导意义。[2]张奠宙教授就曾倡

---

① 陝和亮.美育:小学数学教学中不可忽视的教育功能——基于一次问卷调查的考察[J].数位时尚(下半月),2014(3):9-10.

② 俞昕.高中数学中思辨数学的教育价值[J].数学教学研究,2010,29(10):2-5.

导学生真实地感受数学中"火热的思考"的美妙，并强调这种"火热的思考"应该提高到"数学思想方法"的高度。同时，他出于对数学核心素养价值内涵的思考，提出数学核心素养包括"真、善、美"三个维度，其中"美"的维度便是能够欣赏数学智慧之美，喜欢数学，热爱数学。

融美数学探索审美化教学的实践途径，充分体现了数学学科的育人功能，有利于学生的全面发展。融美数学课堂所强调的学生参与感、愉悦感、成就感，可以带给学生更多美的感受与享受，能够拓展学生的思维，促进学生积极思考。学生所学内容中的数学美因素，能很好地促使学生产生学习兴趣，更能很好地激发学生的数学学习主动性和积极性。审美是人的自由实现的一种表现方式，它引导学生自主、自发、全身心地投入学习，使人的想象力与创造力得以全面地发挥。

小学阶段的学习，是帮助儿童学习、熟悉人类积聚的文化遗产，从而了解人类文明发展进程，体验人类文明的光辉，让儿童从中汲取人类创造世界的精神力量，并使其最终转化成儿童内心的精神财富，使其精神世界日益丰富起来。这是教育追寻的美好境界。"美"无处不在地影响着学生的情感、智慧、身心的发展。儿童的心灵需要美的滋养，儿童的智慧需要美的激活，教学的艺术需要美的促进。对于数学教师来说，认识、感受、鉴赏和创造数学美，重视教学工作的艺术性和创造性，有意识地关注学生的情感和内心体验，才能踏上教学艺术之路。体验自身成功的教学艺术，欣赏别具匠心的创造成果，教师才能获得一种愉悦、满足的美感体验，从而激发他们对数学教育的热爱，感受到教师职业的幸福，减轻职业倦怠。情绪具有互感性，教师的情绪体验必然会感染学生，只有当教师的劳动充满愉悦和成功的体验，学生才能在学习过程中获得成功和愉悦。只有教师具备教学的热情，学生才会对学习充满积极性，师生才能一同踏上美的创造旅程，数学课堂也因此焕发出生命活力，也才真正实现"让学生享受良好的数学教育"的目标。

2024年3月，在我校（厦门市音乐学校）1 300多位小学生的问卷调查中，93%的学生喜欢数学，认为数学很美，这个结果让人欣慰，也让团队成员更加坚信"融美相成、师生共长"是可实现的美好愿景。

第三节

追根溯源:三十多年教学
实践的主张生成

我于1990年中师毕业,如今在小学数学教坛已耕耘三十余年,从初涉讲台的稚嫩,到如今主张初显,回顾三十多年的教学生涯,有许多关键事件与人,总让自己铭记在心。这些,都是自己的"融美数学"教学主张生成的重要基础。

一　尝试精神,引领成长

我的第一个工作单位是福建省南安市水头中心小学,这里是我工作的起点,也是我成长的起点。而遇见邱学华老师,是我在这所学校里得以成长的关键事件。

邱老师与福建渊源很深。1982年,他的第一篇关于尝试教学法的文章是在《福建教育》杂志刊发的。1989年,他的第一本尝试教学法专著《尝试教学法》由福建教育出版社出版,此书对全国推广尝试教学法起了巨大的作用。1990年,邱老师到福建泉州讲学。当时我所在中心小学的吴安水校长刚好在泉州开会,因为对尝试教学法很感兴趣,到现场聆听了邱老师的报告。在听完报告后,吴校长马上跟邱老师联系,请他到学校进行讲学。于是,一个普通乡镇便有了一段尝试教学的故事。

福建省南安市水头镇,目前是全国知名的石材生产贸易基地,但在当时,还是一个各方面条件都不是很好的乡镇。邱老师到学校讲学,不计较住宿的简陋、饮食的简单,他只有一个愿望,就是推广尝试教学法。在邱老师对学校进行考察后,南安市水头中心小学成了尝试教学的实验基地学校,一所乡镇中心小学因尝试教学而成了当时科研兴校的典型,不仅成就了一批教师,而且使学校成为了区域内具有较大影响力的学校。那段时间,邱老师每年至少会到学校来一趟。有时,夫人葛老师也会一起来,两位老师平易近人,学校的老师都把他们当成自家人。

20世纪90年代,每年都会有全国性的尝试教学研讨会。那时经济条件并不是很好,但吴安水校长很重视教师的成长,千方百计筹措资金,让更多的老师能有外出学习的机会。为了节省经费,大家外出都选择比较经济的方式,比如轮船、绿皮火车等。虽然路途辛苦,但大家对每年一趟的外出学习都充满了期待。也正是因为有了参与尝试教学理论学习的机会,身处乡镇农村小学的老师,才有了和全国各地优秀同行共同学习交流的机会,这对开阔视野、提升眼界很有帮助。1996年7月,在山东烟台龙口市举行的尝试教学研讨活动中,我执教的"平行四边形的面积"一课,获得了好评。一位教师的专业成长,离不开公开课的磨炼,这是我第一次在来自全国各地同行的研讨活动中上课,也成了我专业成长的关键事件。

2002年,我工作调动到了(福建省)南安市教师进修学校,而引进尝试教学法的吴安水校长已退休。几年后,他不幸患病去世,让人痛惜。这期间,由于课改时期教研重心的转变,再加上工作繁忙,我没有与邱老师再有联系。2006年,我工作调动到福建省厦门实验小学,从教研员重新成为一名一线教师。突然有一天,我收到一封信,是邱学华老师亲笔手写的。原来他从杂志上看到我发表的文章,才知道我调动到了厦门,信中不仅关心我的发展,还勉励我在小学数学教学中继续研究。2015年4月,邱老师来闽讲学,行程安排得非常紧张,讲学结束后又要匆匆赶往河北衡水讲学。为了见上一面,我约他在厦门机场见面。虽已近二十年未见面,但邱老师仍是那么亲切,关心地问着熟悉的老同事,也聊起了各自的家庭情况。此次,邱老师送我《邱学华与尝试教育人生》一书,并亲笔写上寄语"尝试是真正意义的学习"。当我汇报自己的一些想法时,邱老师给予了很多鼓励与指点。虽是短短半个小时的相聚,但仍让我受益匪浅。2017年11月,由人民教育出版社主办的第七届基础教育改革与发展论坛在厦门举行,邱学华老师应邀在论坛上发表主题报告《中国教育怎么啦》,针对社会上目前存在的对中国教育,尤其是对基础教育的八个误解,邱老师用具体的事例进行了反驳。此时,邱老师已过八旬,但他铿锵有力的话语仍深深地打动了听众。

此次活动,邱老师送我《邱学华的数学课堂》一书,并写上寄语"掌握儿童学习数学的奥秘"。在会议间隙,邱老师得到半天空闲,我陪着他一起走访了南普陀寺,逛了具有南洋风格的中山路老街,聊教育,话家常,度过了非常愉快的一个上午。在南普陀寺,我拍照留存了则悟大和尚的开示语"慈善不仅是给予物质,还要有精神上的关怀。慈善是佛教慈悲心的一个表现,通过做慈善培养慈悲心,做力所能及的事,不仅是物质慈善,还有精神慈善。物质慈善需要一定的实力,而精神慈善,随时随地,任何人都可以做。"这一刻,我似乎更加理解身边的这位老人,为何年过八旬仍有如此的热心与激情,奔走在为中国教育发声的征程。

在我的成长道路上,邱老师就像一位人生导师,不时给予我引导。他研究和推广尝试理论的精神就是一笔巨大财富,值得我们学习和传承。

做研究需要有坚守精神,不受迷惑。从20世纪60年代开始思考酝酿,80年代正式启动教学实验,历经小学数学尝试教学法—尝试教学理论—尝试学习理论,邱老师用了整整50年。这半个世纪里,教育理念不断出新,但邱老师"任尔东西南北风,我自岿然不动",始终坚守自己的尝试理论研究,这种精神对于身处"时髦概念满天飞"的当下教育人,是非常值得且有必要学习与思考的。

做研究需要有创新精神,与时俱进。从尝试教学法到尝试学习理论,从小学数学到各学段各学科,从邱老师给我的两次寄语"尝试是真正意义的学习""掌握儿童学习数学的奥秘",我感受到邱老师虽功成名就,却不会故步自封,而是不断对教育理念进行丰富与完善。研究视角从"教"向"学"的转变,使我仿佛看到了一位蹲下身来与儿童亲切对话的可爱老人。2016年发布的《中国学生发展核心素养》,以科学性、时代性和民族性为基本原则,以培养"全面发展的人"为核心,分为文化基础、自主发展、社会参与三个方面。而邱老师在多年前提出的观点"学生能尝试,尝试能成功,成功能创新",提出要培养三种精神"问题精神,探索精神,创新精神",这些不就是对"自主发展"最好的诠释吗? 正是研究方向的正确性,尝试理论才能历经50年仍然具有很强的生命力。

正如邱老师说的,"尝试"两个字是很普通的字眼,但是却蕴含着博大精深的内涵、教育价值和深刻的哲理。实际上,"尝试"是一种理念,也是一种精神。如今,我已是一位教龄超过30年的老教师了,也成长为了特级教师,承担着学校管理工作,但尝试理念和精神仍然积极影响着我的教育教学,也给自己的学校管理工作带来很多启发。我想,自己之所以能在教育工作中有一些创新的举措,甚至敢于提出融美数学教学主张,跟自己长期深受"尝试"精神影响是分不开的。

二 成事成人,教研提升

2002年,随着第一轮课程改革的全面推开,为了更好地开展工作,南安市教师进修学校从基层学校调动了四位骨干教师担任小学教研员,我是其中一位。犹记得当时课改的激情场面,时任南安市教育局局长的陈进兴带头抓教研,力推设立周六为全市课改教研日。在这一天,所有的机关干部、教研人员,全部下乡下校,蹲守学校参与教研活动。现在回想起来,没有加班补贴,大家却做得热火朝天。也因为此举措,许多平日得不到关注的山村学校、教师得到了更多的关注,老师们也获得了更多的展示和交流的平台。山区学校的孩子也因活动的开展,有了更多展示的机会,课堂呈现出了积极的学习氛围。2003年,全国课改现场会在南安召开,来自全国各地的领导、老师走入不同乡镇的学校,深入课堂听课,南安师生在课改中的激情投入得到了与会者的高度赞同。

2000年,南安市正进行"新基础教育"的推广性研究,叶澜教授祖籍南安,或许也正是因为这份因缘而有的这个项目。当时,南安设立五所龙头学校,先行跟随叶澜教授团队开展研究。叶澜教授在《让课堂焕发出生命活力——论中小学教学改革的深化》一文中提出"课堂教学蕴含着巨大的生命活力,只有师生的生命活力在课堂教学中得到有效发挥,才能真正有助于新人的培养和教师的成长,课堂上才有真正的生活。因此,要改变现有课堂教学中常见的见书不见人、人围着书转的局面,必须研究影响课堂教学师生状态的众多因素,研究课堂教学中师生活动的全部丰富性,研究如何开发课堂教学的生命潜力。"[1]其先进的理念影响了很大一批老师。实验期间,叶澜教授每年都会带领研究团队到南安的实验学校进行指导。五所学校分布在不同方向的各个乡镇,每两所学校之间的路程都在一个小时以上。研究团队每次的日程都安排得非常紧张,早上7点从县城出发,然后到第一所实验校,听课评课、座谈反馈,中午简单用过午餐后立即赶往下一所学校,晚上回到县城已是9点左右。五个学校走完,叶澜教授再用一个半天进行整体反馈,提出后续工作任务。他把听课研讨比喻为"捉虫",从外在行为入手,分析行为背后的观念问题,进而提出基于新理念的实践改进和重建建议,使教师结合变革的实践,领悟、内化新理念,创生、外化新行为,这被喻为"喔效应",即顿悟式效应。"捉虫"和"喔效应"最初发生在主体之

---

① 叶澜.让课堂焕发出生命活力——论中小学教学改革的深化[J].教育研究,1997(9):3-8.

间,后逐渐转化为教师的自评、自我反思与重建的研究意识和能力,最终实现教师个体内在理论与实践的交互创生,这是变革实现的真正体现和最终保障。

叶澜教授一直强调的"在成事中成人,以成人促成事"的理念,鼓励着参与实验的老师们积极投入其中,享受"累并快乐着"的研究体验。作为教研员,我全程跟随了叶澜教授团队在实验学校开展研究指导的过程,深深被其严谨务实、低调高效的研究作风所震撼。厦门市思明区也参与过叶澜教授团队的"新基础教育"研究,我虽然没有直接参与其中,但也感受到了其独特的研究风格与鲜明的话语体系,见识了一批学校参与研究实现转型,一大批青年教师在参与的过程中快速成长。"回到教育本身,认清转型变革的内在规定,不求速效,不急功近利做教育,不以运动、号召的方式做改革,而是静心从容地在日常的研究性变革实践中,通过理论与实践的交互创生,在成事中成人,以成人促成事。"为此,叶澜教授一直强调读懂教师、读懂课堂,"读懂了,对话才能贴得住,沟通才有渠道;否则,对话就碰不拢。"在此意义上,做教育转型研究绝非朝夕见效之事,而是需要"以教育的方式"持续推进,不断转化、积淀,才能"成事成人成新路"。虽然我担任教研员的时间不长,但这段工作经历却让自己的教育视野、研究意识、思维格局得到了很大的提升。对我来说,这确实是一段宝贵的"进修"经历。

三　科研助力,学思结合

2005年,我参加福建省学科教学带头人培训,这是我第一次参加省级培训。培训由教育部福建师范大学课程研究中心承办,余文森教授是项目的负责人,全程参与策划组织并亲自上课。有一次,余文森教授在座谈交流中分享了自己的心得,他说自己选定做教育,就"一辈子就做一件事"。余文森教授渊博的学识与专注研究的学者风范,始终是学员们追随的学习榜样。

2011年,我参加了厦门市专家型教师培养对象研修,此次研修由东北师范大学教育学部承办。历时3年,我多次前往东北师范大学参加集中学习,感受厚重的文化底蕴。我的研修导师是孔凡哲教授,研修期间,在他的指导下,我开始规范地学习如何做课题研究。孔老师提出的"做顶天立地的研究"也成了我自己努力实践的理念。

近十年来我个人所做的课题研究，对融美数学的主张提炼，起到关键的孵化作用。做课题让自己的研究方向更明确，学习和实践更聚焦。2014年，我主持由中央电教馆立项的课题"基于数字教育云课堂的小学数学互动化教学研究"。2016年9月，我主持由福建省普教室立项的"基于课程统整的项目式学习研究"课题，带领团队开启课程综合化研究。通过课程统整的项目式学习研究，教师的课程研发意识和能力得到了提升。课程统整是与课程分化相对应并相互包含的课程设计方式，对于习惯分科教学的一线老师来说，进行学科之间的融合并设计项目式学习，是一项极大的挑战。基于课程统整的项目式学习研究过程，课题组营造出一种协作的文化氛围，建立一种协作的机制，这是教师提升课程领导力的关键所在。同时，在研究过程中，我们也更深切体会到，发展课程领导力和教学创造力是深化基础教育课程改革、促进教师和学生融合发展的两大核心。通过两年的积极实践，课题组成员的课程研发意识和能力得到很大的提升，目前该课题组成员已成长为学校课程建设的骨干力量。2022年8月，课题研究成果《课程统整：小学项目式学习的实践研究》由福建教育出版社正式出版。2019年9月，我开始主持厦门市教育规划办立项的"基于多元适宜教育理念的差异化教学研究"课题研究。多元适宜教育："多元"指多样的、不单一；"适宜"指"合适、相宜"。多元适宜教育是指与学生发展相适宜的教育，具体指教育要尊重受教育者的天赋、潜能、兴趣和需要，在保证受教育者教育机会均等的基础上尊重受教育者个人选择和个性差异，使每个受教育者得到"多样性"的发展。学习目标多元化、教学模式多样化、教学策略最优化，是多元适宜教育思想在课堂上的具体表现。多元适宜教育强调包容和接纳，尊重差异性，强调多样化，同时又秉持因材施教的传统价值观念。差异化教学是指根据学生当前的知识水平，以及智力和学习风格的差异，有计划地设计各种任务和活动来进行教学，寻求每个学生的最近发展区，满足学生个性化学习的需要，以促进每位学生在原有基础上得到充分发展的教学。

2020年开始，我成为厦门市首期卓越教师培育对象，参加由西南大学教育学部承办的培训活动。培训的高要求，任务的挑战性，对于处于成长瓶颈期的自己来说，无疑成了我再次启程、实现成长的契机。这样的培训，正是自我突破的又一重要阶段。在导师的指导下，我重新审视自己的教育教学，提炼出了自己的教学主张"融美数学"。

同时，我在领衔的名师工作室研讨活动中，也积极传播融美数学的思考与实践,并把它作为工作室的文化建设重要内容。以工作室的图标为例(原图标为彩色,此处图1-1为黑白效果图),核心图案以领衔人李玲玲的中文拼音首字母作为基本型而设计。三个"L"的变形彩带,既各自独立,又相互契合,象征工作室的成员,来自不同的学校,立足岗位开展研修,但又在工作室里成为一个共同体,各美其美,美美与共。在颜色方面,工作室图标采用了多彩渐变组合,象征师生的数学探索旅程应该是丰富多彩的。以绿色为边框,代表工作室全体成员追求学生学习的绿色发展,将减负提质的策略研究进行到底。

图1-1　李玲玲小数工作室图标(黑白)

第二章

融美数学的理论基础

融美数学教学主张,既需要实践的落地,才能获得鲜活的生命力;又需要理论的观照,才能走得稳、行得远。

哲学基础

一　马克思主义"人的全面发展"理论

马克思主义认为,人的全面发展既是人的发展的理想终极目标,也是人类社会发展的最高目标,是共产主义社会的显著标志。马克思主义关于人的全面发展理论具有丰富的思想内涵,主要体现在以下几个方面:一是人的活动的全面发展;二是人的社会关系的全面发展;三是人的素质的全面提高;四是人的个性的全面发展;五是人类的全面发展。其中,人的素质的全面提高表现为人的身体素质、心理素质、思想道德素质和科学文化素质等的发展和完善,以及各种素质之间的均衡协调发展。"美的规律"的理念、"劳动创造美"的观念、"音乐的耳朵"和"形式美的眼睛"观点,是马克思主义关于审美思想的具体表达。

人的全面发展是马克思主义的价值追求和发展目标。正确理解马克思人的全面发展理论,需要明晰"人"是全面发展的主体,"全面"是人的发展特质,"发展"是人追求全面的目的。[1]习近平坚持以人民为中心的发展思想,致力于满足人民美好生活的需要,在"五位一体"总体布局和"四个全面"的战略布局中对实现"两个一百年"奋斗目标和中华民族伟大复兴的中国梦与促进人的全面发展关系作出了新部署,将构建人类命运共同体与促进人的全面发展紧密联系起来,极大丰富和发展了马克思主义人的全面发展理论。[2]所谓全面发展教育,是对含有各方面素质培养功能的整体教育的一种概括,是使受教育者多方面得到发展而实施培养的教育活动的总称,是由多种相互联系而又各具特点的教育所组成的,以德育、智育、体育、美育、劳动教育作为全面发展教育的构成主体。

---

[1] 王然,徐苗苗.马克思人的全面发展理论之于人类文明新形态的当代价值[J].学校党建与思想教育,2022(18):6-8.

[2] 杨鲜兰,程亚勤.论习近平对人的全面发展理论的创新发展[J].湖北社会科学,2020(4):12.

党的二十大报告提出"促进物的全面丰富和人的全面发展"，强调到2035年"人的全面发展、全体人民共同富裕取得更为明显的实质性进展"的阶段任务，并将"坚持以人民为中心的发展思想"作为新时代前进道路上必须牢牢把握的重大原则之一。马克思主义关于人的全面发展学说，正是我们党制订教育方针的理论基础。它必须贯彻落实到各级各类学校的教育教学工作中去，贯彻落实到每一门学科的课堂教学中去，小学数学教育也不能例外，因为"数学是自然科学的皇冠，是其他科学研究的主要工具"。

二　具有中国特色的"融"文化

"融"，代表着中国传统文化的重要因素。大千世界，万水争流，汇入大海便你中有我、我中有你，不分彼此。人生的至高境界既在和而不同，又讲博采众长、互相吸收。《周易》所说的有无相生、难易相成、刚柔相济也是这个道理。教育教学工作平凡而伟大，琐碎复杂，万事万物相互依存、彼此交融的哲理皆融于教育智慧之中。

中国哲学主张天人合一，致力追求真、善、美统一的道德理想境界。在一定程度上可说是种道德哲学。真与善的统一是中国哲学的基本特征之一。不仅如此，审美价值与道德在中国哲学中也是统一的。中国哲学往往把审美价值归属于道德价值活动的一种形式和结果，常把审美愉悦的自由感受与至善的达到联系在一起。普遍认为"美以善为其内容""善以美为其形式"二者的高度统一，方可成为完美的事物。

在中国哲学发展中，追求真、善、美统一的最高境界便是追求"天人合一"的理想境界。"天人合一"正是贯穿于中国哲学始终的主要思想。与西方哲学相比，求善与求真，中国哲学侧重求善；未知与求美，中国哲学侧重求美。中国哲学不排除对真知的探索，但求知与求真的目的乃是为了更好地追求一种真、善、美的统一境界。

"太极图"是中国哲学"融"元素的代表，阳中有阴，阴中有阳，阴阳处在共同体之中，构成你中有我，我中有你的态势。矛盾冲突多方只有在互相依赖中才得以存在和发展，互相吸收才能演变，互相联通才能转化，互相转化才得以创新。由无构、无序、无式到需要结构、秩序、方式，乃至重构结构、秩序、方式的过程,便是融的过程。融以其和解、和平、和顺、和睦、融洽的方式、方法,化解矛盾冲突,使打散的结构方式重新凝聚,破坏的秩序重新恢复,新结构方式得以化生。在这里,突是融的因,融是突的果。融与突共同体更高的境界便是和合。[①]

2021年6月11日晚,浸入式整体艺术现场《融》在上海进行全球首演。《融》的观摩由三个部分组成:视觉展览"万物皆有灵"、艺术短片"一切且相连",多媒体现场表演"天地人为合"。此次探索注重艺术形式上的多样融合,第一部分为展品,第二、三部分都是生长于原有探讨宇宙、自然、人与人之间联系等作品之中。《融》的副标题是"Everything is connected",即"一切事物都是相互连接的"。通过三个不同维度、不同层次的艺术表达,视觉艺术家沈伟呈现了天地、万物、人,探究了"天人合一",观照了"一切事物都是相互连接的"这一命题,传达了《易经》当中"天地人和"的哲学思想观。[②]

三　美学基础

毕达哥拉斯认为,"美"就是和谐。黑格尔精辟地指出,审美具有一种令人解放的功能。鲍姆嘉通首次使用了"美学"这个概念。他认为,美学对象就是研究美,就是研究感性认识的完善。在美学发展史上,德国古典美学家席勒发挥了重要的作用。追求人类本性的完善,提倡理性的自由是席勒美育思想的核心。《审美教育书简》是席勒最重要的美学论文。席勒的审美教育是一种以美和艺术所进行的,改变人的人性、塑造人性完整的人的全面发展的教育。审美教育是通过美和艺术使人们进入一种审美状态或者审美心境之中,从而形成一种自由的可规定性状态,进而把人们确定为一种全面发展的、人性完整的人。审美教育的过程,实际上也就是一种让人们由自然的必然王国,经过审美的自由王国,进入伦理(政治和道德)的自由王国的审美教育过程。美和艺术在审美教育中成为了人的"第二创造者",通过审美外观和审美游戏把人创造成一个人性完整的人。审美教育中,刚毅美(崇高)和柔软美(优美)对不同的人性缺失者产生作用,使得被现代文明异化了的人们能够克服自己的人性缺失,造就人性完

---

① 张立文.融突和合论——中国哲学元理[J].江汉论坛,2021(3):5-23.
② 王静雯.探讨浸入式艺术《融》的艺术价值[J].作家天地,2022(16):140-142.

整的人。①提到《审美教育书简》时,黑格尔特别赞扬席勒把美看作"理性与感性的统一"。

我国最早记载有关美的是《国语》中的《楚语上》"伍举论美"的典故。从伍举对楚灵王的讽喻与进谏之言,"其有美名也,唯其施令德于远近,而小大安之也。"孔子在几千年前就提出了"兴于诗,立于礼,成于乐"的观点。在他看来,一个人的主观意识的修养要从"诗"开始,要用"乐"来完成。孔子认为道德、情操、人格的培养与其关系最为密切的是诗、礼、乐三者。他将善与美融为一体,美与善的功效就发生了质的变化,同时行善就成了一种快乐,一种心灵的体验。在真正意义上感官达到愉悦,进入了"美善相乐"境界。孔子是中华民族审美文化的奠基者和开拓者,他所追求的人生理想境界不是道德的、宗教的,而是审美的。老子说"大音希声,大象无形",庄子说"原天地之美而达万物之理""朴素而天下莫能与之争美"。从这些论述中可以看出,美与善是密切不可分的。这也是中国古代美学最重要的特点,善与美是相通的。善即美,美就是天人合一的自然境界,美与善是调和天、地、人之间的关系,达到人与自然的和谐与完美。

王国维是中国近代美学的第一个奠基者。"境界说"是王国维主要的美学主张,认为要处理好三种关系:"自然"和"理想"的关系、"入"和"出"的关系、"渐悟"与"顿悟"的关系。他在《人间词话》中提到:"今之成大事业大学问者,不可不历三种之阶级:'昨夜西风凋碧树,独上高楼,望尽天涯路。'(晏同叔《蝶恋花》)此第一阶级也。'衣带渐宽终不悔,为伊消得人憔悴。'(欧阳永叔《蝶恋花》)此第二阶级也。'众里寻他千百度,回头蓦见那人正在灯火阑珊处。'(辛幼安《青玉案》)此第三阶级也。"无论从文学角度还是美学角度,他的这种境界观念在当时是开创,也是总结,历代凡成大事者,必经如此三重境界,可谓艰辛之路。

蔡元培是我国近现代著名的教育家、思想家,同时也是一位美学家和美育倡导者,提出了"以美育代宗教"学说。1912年,蔡元培任南京临时政府教育总长时,将美育纳入政府的教育方针之中,倡导重视美感教育,当时中小学开设了唱歌、图画和劳作等课程,以贯彻美育思想。他立足中国传统文化思想,吸收了德国古典美学的精华,从美的对象的特殊性出发,吸收了康德美学的观点,认为美具有两种特性:一是普遍;二是超脱。这一判断,不仅是关于美的特性的界定,还是对美的本质的回答。在他看来,美是普遍存在的,又是超越功利的。美

---

① 张玉能.《审美教育书简》中的美学思想——审美教育论[J].美育学刊,2014,5(1):47.

既不是一种纯粹的自然现象,也不是一种纯粹的精神现象,而是主客观结合的产物。

美学家朱光潜认为,世间事物有真、善、美三种不同的价值,人类心理有知、情、意三种不同的活动。这三种心理活动恰和三种事物价值相当:真关于知,善关于意,美关于情。人能知,就有好奇心,就要求知,就要辨别真伪,寻求真理。人能发意志就要想好,就要趋善避恶,造就人生幸福。人能动情感,就爱美,就欢喜创造艺术,欣赏人生自然中的美妙境界。求知、想好、爱美,三者都是人类天性;人生来就有真、善、美的需要,真、善、美具备,人生才完美。教育的功用,就在顺应人类求知、想好、爱美的天性,使一个人在这三方面得到最大限度的调整和发展,以达到完美的生活。

在数学中,美学方面的考虑,如漂亮、简洁、别致等,是与其真理性一样重要的。数学蕴藏着内在的、深邃的、理性的美。这种美是各部分之间有和谐秩序的深刻的美,是人的纯洁心智所能掌握的美,激励着一代代数学家去奋力追求。同样,教师和学生反思数学蕴含的内在规律、理性的美,促进教师创造性地设计教学过程,利于学生深刻认识数学本质。①

---

① 范文贵.小学数学反思性教学研究[J].湖南第一师范学院学报,2010,10(2):17.

第二节 教育学基础

一 "全面和谐教育"理论

苏霍姆林斯基的"全面和谐教育"理论旨在培养全面发展的人，通过德育、智育、体育、美育和劳动教育等多方面的教育，让学生得到全面的发展和提高。同时，该理论还强调师德建设和家庭教育的重要性，认为家庭和学校应该共同承担起培养孩子的责任。

苏霍姆林斯基认为，培养全面发展的个体的人，就是培养"精神生活丰富、道德纯洁和体格健全三者和谐结合在一起的新人"。他认为，"没有和谐的教育工作，就不可能培养出和谐的全面发展的人"，在教育过程中，教育者应该着眼于一个全面发展的、活生生的、有血有肉的人身上各个方面和特征的和谐，应该立足于受教育者身上看到"道德的、思想的、公民的、智力的、创造的、劳动的、审美的、情感的、身体等的完善"。

苏霍姆林斯基认为，全面和谐发展的人就是把丰富的精神生活、纯洁的道德、健全的体格和谐地结合在一起的人。这样的人应当是社会物质生产领域和精神生活领域中的创造者，是物质和精神财富的享用者，是人类文化财富的鉴赏者和细心的保护者，是积极的社会活动者、公民，是树立于崇高道德基础之上的新家庭的建立者。

全面发展的人应具备"全人"的基本特征。《教育——财富蕴藏其中》书中提到，每个人的"身心、智力、敏感性、审美意识、个人责任感、精神价值"等方面全面发展的教育意味着全人教育。近代德国学者洪堡说，全人教育是完全的人的教育、充分发展人的个性的教育、充分尊重人的人格的教育、培养健全人格的教育。美国隆·米勒（Ron Miller）真正提出了现代意义上的全人教育，其基本主张是：建立在科技发展基础之上的现代社会无与伦比的进步是以物质主义、进化论思想、人的经济存在为基本参照的，在此过程中人们过于强调人类"在宗教、语言、职业、性别、民族和种族上差异"的现实性、永恒性，而没有顾及全人类每个人的沉思、直觉、自尊及自我意识的正当性。1988年，加拿大约翰·米勒（

John Miller）出版的《全人教育课程》，标志着批判理论取向的全人教育登上历史的舞台。日本小原国芳认为，全人教育是"完全人格、和谐人格"的教育、"真正的人、有教养的人、文化人"的培育、"真、善、美、圣、健、富"的培育。

我国学者文辅相先生认为，全人教育是把人培养成为有知识、有智慧、有教养的人的教育。赖明德先生认为，中国传统意义上的"全人"意味拥有"丰富的知识、专业的技能、良好的品德、强健的体魄、审美的情趣、博大的胸怀"。香港浸会大学以"全人教育"为理念，致力于学生身心等方面的均衡发展。香港大学联合国际学院以建构性后现代主义的态度，同时汲取了中国传统文化的精髓，耦合了马克思主义关于人的全面发展的学说，进行全人教育的实践探索。北京汇文中学以"智仁勇"为校训、以"全人教育"为主旨，承载了近代中国多少教育人的梦想。汇文中学秉承"增进身体健康、涵养审美情操、培植职业技能、预备升学基础、练习善用闲暇、学做良好公民、培养高尚品德"的"智仁勇"精神，倡导的是一种尊重人的全面发展、培养多方面和谐发展的全人教育理念。

在中国文化中，"全人"首先是指完整的人，即身心健全的人；其次是指德智体美劳全面发展的人；再次是指"善于契合天然而又应合人为的全德之人"，即懂得和遵守天地规律，为人处世符合人心向背等。①

二　"再创造"教学理论

荷兰著名的数学家和数学教育家弗赖登塔尔教授提出"再创造"教学理论，强调了学生在学习过程中的主动性和创造性。该理论的基本观点是：学生学习数学是一个再创造的过程。数学知识的学习需要学习者基于个人的"数学现实"，在具体的情境中通过观察、概括、归纳、类比等"数学化"的过程，进行数学的"再发现""再创造"。

弗赖登塔尔认为，学生学习过程的若干步骤中，重要的特征还在于"再创造"，里面包含两层含义。其一，学生的学习并不是简单地接受，也不是被动地推求数学家们已经发现和创造了的概念、命题、法则、方法等，而应具有实践性活动的特征，是学生自主的一种"创造"过程——数学化；其二，这种实践性的活动并不是要求学生去模仿或重复数学家们发现并创造数学的过程，而是要求学生将那些已经被发现或创造的数学作为实践性活动的任务，让他们自己去"再

---

① 张伟，杨斌，张新民.聚焦未来素养，建构全息育人课堂[J].人民教育，2019(Z1)：115.

发现"和"再创造"。

"再创造"学习理论的核心概念就是弗赖登塔尔提出的"数学化"理论。数学化是指人们运用数学的方法观察现实世界，分析研究各种具体现象，并加以整理组织，以发现其规律的过程。即数学地组织现实世界的过程就是数学化。弗赖登塔尔认为，数学的根源在于普通的常识，数学实质上是人们常识的系统化，因而每个学生都可能在一定的指导下，通过自己的实践活动来获得这些知识。人们通过自己的实践，把这些常识通过反思组织起来，并不断地进行系统化，这个过程就是"数学化"的过程。弗赖登塔尔认为："数学化的一个十分重要的方面就是反思自己的活动。"

弗赖登塔尔将这一思想发展为："学一个活动的最好方法是实践。"他还认为"学习过程必须含有直接创造的侧面，即并非客观意义的创造而是主观意义上的创造，即从学生的观点看创造；通过再创造获得的知识与能力要比以被动方式获得者，理解得更好也更容易保持。"这种"再创造"的教学方式有利于提高学生的主动性和创造性，促进学生对数学知识的理解和掌握，同时也能够培养学生的数学思维和解决问题的能力。

三　审美化教学理论

审美化教学是指将所有的教学因素（教学目标、教学内容、教学方法手段、教学环境、教学评价等）转化为审美对象，使整个教学过程转化成为美的欣赏、美的表现和美的创造活动，使整个教学成为静态和动态和谐统一、内在逻辑美和外在形式美高度和谐统一的整体，从而大幅度提高教学质量，减轻学习负担，使师生都充分获得身心愉悦的一种教学思想理论、操作模式和方法。[1]审美化教学强调合乎规律的教学，突出教学活动本身的内在逻辑，体现出以科学性为前提的艺术性和以内在逻辑为基础的审美性，是审美与逻辑的统一，故又称之为"审美—逻辑教学"。李泽厚以此为基础从实践的角度阐释了美的本质：美作为自由的形式，是合规律性（真）与合目的性（善）相统一的实践活动及其成果。[2]赵宋光在《论美育的功能》一文中明确提出了"教育的使命在于培育能自

① 赵伶俐.审美化教学论[J].西南师范大学学报（人文社会科学版），2000,26(5):108-114.

② 鞠玉翠.追寻劳动的教育美学意蕴[J].教育学报，2018,14(5):55-62.

由运用规律以造福社会的人",达成这一使命需要依靠"立美教育",其基本方法是"为受教育者的行动言语建立合规律的形式","任何知识的传授都要随时启发出对所认识规律的自由运用"。周庆元、胡绪阳提出,美育具有两个基本维度:审美教育和立美教育。查有梁认为"教育美"是一种"综合美",其特点是:主体客体相互作用,个性共性整合统一,并且探讨了"审美—立美"教育模式建构。①冉乃彦认为,"审美"只涉及认识世界,而要改变世界,必须增加"立美",才能把人类对美的自我表达、自我创造反映出来。审美的发展与自主性同步,其中就是立美在发挥作用。不必在教育过程中借音乐、图画来展示美,只需让学生操作、体验、领悟教学材料中的合规律性与合目的性的统一与和谐,就是最直接、有力的立美教育方式。②"美学,是未来的教育学","其实就是主张从现在开始,让审美、立美的教育在全部教育生活里成为教育工作者的自觉,让审美标准成为所有教育实践的基本标准与常识"。③教学是教育工作的主渠道,定然需要按照"美的规律"来打造——以美的元素来浸润教学,以美的节奏来调控教学,以美的韵律来充盈教学,从而走向"教学审美化"。

关于教学美的认识,可以分作现象层面和本质层面两大方面。教学美的现象层面,即教学美的外在表现形态,主要表现为教学过程中各种客观的审美属性。李如密称为"教学美的存在形态",并将其分为要素美、过程美、形式美和风格美等。教师的教学语言、服饰、板书和教学演示,教学环节的设计和安排,在教学过程诸多方面表现出的个性特点等,的确都可以在教学过程中表现得赏心悦目,受到学生欢迎,并在不同程度上提升教学的效果。现象层面的教学美,是我们在实际教学中关注和重视相对比较多的。教学美的本质层面,即人对自身在教学过程中所获得新发展的享受和欣赏,以及由此而产生的审美愉悦。

总之,融美数学是教学审美化在数学课堂的实践表达,是将审美作为教学活动的重要组成因素,使教学要素转化为审美要素,使审美机制贯穿于教学之中,让教学活动成为师生创造和享受美的过程。"审美、立美加创美,才是真正的教育之美",成为融美数学教学主张的理论基础和实践纲领。

---

① 查有梁."审美—立美"教育模式建构(上)[J].课程•教材•教法,2003(3):35-41.

② 鞠玉翠."立美教育"再探[J].教育研究,2018(9):63.

③ 檀传宝.美学是未来的教育学[J].人民教育,2015(15):1.

第三节

心理学基础

一 人本主义心理需要层次理论

人本主义心理学主张从人的直接经验和内部感受来了解人的心理，强调人的本性、尊严、理想和兴趣，认为人的自我实现和为了实现目标而进行的创造才是人的行为的决定因素。其代表人物——人本主义心理学家马斯洛认为，人有七种基本需要，分别为：生理需要、安全需要、归属和爱的需要、尊重需要、知的需要、美的需要、自我实现需要。（图2-1）

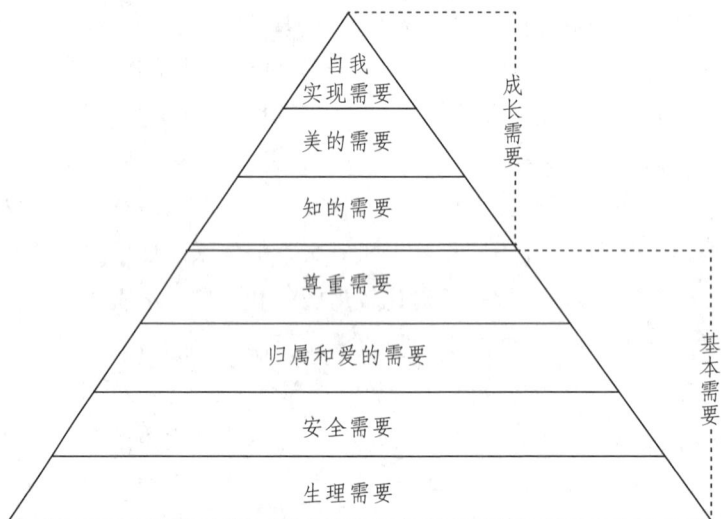

图2-1 马斯洛的需要模式（采自Maslow，1970）

如图所示，生理需要、安全需要、归属和爱的需要、尊重需要是人的基本需要。在满足基本需要的基础上，人追求自我成长需要，实现人生价值。其中关于"美的需要"具体阐释如下：美的需要包括了对秩序、对称、闭合、结构以及存在于大多数儿童和某些成人身上的对行为完美的需要。马斯洛指出，美的需要在每一种文化中，甚至洞穴人的文化中，都是存在的，但它在自我实现者身上得到最充分的体现。马斯洛认为,美的需要与意动、认知需要的重叠之大使我们难以将它们分开。秩序的需要、对称的需要、闭合性的需要、行为完美的需要、规律性的需要和结构的需要,可以全部归因于认知的需要、意动的需要或者美的需要。美的需要对于人的健康成长如同需要水和空气一样重要。美的需要虽然不像基本需要那样强烈,但它可以滋润人生,陶冶情操,丰富生活,增加乐趣。[①]

　　一般来说,低层需要是高层需要的基础。只有低层需要获得充分满足后,高层需要才能出现。自我实现需要是最高等级的需要,是一种创造的需要。有自我实现需要的人,往往会竭尽所能,使自己趋于完美,实现自己的理想和目标,获得成就感。马斯洛认为,在人自我实现的创造过程中,产生出一种所谓"高峰体验"的情感,这个时候的人处于最高、最完美、最和谐的状态,具有一种欣喜若狂、如醉如痴的感觉。

二　情感教学心理学

　　情感是一类特殊的主观心理状态,以直接经验、愉快或不愉快的感觉、人对世界和他人的态度、人的实践活动过程等形式反映,包括情绪、感觉、知觉、直觉、压力等,这些都是所谓的"纯粹"情感,包含在人类的所有心理过程和状态中,人的任何活动表现都伴随着情绪体验。维果茨基从产生的基础和特征表现上区别了情绪与情感的不同。他认为,情绪出现较早,多与人的生理性需要相联系;情感出现较晚,多与人的社会性需要相联系。情绪具有情境性和暂时性;情感则具有深刻性和稳定性。情绪常由身旁的事物所引起,又常随着场合的改变和人、事的转换而变化。所以,有的人情绪表现常会喜怒无常,很难持久。情感可以说是在多次情绪体验的基础上形成的稳定的态度体验,如对一个人的爱、同情、关心、尊敬等,可能是一生不变的。正因如此,情感特征常被作为人的个性和道德品质评价的重要方面。维果茨基区别了健全情感和控制情绪的不同之处。他认为,情感的主要功能是能通过情感更好地理解对方,可以在不使用语言的情况下判断对方的心态,还可以更好地组织自己的语言,更好地预设相互间共同的交流与活动。维果茨基关于情感本质及其发展的观点构成了他

---

① 车文博.人本主义心理学[M].杭州:浙江教育出版社,2003:126.

具体的心理意识哲学理论的一个组成部分。维果茨基情感心理学认为,人的情感是发展着的,情感领域的发展与其他心理功能的发展应该遵循同样的逻辑,情感的发展是朝着觉知的方向发展的,思维对情感具有影响,同时情感对思维也具有反向影响作用。维果茨基提出了情感积极参与意识整体发展的原则。情感不仅会影响孩子思维和行为的发展,在孩子有先天缺陷的情况下,情感也是一种强大的刺激,促使孩子去寻找"另外的发展之路"。[①]

卢家楣及其团队通过对大量教学理论(包括教育学和心理学)和教学实践的研究,特别是针对重知轻情的教学格局和未来社会的发展趋势,明确提出了情感教学理念——"以情优教",即运用情感优化教学的主导思想。它的完整内涵是:在充分考虑教学中认知因素的同时,又充分重视教学中的情感因素,努力发挥其积极的作用,以完善教学目标,改进教学的各个环节,优化教学效果,促进学生素质的全面发展。它是情感教学心理学发展的出发点和归宿,对学科的理论研究和实践应用具有双重导向作用。[②]

卢家楣及其团队在全国范围内开展的调查显示,青少年情感素质体系包含两个层次、六大种类和42个具体情感。其中,两个层次指的是情感的本体层次和对情感的操作层次,前者包括道德情感、理智情感、审美情感、生活情感和人际情感,后者指的是情感能力。在这六大类情感中,审美情感是对自然、社会和艺术中各种事物是否符合其美的标准而产生的情感。它是与对美的鉴赏探索和创造的需要相联系的。例如,在欣赏艺术、欣赏社会上的某些和谐现象和自然风光时产生的快乐感,对自然、社会和艺术中的丑陋现象所产生的厌恶感,在探索和创造美的活动中所表现出的热情等都属于审美情感范畴。这里还要指出,美不仅包括自然美、社会美和艺术美,还包括科学美。科学美体现于人对被揭示的客观规律的和谐、简洁的表达方式中。例如,物理学中将物质世界中极为复杂的物质和能量转换关系、力和加速度关系用"$E = mc^2$, $F = ma$"等公式表示,给人以简洁明了而又含义丰富的感受,充分显示了客观世界中所蕴含的内在的和谐统一。那么,无论是在探索还是欣赏这种科学美的过程中,都会有审美情感的参与。

---

① 耿海天,陈煜娴,韩雨.探究维果茨基的情感心理学哲学[J].牡丹江大学学报,2023,32(7):25.

② 卢家楣.情感教学心理学研究[J].心理科学,2012,35(3):524.

三 神经心理学

融美数学在神经心理学基础方面主要涉及人类神经系统的结构和功能，特别是大脑的认知和情感加工过程。在神经心理学中，感知和体验美的过程涉及大脑的多个区域，包括感觉皮层、边缘系统和额叶等。这些区域协同工作，将外部的审美刺激转化为内部的神经活动，进而引发美的感受和体验。情感反应在神经心理学中涉及大脑的情感中枢，如杏仁核和下丘脑等。这些区域控制着人们的情绪反应，对审美体验和评价产生重要影响。因此，教师在进行审美教学时，需要关注学生的情感反应，并引导学生深入体验和理解作品所表达的情感。此外，审美教学还需要关注学生的记忆和认知过程。记忆和认知过程涉及大脑的记忆系统，如海马体和前额叶等。这些区域负责信息的存储、处理和提取。通过记忆和认知过程，学生可以更好地理解和体验作品所表达的意义和价值。因此，教师在进行审美教学时，需要注重学生的记忆和认知训练，通过各种形式的教学活动来促进学生的认知和记忆能力。

学生是学习的主人，学生是用脑进行学习的，脑是学生学习的主要器官。未来教育的重要特征之一就是要基于脑、适于脑、促进脑。要做到这一点就必须科学认识脑，认识脑发育，认识老师和学生脑活动的规律，以及老师的脑和孩子的脑怎样相互作用，这样才能更好地保护脑，进而达到开发脑的目的。[①]

20世纪80年代，神经科学家Maclean提出了"三脑一体"模型，即根据解剖生理学方面和脑部功能方面的不同，将脑分为三个部分：认知脑，指大脑皮层，主要负责所有的高级思维功能，包括阅读、计划、分析、决定等；情绪脑，指大脑的边缘系统，主要参与情绪调节；行为脑，包括脑干、小脑和基底核，主要控制人的行为。三者的功能既相对独立，又协同一致，共同承担着大脑复杂的认知任务。从认知的维度理解数学深度学习，能将某一思维状态与特定脑区相联系，将思维过程与神经回路的连接相联系，使思维"可视化"，从而实现对数学知识和学习过程的深刻认识。

情绪在数学深度学习中有两个作用：其一，在动机方面，感觉数学"有意思"，愿意"主动学"，做题"专注""有钻劲"；其二，在态度方面，将学习行为与自己的三观结合起来，形成科学严谨的学习态度。数学学习强调的合作、分享等

---

① 董奇.学生学习的脑科学进展、启示与建议[J].教育家,2018(28):10.

理念,归根结底都与情绪有密切的关系。良好的情绪能促进内啡肽、多巴胺等神经递质的分泌,实现对信息的优先选择和对知识的高效编码和提取。在融美数学教学中,教师应充分借助互动、协作、分享等策略,激发学生学习的良好情绪,培养其对学习内容的兴趣,从而建立对教师的信任,提高自我效能感。当良好的情绪与学习事件相联系时,就会形成积极的学习动机。当持续的良好情绪和行为与价值观结合时,就会形成科学的数学学习观,如理解问题要全面、审题要细心、思维要严谨等。情绪、动机和态度共同构成了数学深度学习的动力支持系统。①

由于脑是思维的器官,未来数学教育也是基于脑、适于脑和促进脑,因此数学能力的培养与发展需要建立在对数学认知发展和脑机制研究的基础之上。基于脑科学的数学学习应遵从联结、扩展、拓宽、加深、贯通等原则,合理设计教学环节,做到知、情、行一致,以促进学生的深度学习。数学学习是多个脑区共同参与、协同作用的过程,要想培养良好的数学学习能力,需要结合脑与认知科学的研究成果进行多元数学教学与训练。过分地增加儿童的认知负荷,只会让其丧失学习兴趣或是僵化数学思维。儿童数学学习不要局限在课堂里,而要让儿童走出教室、走入生活,感受真实的数学,从而更好地提升其数学学习能力。②

---

① 张玉孔,郎启娥,胡航,等.从连接到贯通:基于脑科学的数学深度学习与教学[J].现代教育技术,2019,29(10):39.

② 李婷婷,况勇,何清华.脑科学研究与儿童数学学习[J].现代教育技术,2021,31(5):41.

第三章

融美数学的内涵诠释

融美数学，具体指在五育融合思想指引下，按照审美发展"三阶梯"（感美、立美、创美）规律，通过融洽关系、融通教学、融合实践等手段，达到以融致美、以美促学、融美相成的教学效果，使学生在数学课堂中获得学习成就感和愉悦感，并有效培育核心素养的教学主张。

在融美数学课堂中，不仅要有指向低阶思维的感知活动，使学生感受到数学美的存在，获得一种"数学有趣"与"数学好玩"的学习体验；还必须关注高阶思维的理解活动，指向应用、迁移与创造，使学生全身心地深度学习，真正地体验到数学美和教育美，进而在头脑中形成属于自己的个性化数学美的理解，成为可迁移的数学美感。融美数学的核心要素是"三融五美"，以下具体解读。

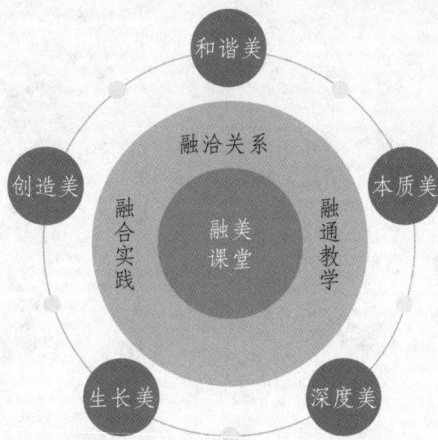

和谐美

本质美

融洽关系

创造美 融合实践 融美课堂 融通教学

生长美

深度美

融美数学的要素解读

一 "融"的要素解读

"融"字在字典里解释是：作为动词可以理解为融化、融合、融会的意思，作为形容词可以理解为长远、长久、通达、暖和、恬适的意思。这些字面意思，都可用在教育内涵的理解上。融美数学教学主张选择融洽关系、融通教学、融合实践作为"融"的要素。不同于"加、掺、塞、植、放"等，"融"在根本上取决于内在的一致性程度。

1.融洽关系

在融美数学里，融洽关系主要指两个维度。

其一，指人与人的关系，具体指师生、生生的关系要和谐融洽。教学相长是彼此生命在场的教育，教师要注意营造没有"害怕"的课堂氛围，让学生对学科有亲近感，在课堂上乐于分享、敢于质疑，让师生、生生彼此信任、互相敞开心扉，共同成长。总之，"给人的感觉是教室里每个人的呼吸和其节律都是那么地柔和（佐腾学）"，"教育学就是关系学，教育学首先是关系学（李希贵）"。教育的起点，是老师与学生之间的关系，是师生之间的信任。

其二，指人和物的关系，具体指提供给学生的教材、练习、读物要适合学生的身心理解水平，有利于促进健康发展。另外，学习环境等布置，都应该是适合学生的年龄特征，有助于学生更好开展学习的。以2022年在网络上备受争议的教材插图事件为例，插画人物的形象"丑"，画风诡异，缺乏青少年应有的积极鲜活模样，让人看了非常不舒服。令人不得不担忧这可能会影响孩子今后的审美发展。针对此事，相关部门及时回应，着手重新绘制相关封面和部分插图，改进画法画风，提高艺术水平，充分发挥教材封面和插图的育人作用。从这个事件可以看出，学生的学习素材，不仅可以起到增进学生知识和技能作用，同时也会在潜意识里影响学生的思想品德活动，因此，提供给学生的学习素材，应该是经过审慎把关，有助于形成积极情感、正向价值观的。

2.融通教学

在融美数学里，融通教学主要指两个维度。

其一，指学段衔接。新课标颁布，"加强学段衔接"是主要变化之一。提出要遵循学生身心发展规律，强化一体化设置，促进学段间的衔接，提升课程科学性、系统性。新课标把原来小学阶段的两个学段，分为现在的三个学段，分别对应小学的低中高年级，进一步体现了关注学生的年龄特征，明确各学段不同的学科育人重点。比如，注重幼小衔接，注重活动化、游戏化、生活化的学习设计；关注从小学到初中学生在认知、情感、社会性等方面的发展变化，把握课程深度、广度的变化，体现学习目标的连续性和进阶性。

其二，指结构教学。本次课标修订重在强化"核心素养"意识，以核心素养为纲进行精选，即选择最具有核心素养成分和价值的学科知识内容并进行结构化组织。课程内容的结构化承接了核心素养的育人目标体系，强调基于学科大观念、大任务、大主题等对于学科教学内容进行统整设计，往往借由大单元设计实现，以增强学科知识之间、学科与生活之间、学生与生活之间的联系，既应用于单一学科内又应用于跨学科之间。素养时代课程内容的结构化组织不同于以往以学科知识为中心和以学生经验为中心的结构化组织方式，而是提高站位，坚持素养立意，在坚持学科育人的基础上观照儿童的生活经验，从而消解了传统的知识中心和学生中心的对立。[①]

3.融合实践

在融美数学里，融合实践主要包括两个维度。

其一，指五育融合。2019年，中共中央、国务院印发的《中国教育现代化2035》提出，更加注重全面发展。大力发展素质教育，促进德育、智育、体育、美育和劳动教育有机融合。李政涛教授指出：要育好人，育出理想的人，一定要通过"五育融合"的方式。满足高质量教育发展的需要，要实现高质量发展有很多

① 崔允漷，郭洪瑞.试论我国学科课程标准在新课程时期的发展[J].全球教育展望，2021，50(9)：11.

的路径,但是"五育融合"是不容忽视的,是撬动教育高质量发展的一大路径。融美数学重视跨学科主题学习活动,加强学科间相互关联,带动课程综合化实施,强化实践要求。跨学科主题学习指的是基于跨学科思维围绕某一学习主题运用两种及两种以上学科观念、方法及跨学科思维方式,解决真实问题的综合性课程和综合性学习形态。其基本内涵包括:学科融合意识。跨学科主题学习具有多学科特点,为了完成某一主题学习活动,学生的各学科素养必须整体运作融合为一,形成超学科的合力。融合之意指的就是多学科的知识能力、学习方法、思维方法等共同在某一主题学习中充分得到运用和实践。

其二,指双线混融。新课标在课程理念提出"促进信息技术与数学课程融合",具体指:合理利用现代信息技术,提供丰富的学习资源,设计生动的教学活动,促进数学教学方式方法的变革。经过(疫情期间)线上线下教学方式切换的磨炼,一线老师有了更多的信息技术应用体验。双线混融的理念最早由李政涛提出,强调线上教学和线下教学要从"混合"转向"融合",从"历时性"向"共时性"转变,线上教学与线下教学要同时"混融"与"共生"。"教学的最高境界,是线上教学与线下教学的融通整合。"①双线混融不是将技术与教育叠加与混合,而是有机交融,在"教"与"学"之间培养学生的深度学习,实现教学课堂的高效性。在网络资源越来越丰富的当下,如何运用"双线混融"理念,合理利用现代信息技术提高学生的数学学习质量,是融美数学致力实践的理念。

另外,融合实践还可以体现在课堂教学改进方面,需要站在世界教改前进方向。"寻找中间地带"就是一种融合实践的路径,该观点是顾泠沅先生在1999年召开的"中美数学教育高级研讨会"上首次提出的。他在展示并分析了大量课堂观察研究成果后指出,在中美两国教育之间,可能存在一个中间地带,双方可以基于各自的本土文化,相互借鉴,取长补短,用以改进本国的教育教学。简单来说,以本国的传统优势为基点,结合双方优点,进而消除两者的缺点是"中间地带"的内涵。寻找中西方教育教学的"中间地带",是整个教学改革的大策略,这并不是简单的折中,而应以中国文化为底蕴,有机地整合其他文化的教育教学取向。随着国力的提升和对教师素质决定教育发展的重视,普通教师进行中西方教育对比研究成为可能,而国际教育的本土化融合已经成为大势所趋。

---

① 李政涛.基础教育的后疫情时代,是"双线混融教学"的新时代[J].中国教育学刊,2020(5):5.

正如人民教育家于漪老师所说"坚守中国立场,拥有世界视野,以教育自信创建自信的教育,走自己的路,我们的定力将更强大,我们的前途会更宽广。"

二 "美"的要素解读

美,是人类永恒的主题。追求美,是人的天性。美,无处不在,无时不有。但,美的本质是什么?

我们可以在李泽厚的《美学四讲》里得到启发。美的本质和人的本质不可分割。离开人很难谈什么美。李泽厚认为不能仅仅从精神、心理或仅仅从物的自然属性来找美的根源,而要用马克思主义的实践观点,从"自然的人化"中来探索美的本质或根源。如果用古典哲学的抽象语言来讲,他认为美是真与善的统一,也就是合规律性和合目的性的统一。所谓社会美,一般是从形式里能看到内容,显出社会的目的性。在合目的性和合规律性的统一中,更多表现出一种实现了的目的性,功利内容直接或间接地显现出来。其实也就是康德所讲的依存美。但还有大量看不出什么内容的形式美、自然美,也就是康德讲的纯粹美。这可说是在合规律性与合目的性的统一中,更多突出了掌握了的规律性。但无论哪一种美,都必须有感性自然形式。一个没有形式(形象)的美那不是美。这种形式就正是人化的自然。这两种美都应该用马克思讲的"自然的人化"来解释。

"美是真与善的统一,也就是合规律性和合目的性的统一。"这是融美数学对"美"的本质理解,也是一直追寻的教学理想境界。

我国著名数学家徐利治认为:数学教学的目的之一,应当使学生获得对数学的审美能力,即能使学生提升对数学美的主观感受能力。学生的学习应该是主动的,富有美感的智力活动,学习材料的生趣和美学价值乃是学习的最佳刺激,强烈的心智活动所带来的美的愉悦和享受是推动学习的最好动力。这样的表述,让我们更深刻地理解了数学课堂的美,应该是多维度、全方位的。融美数学认为教学美是一种综合美,它实现了教学与美的统一、教的美与学的美的统一、教学目的美与手段美的统一、教学内在美与外在美的统一、教学科学美与艺术美的统一、教学美的创造与欣赏的统一。教学美具有形象性、多样性、愉悦性、教育性和自由性等特点。因为有"美"的召唤,所以我们才更具有行走在理想与现实之间的教学勇气，才能产生教学旅途可能面临艰难的"恐惧"，也才能在教学中创造和享受更多的美，从而让更多学生体验到学习的乐趣。

在《论教学的审美之维》一文中，南京师范大学项贤明教授指出：教学在本质上就包含了审美的维度，亦即任何课程的教学，就其本质属性而言，都应能给获得了发展的人以审美的愉悦，否则，这种教学活动就在本质上发生了异化。[①]虽然在现象层面和本质层面，教学的审美之维都发挥着美育的功能，但现象层面的教学审美之维必须为其本质层面服务。他同时指出：教学的审美之维是教学价值得以实现的主要标志，而审美之维的丧失，正是教学发生异化的重要表征。[②]

借鉴已有研究成果，结合小学数学学习的特点，融美数学对"美"的理解包含两层含义。其一，是作为育人主阵地的课堂本身应具有的教育之美，如和谐美、本质美、深度美、生长美、创造美等；其二，是具有学科独特本质的数学之美，比如简洁、对称、统一、奇异性等。

1.和谐之美

毕达哥拉斯提出的"美是和谐"这个古老的美学命题，首选作为融美数学的标准之一。课堂的和谐之美，是指在适宜的环境、综合运用适宜的教学方式与手段，展现课堂教学整体和谐有序的一种教学形态。怀特海把学习分为三个阶段：浪漫阶段、精确阶段、综合阶段。课伊始是浪漫阶段，教师要善于创造情境，引导学生积累感官经验；课的核心环节一般是引导学生进行自主合作探究，此谓精确阶段，要注意引导学生对所学内容上升到理性的认识；而课的最后环节是综合阶段，重在引导学生运用知识解决问题，进行反思小结。"浪漫—精确—综合"三个阶段的自然切换，具有节奏之美。在课堂进程中，教师犹如乐团指挥，协调节奏、调动情感，让学生在课堂上思维流畅、心情愉悦，进入最佳学习状态，获得理想的效果。朱光潜先生认为"节奏是一切艺术的灵魂"。教育是一门科学，也是一门艺术，课堂应有节奏之美。课堂教学没有固定不变的模式，而应该是张弛有度、动静结合、疏密有致、收放有序，犹如一曲动听的音乐旋律，让人陶醉。

---

① 项贤明.论教学的审美之维[J].课程・教材・教法,2022,42(9):87.
② 项贤明.论教学的审美之维[J].课程・教材・教法,2022,42(9):90-91.

2.本质之美

数学与艺术有着共同的美学特征，几何之美、对称之美、黄金分割之美、透视之美、和谐之美无处不在，这些美学要素不仅成为数学领域最科学、最美的象征，也成为艺术领域感性的最高标准。华罗庚曾说："就数学本身而言，是壮丽多彩、千姿百态、引人入胜的……认为数学枯燥乏味的人，只是看到了数学的严谨性，而没有体会出数学的内在美。"从根本上说，学科本质之美的产生是美与人的生命的一种内在关系，是学生内在的生命成长，尤其是精神成长的需求，实际是"立美育人"的过程。①

那么，数学学科的本质美又是什么呢？数学美是现实美的反映，它是现实肯定实践的一种自由形式。英国哲学家、数学家罗素就曾这样说过：数学，如果正确地看它，则具有至高无上的美，正像雕刻的美，是一种冷而严肃的美，这种美不是投合我们天性的微弱的方面，这种美没有绘画或音乐的那些华丽的装饰，它可以纯净到崇高的地步，能够达到严格的只有最伟大的艺术才能显示的那种完美的境地。一种真实的喜悦的精神，一种精神上的亢奋，一种觉得高于人的意识，这些是至善至美的标准，能够在诗里得到，也能够在数学里得到。②我们如果将数学美同自然美和艺术美进行对比，就会发现它和自然美与艺术美一样，都能给人以美的享受，精神的愉悦，使之产生浓厚的兴趣。但它又不同于艺术美和自然美，数学美是一种逻辑的美，一种理性的美，一种抽象的美，一种严谨的美。

数学美的表现形式是多种多样的，就像一千个人眼里有一千个哈姆雷特一样，每个人对数学美都有不同的感受。数学，从内容分支上看，有几何美、代数美、概率美等；从思想方法上看，有抽象美、演绎美、化归美、类比美等；从一般美学上看，有简洁美、对称美、统一美、形式美、隐藏美等。③数学家庞加勒曾把数学美的内容和基本特征概括为统一性、简洁性、对称性、协调性和奇异性。④陈焕斌和张雄认为，数学美反映的是主体对数学对象深层结构及其相互间本质联系的认识，对称美、奇异美或现实美、语言美、方法美等均不是数学美的本质属

---

① 刘冬梅.论"学科之美"[J].教育理论与实践.2014,34(34):62.

② 转引自：朱顺荣.数学的美学特征与审美教学[J].南京理工大学学报(哲学社会科学版),1994(5):66.

③ 黄振.欣赏数学之美[J].高等教育,2015(31):117.

④ 转引自：张玉峰.孟爱红.数学美的本质[J].数学教育学报,2006,15(3):24.

性,而逻辑真实性、形式化与抽象性、和谐统一性、简洁性才是其本质属性。[1]文卫星先生所著的《超越逻辑的数学教学——数学教学中的德育》一书,第五章《文化视野下的数学德育》把数学的美概括成:"对称、相似、和谐、平衡、统一、完整、清晰;规律的普遍性,方法的简洁性;推证严谨而练达,联想奇特而合理。"综合多位学者的观点,结合小学数学学习的特点,"融美数学"教学主张认为,虽然数学美具有不同的表现形式,无论是外在的语言美、公式美、图形美,或是内在、更高层次的数学结构美与方法美,其基本特征都可以归纳为:简洁性、对称性、统一性、奇异性。

3. 深度之美

2022课标明确指出:"数学在形成人的理性思维、科学精神和促进个人智力发展中发挥着不可替代的作用。"而要实现这个目标,需要教师克服教学过程中的局限,引导学生深度学习。深度教学强调站在知识的教育学立场揭示知识的符号表征、逻辑形式和意义系统,提倡通过课程的过程性规约来实现知识的教育价值。日本学者佐藤学教授曾说,挑战学习的儿童是灵动、高雅而美丽的。"融美数学"教学主张认为,课堂的深度之美更多地体现为学生经历挑战性学习、探知未知世界引起愉悦的一种美。

林崇德认为,思维能力的高低是通过思维品质差异体现出来的,思维品质的成分和表现形式主要包括深刻性、灵活性、独创性、批判性和敏捷性等。这五个方面相互关联,共存于学生思维发展过程之中。思维的深刻性是一切思维品质的基础;思维的灵活性和独创性是在深刻性基础上引申出来的两个品质,前者更具有广度和顺应性,后者较具有深度和新颖性;思维的批判性是在深刻性基础上发展起来的品质;思维的敏捷性是以上述四个思维品质为前提的,同时又是其他四个品质的具体表现。立足思维品质的培养,可以使以高阶思维发展为目标的深度学习的教学有所抓手。[2]

余文森教授在《有效教学十讲》中提出,从能力的角度来说,创新性主要表现为求异思维、发散思维。在谈到发散思维的基本特征之一"变通性"时,余文森教授认为"思考能变换角度,不限于某一个方面,能提出各种不同的解决问题

---

① 陈焕斌,张雄.略论数学美的本质属性[J]数学教育学报,2008,17(5):28.

② 程明喜.小学数学"深度学习"教学策略研究[J].数学教育学报,2019,28(4):68.

的办法,富有迂回变化的思路。"在学生参与深度学习的过程中,不同的解决问题思路所蕴含的智慧,让学生感受到一种闪现的思维之美,产生数学学习的乐趣。

4.生长之美

卢梭说"教育即生长",周国平说"懂得了'教育即生长'的道理,我们也就清楚了教育应该做什么事了。"这几句话道出了教育的真谛。新课标背景下的课堂教学,应该是教师和学生交互作用而生成的一项具有生命意义的活动。这是课堂教学的应然选择,它预示着课堂教学应还原它本来的面目,观照学生的生命成长、素养生长。比如,2022课标的基本理念之一"不同的人在数学上得到不同的发展",这里的两个"不同",呈现的就是生长之美。教师在数学学习内容设计和课堂教学过程中,要充分关注不同层次学习水平的学生,让其在每一堂课中都有实实在在的获得感。在小学数学课堂中,教师还应尊重生命的生长规律,唤醒学生自主发展的意识,发现每一个孩子的特性,因材施教,让每个孩子都能发挥自己的优势,健康快乐地成长。

5.创造之美

苏霍姆林斯基曾说过,美育的终极目标是创造美,孩子们在创造美的过程中,也会变得更美好、更纯洁和更可爱。美的教育并不只是让学生会背诵美的概念,也不只是认识美、欣赏美,更重要的是创造美。陶行知先生曾说,真正的教育必须培养出能思考会创造的人。创造是美的。这种满足与享受是人的本质力量对象化的实现带来的,是创造了客观存在的美所引发的美感体验。不仅是艺术,而且所有的创造,不管是物质生产领域的,还是精神生产领域的,都含有审美因素,激起审美情趣,因此创造性活动本身就是我们追求的美感源泉。

赞可夫说:"人具有一种欣赏美和创造美的深刻而强烈的需要。""审美感情的实质就是对创造的追求。"[1]对于学生来说,学习就是在领悟和感知未知的世界,在学习中培养对美的追求,使他们认识到自己是美的创造者,这将会作为一种长久的信念激励他们不断认识美、践行美,从而具有创造美的意识和能力。

哈尔莫斯曾指出:"数学是创造性的艺术,因为数学家创造了美好的新概

---

① 尼·阿·德米特里耶娃.审美教育问题[M].冯湘一,译.上海:知识出版社,1983:166.

念;数学是创造性的艺术,因为数学家像艺术家一样地生活,一样地工作,一样地思索;数学是创造性的艺术,因为数学家这样对待它。"数学教学亦是创造性的艺术,教师通过教学活动将美好的概念转换成美好的体验,引导学生在感受美、鉴赏美的基础上,通过实践活动"按照美的规律"创造出新的事物。

融美数学课堂要促进学生全面和谐的发展,关键在于数学教师要首先发挥自身的创造性,为学生构建创造性课堂,将创造性渗透学与教的全过程,实现创造之美。

在课堂教学的进程中,"融"与"美"需要和谐共振,追求的是"无声胜有声"的效果。总之,融美数学课堂是知识理解的课堂,也是素养积淀的课堂;是彰显学为中心的课堂,也是鼓励积极创新的课堂;是渗透思想方法的课堂,也是托举生命成长的课堂;是形式美观、过程美妙、成效美好的理想课堂。

第二节 融美数学的基本观念

融美数学的基本观念主要包括以下几个方面。

一 课程观：一体两翼，学科育人

2022课标指出"数学是研究数量关系和空间形式的科学。""数学不仅是运算和推理的工具，还是表达和交流的语言。""数学承载着思想和文化，是人类文明的重要组成部分。""数学教育承载着落实立德树人根本任务、实施素质教育的功能。""义务教育数学课程具有基础性、普及性和发展性。""课程目标的确定，立足学生核心素养发展，集中体现数学课程育人价值。"这些课程理念成为融美数学课程观的确立基础。"融美数学"教学主张认为，数学教材是学生数学学习的重要载体，但不是全部，生活中很多素材都可以成为数学课程资源；数学学习不局限于课表里的课时安排，而应与社会生活产生更多的联结。

数学课程不只是知识的载体，更是教师和学生共同探求新知的过程。教师和学生是课程的有机组成部分，他们都是课程的创造者和实践者。教材、教师、学生都是课程资源的组成部分。作为教师，其自身必须是一个潜在的"数学场"、一个潜在的"教育场"，教师要有学科育人的课程意识，要有"我是数学教育代言人"的使命感。著名特级教师华应龙老师是许多小学数学教师的"偶像"，他不断反思自己的教学，不断创新教学方法，在学习、碰撞中把自己的课堂不断带入新的境界。他发出"我就是数学，但我绝不仅仅是数学"的宣言，让学生体会数学的好玩和有趣，又特别重视在教学中发挥数学学科的育人价值。

融美数学认为，数学课程不仅仅是指数学教材里面的学习内容，还可以根据儿童年龄、心理和认知特征设计数学拓展课程。经过多年的探索，研究团队逐步构建出了融美数学"一体两翼"的课程整体框架（图3-1）。"一体"指教学主轴，主要以国家课程为主；"两翼"由数学阅读项目、数学游戏项目组合而成，主要指数学校本课程研发实施。其中，教学主轴分为"三环六步一统整"。"三环"

即感美启学、立美导学、创美延学三环节,"六步"即唤醒、激趣、探究、联系、反馈、拓展这逐层深入的六个步骤,"一统整"是按新课程方案规定的10%课时用于开展跨学科主题教学。"三环六步"的每个步骤都充分观照情感与认知。情感是认知的先决条件,情感与认知协同,推动深度学习。

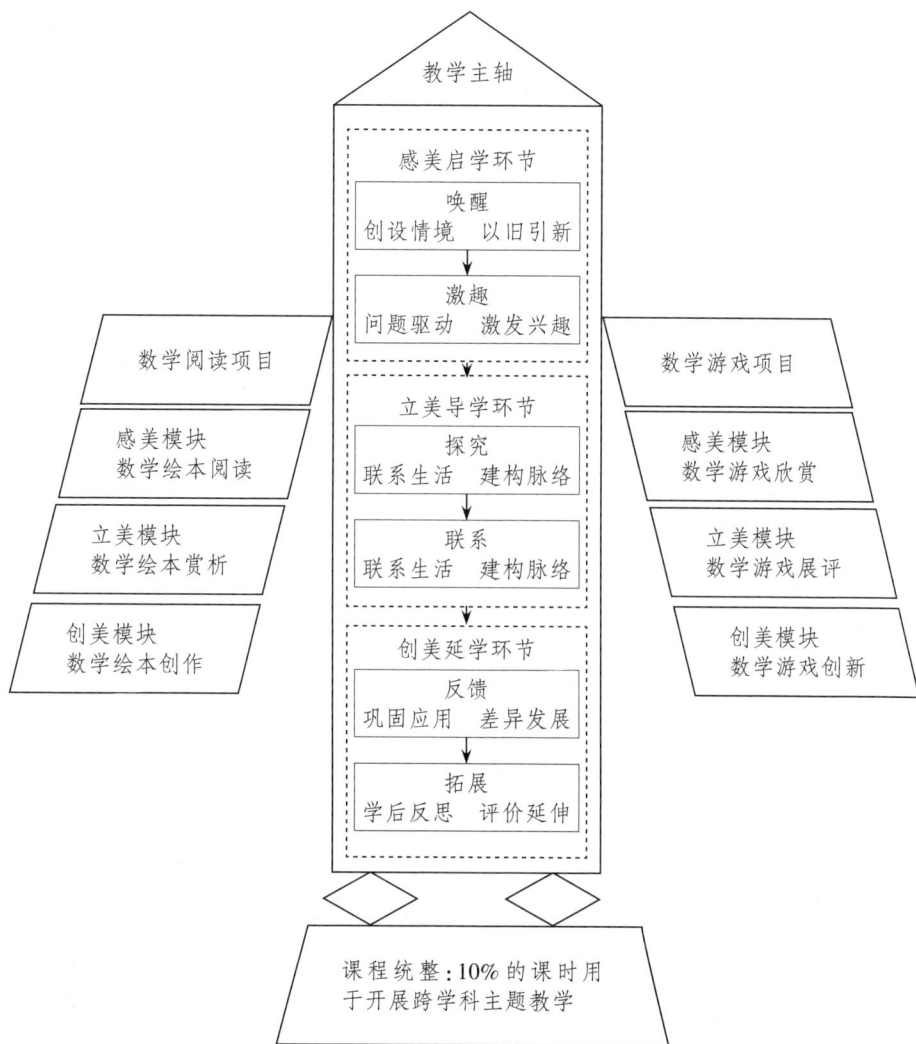

图3-1 融美数学课程框架图

总之,立足学生核心素养发展,集中体现数学学科育人价值,这是融美数学教学主张一以贯之的课程观。

二 教学观:追求理解,深度学习

2022课标在"教学建议"中指出"选择能引发学生思考的教学方式",具体策略包括"丰富教学方式""重视单元整体教学设计""强化情境设计与问题提出"。融美数学提出的"追求理解,深度学习"教学观就是此理念的实践回应。

小学数学的"深度学习"是在教师引领下,学生围绕具有挑战性的学习任务,全身心积极参与、深度探究、获得发展的有意义的数学学习过程。在这个过程中,学生对相关主题的内容本质和思考方法进行探究,从而获得数学核心知识,把握数学本质和思想方法,提高数学思维能力,发展数学核心素养,形成积极的情感、态度和价值观,逐渐成为既有独立性、批判性、创造性又有合作精神的学习者。①

"追求理解,深度学习"的目的是引发学生真正的学习。追求理解指的是"内容理解、学生理解",其中内容理解最重要的是学习主题或学习任务的确定。学生理解最重要的就是读懂学生的知识起点和生活经验基础。"追求理解,深度学习"的重点在培养学生的高阶思维与问题解决能力。发展"四能"(发现和提出问题的能力、分析和解决问题的能力),是培养学生数学核心素养的重要路径。高阶思维是以语言为工具,对事物的本质进行抽象和概括,以及建立合乎逻辑的关系、规则和原理的过程。数学与高阶思维联系更密切,数学核心素养里包含了主要的高阶思维,如抽象能力、推理意识和能力、模型意识和问题解决等。

"深度学习"的教学设计围绕内容理解、学生理解、教学策略三个基本要素展开。在"追求理解,深度学习"中,学生真正学习体现在几个方面。其一,是聚焦学科关键问题。在课堂学习过程中需要我们学会抓住体现数学核心内容的关键问题。比如"平行四边形的面积"一课,核心内容应该是"平行四边形可以转化成什么图形? 面积怎么求?"其二,是设计挑战性的学习任务。什么是挑战性的学习任务? 例如学习小数除法时,设计"4人用餐,共花了97元,如果采用AA制,怎样付钱",当学生算出"97÷4=24……1"时,余下的1怎么办? 这样的问题就是挑战性任务。其三,是促进学生广泛且深度地参与探究学习活动。广泛参与是指大多数学生都要参与到学习过程中,强调每一个学生都有自己的思考;深度的探究与思考包括学会倾听、学会提出问题、学会表明自己的观点等。

---

① 马云鹏.小学数学"深度学习"的理解与教学设计[J].小学教学(数学版),2022(3):4.

三　学生观:因材施教,差异发展

学生观是教育者在一定教育理念的指导下,在教育教学实践中所形成的对学生的较为稳定的看法,对自身的教育教学活动具有重要的影响。教育是面向未来的事业。立足当下,着眼未来,教师"学生观"的背后是教师对未来社会的认识、对教育本质的理解。2022课标指出"不同的人在数学上得到不同的发展"。融美数学教学主张的学生观主要体现在以下三方面。

1.学生是具体的人,具有主体性

教育所能成就的最大功德是给孩子一个幸福而有意义的童年,以此为他们幸福而有意义的一生创造良好的基础。(周国平,2009)与其他动物相比,人之生命的独特之处,就是人具有主观能动性,人是一种主体性的存在。苏霍姆林斯基说过,在人的心灵深处,都有一种根深蒂固的需求,这就是希望感到自己是一个发现者、研究者、探索者。每个人都是独特的,教师要以差异化标准和个性化眼光来看待学生。

学生是具体的人,具有主体性,这意味着学生是具有独立思想、情感和需求的个体,而不是被动接受知识的容器。学生具有主体性意味着在教育过程中应该尊重学生的个性、兴趣和需求,发挥学生的主观能动性,引导学生主动参与学习过程,培养学生的学习能力和创新精神。同时,学生作为具体的人,具有自己的思想、情感和需求。教师应该关注学生的情感体验和心理状态,尊重学生的个性差异和多样性,理解学生的需求和困惑,帮助学生解决问题和克服困难。

2.学生是真实的人,具有多样性

"真实的学生",教师应以包容的心态和专业素养接纳学生的全部,在此基础上研判和帮助每一位学生。"真实"体现在学生身上,是可以释放喜怒哀乐各种情绪,他们不只有一般教师喜欢的优秀、积极、听话,也可能有人们通常不太接受的调皮、躁动甚至恶搞。他们有精益求精的状态,也有畏惧不前、松懈懒散的表现。"真实"背后的教育价值在于其为教师提供了全面而客观的研究资源,积极向上背后的动力机制值得研究,而出现消极沮丧情绪的原因也值得挖掘。

面对教育教学中可能存在的"虚假乱象",教师需要营造健康的"容错文化"。在课堂中,教师要强调"课堂就是出错的地方",包容、善待甚至鼓励学生敢于提出自己的想法,让学生感受到课堂学习是安全的。更重要的是,教师面对"真实的学生",要读懂他们的真实情绪,洞悉他们的真实认知,才会作出科学合理的研判和评估,教学策略才有针对性,才有可能帮助他们成就更好的自己,同时也实现着教师个人的专业成长。

3.学生是成长中的人,具有发展性

马克斯·范梅南在《教学机智——教育智慧的意蕴》一书中的引言写道:"何谓儿童?看待儿童其实就是看待可能性,一个正在成长过程中的人。"而在教学实践中,学生经常被看作长不大的小成人,教师往往喜欢用成人的眼光和标准去要求学生,这导致师生关系紧张,教育效果不佳。

"成长的学生",即以发展变化的眼光来看待学生,为学生的健康成长创造更多可能性。相较于成人,学生成长的内在需求更加旺盛,他们的知识结构和精神世界处于不断完善和提高的动态之中,需要教师用发展变化的眼光来审视和关怀。教师不给学生"贴标签",避免造成教育教学的偏差,甚至给学生造成伤害。教师眼中的学生应该是"成长的个体",欣赏和鼓励学生的进步,同时也给予提醒;在提醒和建议存在问题的同时,也提出期待学生觉悟与调整的地方。美国掌握学习理论的创始人布卢姆所指出的:"世界上任何人都能学习,如果在早先与现在都提供适当的学习条件的话,几乎所有的人都能学好。"多元智力理论创始人霍华德·加德纳也认为,每一个青少年学生都是具有巨大智能发展潜力的个体,只要大脑没有受伤,如果有机会接触有利于培养某一种智能的环境和条件,那么,几乎每个人都能在那个智能的发展上取得非常显著的效果。

"融美数学"教学主张认为,教师要以发展的、全面的眼光看待学生,帮助学生做好人生规划,采取"以终为始"的策略,用学生未来想要达成的目标为当下提供成长内驱力。具备了这样的学生观,我们的教育实践才会在适宜的时机埋下教育的"种子",才有了有意义的"唤醒"和"等待",唤醒学生内心对于美好未来的憧憬与渴望。

四 师生观:有效对话,教学相长

弗莱雷认为,"没有了对话,就没有了交流;没有了交流,也就没有真正的教

育。"①顾明远先生说:师生关系是一股巨大的教育力量。李希贵校长认为"教育学就是关系学。"这些学者的观点,都说明了在教育过程中师生关系和谐的重要性。当师生之间的关系变得融洽之后,人与物的矛盾就会迎刃而解,教育因此就变得简单了。融美数学教学主张追求的是有效对话,达到师生共长的教学效果,把课堂视为"师生生命相遇的场所",它所关心的不仅是获得多少知识、认识多少事物,更在于在此基础上人的生命意义的彰显和扩展。因此,融美数学认为师生对话应立足于师生共在的日常校园生活,在课堂中实现精神相遇和生成存在意义的交往活动。

教育作为一项培养人的社会实践活动,从本质上讲,它是人与人之间关系的存在,因此,教学的良性运作必然要通过师生这两种生命个体之间立体的、动态的、深层的交往来实现。教学在"科学世界"和"生活世界"的双向转化过程中,将其转化的结果沉淀在师生的生命成长中,使其精神世界丰富而健康的发展,最终达成教育之目的——促进人的全面发展。

师生对话的实质是实现师生间的精神相遇。教学的本质属性在于通过对话触及师生的各自精神空间而使其和谐交融,进行自身精神世界的重构,达到教学使命的最高境界。师生对话就应该是在师生交往中超越单一的知识形态的教育,走向丰富的人的生成,探求对人的生活及生命发展的价值与意义。

只有立足于师生共长的教学世界,旨在实现精神相遇和生成存在意义的交往活动中,师生间才会本真地发生有效的对话,才能产生凝聚的向心力,对师生的成长和教育自身产生正向的推动作用。

五　教材观:拓展"学材",善"用教材"

成尚荣先生说,新的课程观、教材观,应是努力把一个偌大的世界当作课程和教材,课程、教材的大视野带来教育教学的大格局,大视野、大格局才会有利于学生核心素养的培育和发展。要将该建议真正落实到位,就必须在"充分理解教材"的基础上对教材进行再创造,数学教材是无数编写者深入理解数学并经过历史传承的经典。充分理解教材才能深刻理解数学本质,深刻理解数学本

---

① 弗莱雷.被压迫者的教育学[M].顾建新,赵友华,何曙荣,译.上海:华东师范大学出版社,2001:41.

质才能实现创造性使用教材。同时,由于教材是面向大众的,如果不对其进行适当的再创造(改编)以适应不同程度的学生,那么基础较弱的部分学生就可能难以跟上学习进度,甚至无法进行有效的学习。这样一来,教材所承载的育人价值也就无法得到充分的体现。

1.拓展"学材",丰富数学学习内涵

学材,最先由日本教科书研究中心于20世纪80年代在《关于教科书的内容和版式的改革》中提出。日本文部大臣咨询机构"临时教育审议会"从尊重学习者个性和教育多样化的立场出发,明确教科书作为"学材"的性质。加藤幸次等学者从培养学生适应能力的"新学力观"的需要出发,提出了"培养自学能力"与"为了学生自学"的学材思想。在我国,与"学材"类似的是课程改革倡导的"用教材教"这一理念,也印证了早先叶圣陶的"教是为了不教"。钟启泉在《现代课程论》一书中力倡教科书转型,即从"作为教学之用的主要教材"到"作为学生之用的主要教材",简称为"教材"到"学材"。[1]

生活中的资源可成为学生的"学材",多给学生接触真实情境解决问题的机会。教材编写是一个长周期的系统工程,对于新事件引入、新数据更新、新素材置换有一定的局限性和滞后性。这就要求一线教师在使用教材进行教学时,深挖教学内容背后的文化价值,同时关注社会热点事件和时事动态,把课堂教学变得有文化深度,有时代特点,充分发挥其育人价值。

例如:在教学三年级"轴对称"的相关内容时,教师可利用国庆庆典的素材,进行大胆的设计与改变。在引入时,可将教材中原本的素材换成天安门、歼二十战机、东风导弹等图片。同时,教师改变了观察整个图形寻找共同特点的教学方式,而是利用先观察半个图形再猜测整个图形的方式引起学生的学习兴趣,潜移默化地使学生认识到如何用数学的眼光观察现实世界。课中,在欣赏生活中的轴对称图形时,中国传统的剪纸、国粹京剧中的经典脸谱以及祈年殿等这样的宏伟建筑跃然眼前,不仅生动展现了对称美的魅力,也再次激发了学生的爱国热情。在全课的结尾,教师也融入学生之中,介绍了自己最喜欢的轴对称图形——国徽。金灿灿的中华人民共和国国徽伴随着《我爱你中国》的乐

---

①李志超.从"教材"到"学材":以学生为中心的教材观研究[J].课程·教材·教法,2020,40(8):25-26.

曲声出现在大屏幕上,教师在引导孩子们观察国徽对称性的同时,介绍国徽中各个图案所代表的意义。

2.加强对比,取长补短善用教材

融美数学认为,教材是学生学习的重要载体,但不是全部。小学数学教材有多种版本,各有其优缺点,可以融合使用各自优势内容。近几年,我的研究课题聚焦于海峡两岸教材的对比分析。在此,以海峡两岸教材中关于"分数"这一知识点的内容对比为例进行探讨。

三千多年前,古埃及为了在不能整分的情况下表示数,用特殊符号来表示分子为1的数。分数是由于除法计算的需要而产生的,其也是数学和度量本身的需要。分数内容历来就是数学教学中的难点。德国谚语"掉到分数里去了"用来形容一个人陷入困境。在教学过程中,我们经常发现"掉到分数里"的学生不少。比如,我在教学教研过程中记录下的这样几个教学事例。

事例1:有一位五年级的学生,在学完"分数的意义"后,遇到作业中有一道题目要求写出分数各部分的名称时,她抬头询问"中间那条线叫什么?"

事例2:在"把3米长的布平均分成7段,每段占这条布的 $\frac{1}{7}$,每段长(　)米。"在这个空格中,不少学生直接填上了循环小数。

事例3:五年级下学期"假分数"一课,在认识假分数后,有学生举手表示有问题。"老师,这个假分数也太'假'了!"(其他学生笑了起来)老师让学生说想法。"我们知道,$\frac{2}{5}$ 是表示把一个饼平均分成5份,取其中的2份,那 $\frac{6}{5}$ 就是表示把一个饼平均分成5份,取其中的6份,明明只有5份,怎么能取其中的6份呢?"这位学生的质疑得到很多学生的支持。

这些问题,在教学过程中屡见不鲜,长期以来却缺乏有效的解决策略。2021年,我阅读了我国台湾地区康轩版的小学数学教材,并将其与我们当前使用的人教版教材中关于分数内容的编排进行了对比分析研究,得到了一些教学启示。

通过阅读这两种版本教材,我们可以感受到在"分数"这部分内容的编排上,两种版本教材的呈现方式各有特点,同时也存在着较大的区别。我对两种

版本教材关于分数内容的编排进行了梳理，具体如下。[①]（表3-1）

表3-1　教材中关于分数内容的编排

人教版	相关内容	例题数量	习题数量	康轩版	相关内容	例题数量	习题数量
三上	分数的初步认识，分数的简单计算，分数的简单应用	11	38	三上	平分，几分之一及比大小，数学步道	15	12
三下	无			三下	几分之几，分数数词系列，分数的大小比较，一样大的分数，分数的加减	22	16
四上	无			四上	认识真分数、假分数和带分数，分数的互换和比大小，同分母分数的加减，分数的整数倍	24	15
四下	无			四下	等值分数，简单异分母分数的比较，用分数表示整数相除的结果，分数数线	20	15
五上	无			五上	扩分、约分和通分，分数的大小比较，分数数线，异分母分数的加减，分数的应用	27	28
五下	分数的意义，真分数与假分数，分数的基本性质，约分，通分，分数和小数的互化，同分母分数加、减法，异分母分数加、减法，分数加减混合运算	25	168	五下	带分数乘整数，整数乘分数，分数乘分数，关系，分数除以整数，认识比率和百分率，百分率的应用，百分率的应用与游戏	44	30

① 李玲玲.海峡两岸教材中分数内容的对比与教学建议[J].辽宁教育,2021(3):90-92.

人教版	相关内容	例题数量	习题数量	康轩版	相关内容	例题数量	习题数量
六上	倒数的认识,分数除法,整理和复习	8	55	六上	最简分数,同分母分数的除法,整数除以分数,异分母分数的除法,有余数的分数除法,关系	21	16
六下	百分数	5	16	六下	分数除法的应用,分数四则计算,分数与小数的混合计算	18	17
合计		49	277	合计		191	149

注:选用时有改动。

从以上表格可以看出,两个版本教材关于分数内容的编排有很大的区别,主要体现在两个方面:一是例题与习题数量。在题目总数相差不大的情况下,人教版教材的例题数量远远少于习题数量,康轩版教材的例题数量比习题数量略多。二是各年级的学习内容分布情况。两种版本都是在三年级上册开始接触分数,到六年级下册结束小学部分的分数学习。但不同的是,人教版教材从三上"分数的初步认识"一单元开始,到再次正式学习分数内容要到五年级下册。康轩版教材则从三年级上册开始,每一册均有编排相关的分数学习内容,体现了"小步子螺旋上升"的特点。

因为学生在生活中比较少接触到分数,因此他们可能会觉得这属于比较抽象的学习内容。人教版教材从三年级上学期到五年级下学期,中间隔了四个学期没有正式学习分数的相关内容,学生"回生"现象普遍。因此,事例1中出现的学生对分数线不认识的现象,属于正常情况。教材编排是个系统工程,对于一线教师来说,教材是最重要的教学载体,大幅度改造教材不现实,但基于学生的学习困难,我认为,可以在原教材的基础上进行适当的改组,帮助学生突破学习难点。

2024年秋季开始,围绕新课标精神进行改版的小学数学教材也将投入使用,这给广大一线教师提供了学习研究的好素材,期待更多同行一起学好、用好新教材。

六　作业观：尊重差异，突显能力

2021年，中共中央办公厅、国务院办公厅印发《关于进一步减轻义务教育阶段学生作业负担和校外培训负担的意见》，提出"全面压减作业总量和时长""提高作业设计质量"等要求，进一步提升了教育界对作业问题的关注。我所在学校作为厦门市校本作业试点学校，已开展多年的相关研究。在推进融美数学教学主张的进程中，学校始终把校本作业的改进作为一项重要工作同步研究。校本作业的实质是学校立足于本校学生的实际学情与教学内容，突显作业的针对性与实效性，满足学生的学习需求，促进学生的数学发展。

1.尊重个体差异，提供多元选择

融美数学认为在数学作业设计中，要真正做到尊重学生个体差异，分层次地设置作业，让不同的学生可以选择适合自己的习题进行相应的训练，致力让不同的学生能在不同程度上得到数学思维的发展。事实表明，根据不同水平的学生分层设计"菜单式"校本作业，能真正实现因材施教这一教学目标。比如，下面是厦门市音乐学校三年级下册数学校本作业的一份课时作业。

商中间有0的除法

等级：　　　　　　订正：□

𝄞 夯实基础

一、填空。

1.在一道除法算式中，如果被除数和除数相等，商就是（　　）；如果被除数和商相等，除数就是（　　）；如果商是0，被除数一定是（　　）。

2.$3\overline{)9\square6}$要使商的中间是0，□里可以填（　　　　）。

二、计算。

1.口算。

$0÷4=$	$810÷9=$	$600÷6=$	$250÷5=$
$8×0=$	$400÷8=$	$80×8=$	$306÷3=$

2.列竖式计算。

$702÷6=$　　　　$936÷9=$　　　　$405÷5=$　　　　$728÷7=$　　　　$921÷4=$

三、解决问题。

1.小花和爸妈去动物园玩,花了364元买门票,儿童票比成人票优惠50元,成人票每张多少元?

2.有一段绳子长545米,每5米剪一段,能剪几段,需要剪几次?

3.元宵节丁丁去商场选购了一个5元的花灯,妈妈在淘宝买了一盏525元的客厅新吊灯,丁丁说:"妈妈,您买的灯可以让我买好多盏花灯挂满客厅呢!"妈妈问:"那么到底可以买多少盏花灯呢?"

快乐提升

妈妈在水果店购买了砂糖橘和阿克苏苹果,她买的砂糖橘个数是阿克苏苹果个数的5倍,砂糖橘比阿克苏苹果多出100个,妈妈购买这两种水果各多少个?

在上述这份校本作业所包括的两部分中,"夯实基础"重在帮助学生巩固所学知识,形成技能,"快乐提升"给学有余力的学生提供挑战学习的机会。这样的设计理念贯穿到每一课时的校本作业设计中,使"不同的人在数学上得到不同的发展"的课程理念在实际作业设计中得到有效体现。

2.强化核心素养立意,聚焦问题解决能力

作业的设计要将数学思想方法与数学活动经验融入作业中,启发学生有意识、自觉主动地寻找解题方法,从而培养学生的问题解决能力,提高学生的数学核心素养。

例如,在教学了"圆的面积"之后,常见的作业是给出一些已知圆的半径、直径或周长,让学生利用公式来求圆的面积。这样的作业,让学生觉得只要记得圆的面积公式即可,公式的推导过程则常常被忽视了。长此以往,学生会觉得学习数学只需记住公式而不用去理解公式背后所隐含的数学思想方法与数学思维过程,那么数学核心素养就得不到应有的发展。如果问题是"用剪刀将一个半径是4 cm的圆形图片剪成若干等份,再拼接成一个近似长方形,给出近似长方形的数据,求出原来圆形的面积",那么,这样的校本作业就能有效地启发学生调用"圆的面积"公式推导过程的数学经验。学生就能进一步感受数学中

的转化思想,并借助于"变与不变"的理念,找到并理解长方形与圆的面积两者之间的逻辑关系。

真实情境下的问题解决,也是作业设计的思路之一。教师可以把训练目标单一的题目调整、改编成为直指数学本质的典型性作业,关注学生数学高阶思维的培养,关注发展学生的核心素养。在学习平面图形面积计算后,可组织学生完成"停车场车位设计项目",要求在给定的长方形停车场中设计停车位。在项目学习的过程中,学生通过自我尝试、引导建构,比较不同形状的停车位的面积利用率(如长方形与平行四边形),最终形成最佳方案并付诸实践。

又如,在教学"两位数的加减法"之后,一般会设计类似"比较大小:79+85○○75+89,96-18○96-25"这样的作业,很多学生看到题目就自动计算出结果,再根据结果比大小,这只是计算能力的训练。如果进行改编:"不计算,你能准确比较出下面算式大小吗?(▲表示同一个数)▲+88○▲+34,▲-13○▲-30"这样,巧妙地用数学符号"▲"替代原题中的数字,让学生无法计算出精确结果去比较大小,倒逼其运用观察、比较去分析算式内在的数学道理,这样便有效地开发了学生的高阶思维。

再如,在教学四年级上册第三单元"运算律"之后,设计如下的作业:

1. 小林把25×(△+4)错算成了25×△+4,计算结果与正确结果相差( )。

2. 比大小。

(1)28×(5+6)○28×5+6　　　　(2)456÷2÷3○456÷6

(3)125×32○125×4×8　　　　(4)(120+230)○728-120-230

(5)100×99+1○101×99

3.(1)△+☆=50,则36×△+☆×36=( )。

(2)如果□-△=100,则□-48-△=( );那么72×□-72×△=( )。

这样的校本作业,可以有效地避免学生陷入一种低效的、机械化的训练,促使他们调取并运用多元、综合的数学思维。通过完成看似简单的题目,学生们能够深刻领悟"做一题,解一类"的算理。

第四章

融美数学的教学设计

　　融美数学教学主张认为,将学科中的审美因素以美的形式展现出来,是一种在教学过程中注重内在逻辑美与外在形式美相互统一、科学性与审美性相互统一的学科教学美育渗透模式,这些都要在教学设计中体现。

第一节 数学教材中的融美育人点

《教育部关于全面实施学校美育浸润行动的通知》提出："充分发挥相关学科的美育功能。加强美育与德育、智育、体育、劳动教育的融合，挖掘和运用各学科蕴含的品德美、社会美、科学美、健康美、勤劳美、自然美等丰富美育资源，分学科推动制定美育教学指引。"

前文讲过，数学美的表现形式是多种多样的，每个人对数学美都有不同的感受。结合小学数学学习的特点，融美数学教学主张把数学本质美的显性表现维度归纳为：简洁美、统一美、奇异美、对称美。具体见表4-1。

表4-1　数学本质美的四种显性表现维度

类型	表现	具体内容
简洁美	数学结构	数学信息、概念定理、知识体系简洁明确清晰。
	数学形式	用简单的数学公式和符号表达丰富的数学内容。
	数学方法	用简单的方法解决复杂的问题。
统一美	解题方法	不同类型的问题运用统一的思想方法解决。
	定理概念	教材内容依据螺旋式的顺序编写，相同领域下的内容在不同的课时；将内容知识进行串联可以形成思维导图。
	数形统一	借助表象图示将抽象问题与图形统一。
奇异美	数学方法	打破定势思维的解题方法。
	数学结果	使学生惊奇的结果，例如莫比乌斯带。
	数学理论	与数学反例相联系。
对称美	几何对称	利用轴对称图形设计美丽的图案。
	代数对称	部分数学概念、定理具有对称思想；算式中的对称关系。
	对称思维	利用对称原理优化解题思路。

以人教版小学数学教材为例①,本书从四个维度梳理出每个年级教材中的融美育人点。详见表4-2至表4-7。

表4-2　人教版小学数学(一年级)教材中的融美育人点

单元	教学内容	类别
准备课	借助"美丽的校园"情景图呈现丰富的计数资源,经历计数过程,初步感受同一数量的各种事物可以用同一个数表示,初步感受数学化的简洁美。	简洁美
位置	通过"整理房间"的活动,进一步巩固位置关系的认识,运用比较规范的语言描述"上下前后左右"的位置关系,初步感受有序的位置关系能使空间整齐,初步理解"物品各归其位"的必要性,体会数学的简洁美。	简洁美
5以内数的认识和加减法	通过数"农家小院"的人和物,学会认、读、写、数5以内的数;在计数的过程中,区分"几个"和"第几";在比大小的活动中,认识">""<""=";在学习数的分与合过程中,理解加减法的含义;在数和形、式和图的关联中,认识大括号,在具象丰富的活动中既渗透了集合、对应、统计的思想,又逐步学习了数学抽象的符号化表达,使学生初步感受数学符号的丰富内涵及简洁美。	简洁美
认识图形(一)	在拼、摆、搭等活动中,获得对简单几何体的直观体验和抽象几何特征的初步认识,经历分类活动,渗透分类思想,初步感受具象与抽象的统一美。	统一美
6~10的认识和加减法	1.在丰富的主题图中,学习数数、抽象数概念和理解计算过程及方法。通过实物、模型、计数器、图画的深入观察和学具操作,以丰富的实物背景和具体的表象为支撑,过渡到抽象与提升,从而帮助学生理解数学化表达的内涵,感受数学符号简洁美; 2.展示我国古代用算筹表示数的史料,介绍古埃及的象形数字,初步感受数形结合的统一美; 3.以阶梯式表格全面再现10以内的认识和加减法的所有知识,从不同角度横、纵、斜方向进行观察,发现排列规律,在形成结构化关联的过程中,感受数学知识结构的统一美。	简洁美 统一美

① 2024年秋季,九年一贯制学科(包括数学)从起始年级换新教材。本书表格所统计的融美育人点均以人教版小学数学(2022年版)为准。

单元	教学内容	类别
11~20各数的认识	1.在数数的过程中,把10根小棒捆成一束,再接着数到20根小棒,再把另外的10根再捆成一束,经历实物操作,感受"以一当十"的位值制、"十个十个地数"的计数方式,体会位值制数学表达的简洁美; 2.经历解决"之间有几人"问题的过程,为"植树模型"积累经验,感受不同问题运用同一思想方法解决的统一美。	简洁美 统一美
数学乐园	经历"下棋"游戏活动的全过程,学会调用知识、经验解决问题,感受梳理知识的重要性,体会归纳整理的好处,体会知识串联的统一美。	统一美
认识钟表	1.在认识钟面的活动中,拓宽视野,了解古代计时工具,体会时间这个抽象概念的具象表达,感受数学形式的简洁美; 2.以"小宇的一天"为主线,渗透合理安排时间、珍惜时间的思想教育,初步感受数学作为工具学科的应用价值,体会数学统一美。	简洁美 统一美
20以内的进位加法	1.在实际情境中学习进位加的基本方法,渗透转化、集合、函数、统计等数学思想,感受变化过程中不变的规律,体会数学解题方法的统一美; 2.学习用画图策略分析问题,体会数与形、图与文的转换,初步感受几何直观的简洁美; 3.以阶梯式表格系统整理20以内进位加法,通过计算、观察、寻找规律,初步感受"一个加数变大,另一个加数变大或变小,和也会随之变大或变小",渗透函数思想,初步感受数学结构的统一美。	统一美 简洁美
总复习(上册)	1.在回顾与整理的过程中,以知识结构图的方式梳理本学期所学内容,感受数学知识结构的简洁美和统一美; 2.通过将0~10各数在第一行和第一列的顺序排列、在行与列的交叉点位置写出加法算式,体会加法算式的构造过程,渗透对应思想,感受数学的对称美。	简洁美 统一美 对称美

续表

单元	教学内容	类别
认识图形(二)	正式引入"七巧板",在拼摆的过程中,体会七巧板的千变万化,将中华优秀传统文化融入数学学习,感受由简单图形创造的奇异美。	奇异美
20以内的退位减法	1.借助操作、画图等方式,探索破十、想加算减、连减等多种算法,理解算法间的关联,感受数学解题方法的统一美; 2.呈现多种变式,通过观察算式中的变量与不变量,感受其中所蕴含的函数思想,体会数学知识结构的奇异美; 3.对20以内退位减法表进行全面有序的整理,初步感悟所蕴含的排列规律,体会数学结构的简洁美。	统一美 奇异美 简洁美
分类与整理	从解决实际问题入手,先分类再计数,同时画象形统计图,最后以简易统计表呈现分类结果,经历统计表生成的过程,感受不同标准下虽然分类结果多样,但是总数量不变。体会用数学的方式呈现数据的简洁美。	简洁美
100以内数的认识	1.以百羊图感知整体感知100的大小,运用半形象半抽象的"数尺""百数表""数轴"等构建数与数之间的外部结果,数形结合发展数感,体会数的统一美; 2.以丰富的操作素材,如曲别针、纽扣、糖果、小棒、方木块、计数器等扩展数的范围至"百",体会"满十进一"位值制的简洁美和统一美; 3.探究百数表中隐含的诸多规律,构建数与数之间的逻辑关系,通过变式训练,以局部推理整体,体会数结构的统一美。	统一美 简洁美
摆一摆,想一想	以用2个圆片摆出不同的数为探究任务,加深对数位及位值概念的理解,最后以"不用摆,你能说出用9个圆片可以表示哪些数?"体会利用规律的价值,感受数学结论的简洁美。	简洁美
认识人民币	1.拓展货币知识,丰富学生对中国历史和文化的了解,体会数学的统一美; 2.探究人民币面值为何只有1、2、5、100,感受"重要数"和"非重要数"之分,体会数学的简洁美。	统一美 简洁美

续表

单元	教学内容	类别
100以内的加法和减法(一)	1.展示学生在教室学习的情境图,以直观模型:成包的书、整捆的小棒和计数器,形成"十"的丰富表象,体会相同计数单位的数可以直接相加减,化归为10以内的加减法,感受数学解决方法的统一美; 2.引入小括号,学习含有小括号的两步计算,培养初步的符号意识,感受数学符号的简洁美。	统一美 简洁美
找规律	1.呈现带给人以美感的有规律的实物,从数学的角度描述规律、圈出规律、创造规律,体会规律背后数学的统一美、对称美、奇异美; 2.按要求在九宫格中画出三种图形,使每行每列都有。在类似于最简单的数独游戏中,创造出符合要求的排列,体会数学的奇异美。	统一美 对称美 奇异美
总复习(下册)	1.在回顾与整理的过程中,以知识结构图的方式梳理本学期所学内容,感受数学知识结构的简洁美和统一美; 2.以"新"百数表为载体,通过6个问题的探究,将百以内数的认识以及相应的计算结构化、体会数结构的统一美。	简洁美 统一美

表4-3 人教版小学数学(二年级)教材中的融美育人点

单元	教学内容	类别
长度单位	1.在填测量结果中,感受统计的简洁美; 2.在参与测量活动中,感受使用统一的长度单位的统一美。	简洁美 统一美
100以内的加法和减法(二)	1.在探究算理的过程中,体会竖式的简洁美; 2.在观察特殊竖式的排列中,发现对称美; 3.在探索1~99按从小到大的顺序排列,中间添上一些"+""-",可以使计算结果等于100的过程中,体会算式的奇异美。	简洁美 对称美 奇异美

续表

单元	教学内容	类别
角的初步认识	1.在角的丰富的生活"原型"中,感受角作为几何抽象的简洁美; 2.结合三角尺、七巧板、折纸等素材,让学生在综合应用中感受数学的奇异美。	简洁美 奇异美
表内乘法（一）	1.感受用乘法表示同数连加的简洁美; 2.经历编制乘法口诀的过程,感受汉字表征(口诀)与数字表达(算式)、图形表征(数轴)的统一美。	简洁美 统一美
表内乘法（二）	1.探索七巧板拼图和月历排列的过程中,编制7的乘法口诀,感受数形结合的统一美; 2.在经历8的乘法口诀编制的过程中,感受汉字表征(口诀)与数字表达(算式)、图形表征(数轴)的统一美; 3.在数表中观察9乘几的各个积的排列规律,感受数字排列的奇异美; 4.在用双手表示9的乘法口诀游戏中,感受数形结合表达的奇异美; 5.在经历整理乘法口诀表的过程中,体会数学呈现的简洁美。	统一美 奇异美 简洁美
量一量,比一比	在有关测量的综合与实践活动中,感受数学应用的简洁美、统一美。	简洁美 统一美
认识时间	在对计时工具钟表的了解中,感受数学抽象的简洁美。	简洁美
数学广角——搭配（一）	在探究简单事物的排列数和组合数的过程中,感受有序思考的统一美。	统一美
总复习（上册）	在回顾与整理的过程中,以知识结构图的方式梳理本学期所学内容,感受数学知识的统一美。	统一美
数据收集和整理	在经历简单的数据收集和整理过程中,体会统计表达的简洁美。	简洁美
表内除法（一）	在多元表征理解问题和分析问题的过程中,体会数学抽象符号表达的简洁美。	简洁美
图形的运动（一）	借助日常生活中的对称、平移、旋转现象,辨认图形的运动方式,感受图形运动在生活中的应用,体会数学与现实生活的密切联系,感受对称美。	对称美

单元	教学内容	类别
表内除法（二）	借助矩形模型,帮助学生感受乘除法的关系,体会数学的统一美。	统一美
有余数的除法	以对比的方式,帮助学生理解有余数除法的含义和计算,体会数学的简洁美与统一美。	简洁美 统一美
小小设计师	欣赏图形运动所创造出的美丽图案,感受图形运动在生活的广泛运用,体会图形变化的对称美、奇异美。	对称美 奇异美
万以内数的认识	1.经历数数的过程,体会新旧知识的联系,感受数学的统一美; 2.再认识算盘,用算盘表示数的过程,体会数学的奇异美; 3.感受十进位值制思想,体会数学的简洁美。	统一美 奇异美 简洁美
克和千克	经历估量物体质量的探究过程,体会统一质量单位的必要性,感受数学的统一美。	统一美
数学广角——推理	借助生活简单事件,初步理解逻辑推理的含义,培养有序全面思考的意识,感受数学的统一美。	统一美
总复习（下册）	在回顾与整理的过程中,以知识结构图的方式梳理本学期所学内容,感受数学知识的统一美。	统一美

表4-4　人教版小学数学(三年级)教材中的融美育人点

单元	教学内容	类别
时、分、秒	"时间"是人类意识之外的客观存在。"记录时间"是人类对客观事物的主观反映。由一、二年级认识"时""分",进阶到三年级认识"秒",经历计时单位的细化,探究其进率关系,感受计时工具——钟表的简洁美,体会进率关系的统一美。	简洁美 统一美
万以内的加法和减法（一）	1.延续二年级"100以内的加法和减法",承接"万以内数的认识",感悟"相同计数单位的累加",由简到繁,进行几百几十的加减运算,体现数学知识结构的简洁美; 2.以口算、笔算和估算多种形式发展数感,体会运算方法的一致性,感受数学方法的统一美。	简洁美 统一美

续表

单元	教学内容	类别
测量	1.逐级递进、螺旋上升。以二年级认识长度单位"厘米"和"米"及质量单位"克"和"千克"为知识载体,初步了解测量。在丰富的实践活动中,扩展学习长度单位"毫米""分米"和"千米"及质量单位"吨",进一步理解测量,形成对常用的长度单位和质量单位比较系统、完整的认识,感受数学知识结构的统一美; 2.运用"列表法"解决运输最优化问题。经历——列举解决问题的全过程,体会列表法"不重不漏"的特点和价值,感受数学思想方法的简洁美。	统一美 简洁美
万以内的加法和减法（二）	本单元是小学生学习整数加、减法的最后阶段,在自主探索中,通过方法的迁移类比,逐步概括笔算加减法的计算法则,感受知识结构的统一美。	统一美
倍的认识	1.由"相差比"进阶到"倍比",在"几个几"的基础上认识"整数倍",借助大量情境,不断改变两个比较量,在变化中理解倍概念的本质,体会概念的一致性,感受数学知识结构的统一美; 2.经历语言、图形、算式等多元表征的转化,建立倍的模型,在变与不变中,体会方法指向本质的统一美; 3.以细菌倍增、分玉米等为情境,渗透等比变化的思想,在变式中感受数学结果的奇异美。	统一美 奇异美
多位数乘一位数	1.经历多位数乘一位数的计算过程,体会由少到多、由简到繁、由一般到特殊的知识结构编排,理解"分别去乘""所得相加"的计算方法的原理,感受知识的迁移类推,体会数学结构的统一美; 2.认识约等号"≈"及其符号含义,感受数学抽象的简洁美; 3.在掌握多位数乘一位数算法的基础上探索,比如: ①99×1,99×2,…; ②1+2+3+4+…+0,1×2×3×4×…×0; ③981+982+983+…+987; ④1×9+2,12×9+3,…等有趣算式的规律,感受数学结果的奇异美。	统一美 简洁美 奇异美
数学编码	在探索数字编码含义,经历设计编码的过程中,体会抽象数字与具象含义的转换,感受数学符号的简洁美。	简洁美

续表

单元	教学内容	类别
长方形和正方形	1.在丰富的图形中,经历分类活动,了解四边形的共性以及各自的特点,感受数学概念的严谨,体会数学特征的简洁美; 2.进一步探索长、正方形的特征,经历对四边形概念细化、分化的认识,体会数学知识结构由一般到特殊的联系,感受数学知识的统一美; 3.在探索直边到曲边图形周长计算的活动中,感受"化异为同""化曲为直"的数学解题方法的统一美。	简洁美 统一美
分数的初步认识	1.整数到分数,这是数学概念的一次扩展。从"部分—整体"的角度建立分数概念;结合情境,从"一个物体作整体"到"多个物体作整体",理解"整体"的丰富含义;在循序渐进的活动中,体会"分数"在"数"体系中的统一美; 2.从"分数"表达形式的古今变化中,体会这一数学符号的简洁美与数形结合的统一美。	统一美 简洁美
数学广角——集合	借助维恩图,运用集合的思想方法解决较简单的实际问题,体会集合概念的"交"和"并";在多元表征的比较中,感受表征之间转换的统一美与数学符号的简洁美。	统一美 简洁美
总复习（上册）	1.在回顾与整理的过程中,以知识结构图的方式梳理本学期所学内容,感受数学知识结构的简洁美和统一美; 2.发现"分数墙"的排列规律,体会数字排列的对称美和数形结合的奇异美。	简洁美 统一美 对称美 奇异美
位置与方向（一）	在了解指南针形态的变化,体会数学与自然及人类社会的密切联系,感受数学抽象表达的简洁美。	简洁美
除数是一位数的除法	1.经历计算除数是一位数的除法的探究过程,掌握笔算的一般方法,体会由简到繁,由一般到特殊的知识结构,感受数学知识结构的统一美; 2.了解除法竖式的演进,体会数学简洁有效的表达,感受简洁美。	统一美 简洁美
复式统计表	通过将两个或多个统计项目合并在一张表上,感受处理、呈现数据的简洁美。	简洁美

续表

单元	教学内容	类别
两位数乘两位数	1.经历两位数乘两位数的计算过程,以多元表征感受算法多样化。以沟通算理,体会表征现象的数学本质,感受笔算乘法竖式的简洁美; 2.由一般到特殊,探索乘积与乘数之间的内在联系,比如:①$15×15$、$25×25$、$35×35$、…,"$(10n+5)×(10n+5)=10n×10(n+1)+25$";②$30×30$、$31×29$、$32×28$、$33×27$、…,"当两个乘数的和相等时,差越小积越大",通过这些实例,发现数学结果的奇异美。	简洁美 奇异美
面积	1.经历"用什么图形作面积单位"的实物操作,探究面积单位由非标准到标准的选择过程,体会多个面积单位存在的价值,感受数学的简洁美; 2.在方格纸上绘制周长相等的长方形和正方形,结合具体图形和数据,发现等积不一定等长,和同差小积大的数学结论的奇异美; 3.了解《九章算术》"方田"章关于长方形面积的计算方法,感受数学方法的统一美。	简洁美 奇异美 统一美
年、月、日	1.了解拳头和歌诀记大小月的方法以及二十四节气歌是中国古代劳动人民智慧的结晶,开阔视野,感受数学文化的简洁美和奇异美; 2.理解12时计时法和24时计时法的联系,体会数学记录的简洁美; 3.了解不同地区存在时差,拓宽视野,体会数学记录严谨的统一美。	简洁美 奇异美 统一美
小数的初步认识	1.借助量与图,直观感受小数与十进制分数的关系,以结构化视角认识小数,感受数学结构的统一美; 2.了解小数的发展历史,体会数学记录逐渐抽象的过程,感受数学的简洁美。	统一美 简洁美
数学广角——搭配(二)	在组两位数、衣服搭配、打电话、求比赛场次、照相、取硬币、选图书等情境中,呈现多种解题策略,比如"固定首位法""分类讨论""图示连线"等,体会解决问题过程中的"序",感受数学符号的简洁美。	简洁美
我们的校园	以校园换草皮、体育比赛赛程安排为探究任务,在写、算、画等活动中综合运用面积、计算、搭配等知识,体会数学表达清晰的简洁美。	简洁美

续表

单元	教学内容	类别
总复习 （下册）	1.在回顾与整理的过程中,以知识结构图的方式梳理本学期所学内容,感受数学知识结构的简洁美和统一美; 2.将不规则图案剪拼成正方形,体会割补的数学方法,感受数学的奇异美。	简洁美 统一美 奇异美

表4-5　人教版小学数学(四年级)教材中的融美育人点

单元	教学内容	类别
大数的认识	1.通过了解第七次全国人口普查数据,感知大数的应用,体会数学的简洁美; 2.将整万、整亿的数改写成以"万"和"亿"作单位的数,体验这种表达方式带来的便捷性,,领略数学的简洁美; 3.图文结合,了解数的产生与演进的过程,以及数学符号经历由具体到抽象逐步发展完善的历程,感受数学的简洁美; 4.扩建数位顺序表,系统整理计数单位、数位、数级等知识,归纳总结十进制记数法,感受数结构的统一美; 5.了解古代算筹记数、算盘记数的方法,体会位值制,感受数形结合的统一美和简洁美; 6.以简洁的文字和生动图片展现计算工具的演变进程,在真实数据中体会数学发展的奇异美; 7.通过探索算式的规律,体会形如12321、1234321等回文数的对称美,1、12、123、1234等九层塔之形态美,感受数学结果的奇异美。	简洁美 统一美 奇异美 对称美
角的度量	1.从拉紧的线、绷紧的弦等生活现象中,感悟线段的几何特点,在认识线段的基础上,对比辨析直线、射线,以直观形象作支撑,明晰线的特征,感受几何抽象的简洁美; 2.在画角的过程中,体会角的简洁美;了解角度单位产生的过程,理解量角器的构成要件和工作原理,体会数形结合一一对应的统一美。	简洁美 统一美
三位数乘两位数	1.了解"格子乘法"与笔算乘法的密切关系,体会数形结合的统一美; 2.探索积的变化规律,验证规律的普适性,体会数学结论的简洁美。	统一美 简洁美

续表

单元	教学内容	类别
平行四边形和梯形	1.经历观察操作等活动,理解平行与垂直的特征,体会几何符号的简洁美; 2.以游戏形式,发现莫比乌斯带的特征,关联过山车、传送带、三叶扭结等生活应用,感受数学结论的奇异美。	简洁美 奇异美
除数是两位数的除法	1.通过总结对比除数是两位数除法与除数是一位数除法的异同,感受方法的迁移类推,体会统一美; 2.理解商不变性质,运用商的变化规律进行简便计算,感受数学的简洁美。	统一美 简洁美
条形统计图	由"以一当一"进阶到"以一当多",感受知识与方法的整体衔接与连贯性,体会数学的简洁美、统一美。	简洁美 统一美
数学广角——优化	1.通过探讨有趣的生活事例如"沏茶"和"烙饼问题"及古代智慧故事《田忌赛马》,经历多种方案中寻求最优方案的过程,感悟优化思想,体会打破思维定势的数学奇异美; 2.在抢数游戏中,寻求获胜策略和方法,感受数学思维的奇异美。	奇异美
总复习（上册）	在回顾与整理的过程中,以知识结构图的方式梳理本学期所学内容,感受数学知识结构的简洁美和统一美; 2.以汉诺塔游戏为载体,将"连体珠"看作整体,化繁为简进行移动,体会化归思想的奇异美和简洁美。	简洁美 统一美 奇异美
四则运算	1.在认识小括号的基础上,认识中括号,总结运算顺序,体会"规定"的合理性,感受数学结构的简洁美; 2.运用整数加法,找出方格中和是340的相邻的4个数,发现数据排列的规律,感受数学的奇异美; 3.以扑克牌开展"24点"游戏,体会数字运算的奇妙结果,感受数学的奇异美。	简洁美 奇异美
运算律	1.在情境中归纳五条运算律,并以自己喜欢的方式表示这些运算律,感受数学符号化表达的简洁美; 2.探究巧算题的计算,如:1+2+3+…+99+100,2+4+6+…+18+20等,体会运算律(或性质)可以使计算简便的简洁美。	简洁美

单元	教学内容	类别
小数的意义和性质	1.通过介绍"小数的起源",了解我国数学家对数学发展史的贡献,体会数学符号化的统一美; 2.以表格的直观形式,归纳总结小数的数位顺序表,同时把整数和小数的数位关系表示出来,通过纵向、横向对比观察,体会数概念的统一美。	统一美
三角形	1.通过呈现千年历史的古埃及金字塔及现代气息的北盘江大桥,在徜徉古今之间,感受数学形式的简洁美; 2.借助表格,探索图形、边数与内角和三者的关系,总结多边形内角和的计算公式,在合情推理中体会数学结论的奇异美和数学方法的简洁美; 3.数出图形中三角形个数,以列表法观察其中规律,发现所有三角形个数=单个三角形个数+2个单个三角形组成的三角形个数+3个单个三角形组成的三角形个数+…,在计数中学会有序思考,感受数形的统一美。	简洁美 奇异美 统一美
小数的加法和减法	1.从小数加法到小数减法,由数位相同到数位不同,经历由浅入深、由易到难的探究过程,总结小数加减法的计算方法,体会计算方法的统一美; 2.通过举例验证整数加法运算律对于小数同样适用,由特殊至一般,运用不完全归纳推理,感受数学结论的统一美; 3.以物体高空坠地的距离为探究内容,通过理解动态变化的数量,感受数形结合可化繁为简的魅力,体会数学的简洁美。	统一美 简洁美
图形的运动（二）	以方格图为工具,理解图形的对称性,感受对称在生活中的应用价值,体会几何图形的对称美。	对称美
平均数与条形统计图	在"生活中的数学"板块中呈现复式条形统计图的另一种画法,体会呈现方式的多样性,感受奇异美。	奇异美
数学广角——鸡兔同笼	1.了解《孙子算经》"鸡兔同笼"的巧妙解法,感悟解决问题策略和方法的多样化,体会数学解题方法的统一美; 2.灵活求解《算法统宗》"百僧百馍"问题,打破思维定势,感受数学方法奇异美。	统一美 奇异美
总复习（下册）	在回顾与整理的过程中,以知识结构图的方式梳理本学期所学内容,感受数学知识结构的简洁美和统一美。	简洁美 统一美

表4-6 人教版小学数学(五年级)教材中的融美育人点

单元	教学内容	类别
小数乘法	在理解小数乘法和整数乘法算理一致、整数乘法运算律对于小数同样适用的过程中,感受数学知识结构一体化,体会数学知识的统一美。	统一美
位置	在教室座位、动物园场馆位置、国际象棋棋子位置、地球经纬度等场景中,体会数与点的一一对应性,学习用"数对确定位置",感受这种表示方法的"人为规定性",以及由此带来的便利,体会数学的简洁美、创新美。	简洁美
小数除法	1.在理解小数除法的算理是"商不变性质",算法是"转化成整数除法"的过程中,感受数学知识结构一体化,体会数学知识的统一美; 2.在认识循环小数、掌握循环节的简便记法的活动中,感受数学符号的简洁美; 3.在用计算器计算、观察计算结果、发现规律和利用规律续写算式的活动中,感受数字排列规律的奇异美; 4.在探索数字黑洞的游戏中,感受数学运算陷入循环的奇妙现象,体会数学的奇异美。	统一美 简洁美 奇异美
可能性	在抽签、摸棋子、摸球、抛硬币、玩转盘等活动中,丰富对随机现象及可能性大小的体验,由随机事件中的初步逻辑推理,体会数学的严谨,感受数学的奇异美。	奇异美
掷一掷	在掷一掷活动中,探索"同时掷两个骰子,得到的两个数的和有哪些,哪些和出现的可能性大,哪些和出现的可能性小",经历猜想、试验、难证的过程,再以不同方式直观呈现结果,感受结论呈现的简洁美,体会数学结论过程的严谨。	简洁美
简易方程	1.在用字母表示数和数量关系、运算律、计算公式的过程中,体会数学抽象概括的简洁美; 2.以天平为形象载体,以等式性质为依据,体会方程的实质和等价思想,感受数学的对称美。	简洁美 对称美
多边形的面积	1.以长方形面积为基础,以图形内在联系为线索,以未知转化为已知为基本方法,探索平行四边形、三角形、梯形、组合图形、不规则图形的面积计算,感受数学知识螺旋式递进,不同内容知识串联生长的统一美; 2.在《九章算术》的"方田章"和刘徽"出入相补"原理的阅读拓展中,了解数学史,发展积极情感,在用字母表示图形面积计算公式的过程中,感受数学的简洁美。	统一美 简洁美

单元	教学内容	类别
数学广角——植树问题	在最基本的一条线段上植树,可能有不同的情形:两端栽、一端栽、两端都不栽,由直线转封闭曲线栽的方式探索植树问题的基本模型,再以植树问题为基本模型解决生活中安装路灯、摆花、锯木头、架设电线杆、手工串珠等实际问题,体会数学结论的简洁美,数学解题方法的统一美。	简洁美 统一美
总复习（上册）	1.在回顾与整理的过程中,以知识结构图的方式梳理本学期所学内容,感受数学知识的统一美; 2.以"勾股树"探究直角三角形三条边长变化后规律的不变性,感受勾股定理的奥妙,体会数学结果的奇异美。	统一美 奇异美
因数和倍数	1.通过"完全数"的概念介绍,丰富学生的数论知识,感受数学结果的奇异美。 2.在百数表中探索发现2、5倍数的特征,打破思维定势,发现3的倍数的特征,体会数学结论的简洁美和数学结果的奇异美; 3.在百数表中,以"筛法"寻找质数,了解质数与现代密码学的关联,感受数学的简洁美; 4.通过介绍数学前沿研究"哥德巴赫猜想"以及我国数学家陈景润的研究成果,体会数学研究过程的曲折与数学结果的统一美。	奇异美 简洁美 统一美
长方体和正方体	1.通过介绍"几何学和欧几里得",了解几何学的发展历史,体会几何学是数学的一个分支,应实际需要而生,感受数学的简洁美; 2.了解《九章算术》求体积的方法,感受古人的智慧,体会数学的简洁美; 3.以排水法求得不规则物体的体积,体会转化、等积变形思想,感受解题策略的多样化,体会数学方法的奇异美。	简洁美 奇异美
探索图形	探索由小正方体拼成的大正方体的涂色规律,经历分类计数,感受数学思考的过程,可以从最简单的情况入手,找出规律,体会以简驭繁的简洁美和数学的奇异美。	简洁美 奇异美

续表

单元	教学内容	类别
分数的意义和性质	1.借助"分数墙",加深对分数意义的理解,感受数学结论的统一美; 2.以有序排列的形式呈现真分数和假分数,独立探索发现其排列的趣味,体会数字的奇异美; 3.了解分解质因数的相关概念与方法,以及利用分解质因数的方法,简便求出两个数的最大公因数和最小公倍数,感受解题过程的简洁美; 4.掌握约分的一般方法,拓展了解《九章算术》中"更相减损"约分术,感受数学结果的简洁美和解题策略的奇异美。	统一美 奇异美 简洁美
图形的运动（三）	1.能从对称、平移和旋转的角度欣赏生活中的图案,运用它们在方格纸上设计简单的图案,体会奇异美; 2.通过美丽图案中的几何学欣赏,感受图形变换带来的奇异美。	奇异美
分数的加法和减法	1.以数学经典为先导,通过介绍"杨辉三角",经历探索有趣的"三角形"的活动发现排列规律,感受数学的奇异美; 2.以4个有序算式,让学生经历观察、计算、猜测,归纳出数学模型:$\frac{1}{n} - \frac{1}{n+1} = \frac{1}{n(n+1)}$,其中$n \neq 0$,然后运用这个模型解决相应的计算问题,在培养合情推理能力的过程中,感受数学模型的简洁美。	奇异美 简洁美
怎样通知最快	以找到最优通知方案为主题,通过画图、列表等方式制订解决问题方案,在数形结合中,体会数学优化的高效,感受数学的简洁美。	简洁美
折线统计图	学以致用,在调查活动中,经历选题,调研内容设计,数据收集与整理,数据呈现,数据分析等研究过程中,体会数据呈现的简洁美。	简洁美
数学广角——找次品	在找次品的活动中,培养观察、分析、逻辑推理的能力,同时用直观的方式清晰、简洁、有条理地表示推理过程,体会数学表达的简洁美。	简洁美
总复习（下册）	在回顾与整理的过程中,以知识结构图的方式梳理本学期所学内容,感受数学知识的统一美和简洁美。	统一美 简洁美

表4-7　　人教版小学数学(六年级)教材中的融美育人点

单元	教学内容	类别
分数乘法	了解《庄子》中"一尺之棰,日取其半,万世不竭"的含义,以画图的形式,数形结合理解每一天取的木棒长度的变化,初步感受极限思想,体会数学的奇异美。	奇异美
位置与方向(二)	以设计"动物园导游图"为任务,按自己的想法,开放地设计小小动物园各个场馆的位置,并描述参观路线,综合应用科学、美学与数学知识,感受数学的简洁美。	简洁美
分数除法	1.提供一组互相咬合的齿轮,经历用分数乘除法计算大小齿轮的齿数与转数的过程,在对比厘清两类问题的联系与区别中,感受应用数学的奇异美; 2.了解《九章算术》中,关于分数除法的论述,体会"经分术"与现代算法的一致性,感受数学方法的统一美。	奇异美 统一美
比	介绍在实际生活中广泛存在的"黄金比",以及多个设计案例,如五角星中线段之间的长度关系比、舞台的黄金分割点、雅典女神庙、达·芬奇绘画等,体会黄金比蕴含着天然的美妙与合理性,感受比例与美学的紧密联系以及数学结论的奇异美。	奇异美
圆	1.在研究直线图形到曲线图形的跨越中,穿插了解数学史料"圆周率"、《九章算术》的"圆田术",感受"化曲为直""等积变形""极限"等数学思想方法,体会数学思想方法的统一美; 2.将丰富的生活实例与知识应用紧密联系,如摩天轮、圆水池、圆亭、圆钟、环岛、古建筑中的"外方内圆""外圆内方"、福建土楼、篮球场三分线……,体会以圆的和谐、对称所展现的独特美感,充分感受数学与美学的融合,体会数学的奇异美、对称美、统一美; 3.在圆整体中抽取局部获得扇形、扇环,直观理解两者的区别与联系,体会数学知识结构的统一美。	统一美 奇异美 对称美
百分数(一)	以"恩格尔系数"量化经济与生活水平的关系,体会数据分析量化的简洁美。	简洁美
扇形统计图	以"如何选用合适的统计图表示相关信息"为任务,体会条形、折线、扇形三种统计图的优势与不足,感受不同类型的问题运用统一的思想方法解决的统一美。	统一美

续表

单元	教学内容	类别
节约用水	通过"世界水日"和"中国水周"的材料介绍,理解节水的重要性,运用所学的统计学知识,量化水龙头漏水的一般情况,感受以数据说明事实的简洁美。	简洁美
数学广角——数与形	探究图形中隐藏的数规律,穿插介绍著名的"杨辉三角"、抽象的"平方和公式",感受形的问题中包含着数的规律,数的问题也可以用形来帮助解决,数与形之间经过数学化可抽象出通用模式,体会和掌握数形结合、归纳推理、极限等基本的数学思想,感受数形结合的统一美、通用模式的简洁美、数学结论的奇异美。	统一美 简洁美 奇异美
总复习（上册）	在回顾与整理的过程中,以知识结构图的方式梳理本学期所学内容,感受数学知识结构的简洁美和统一美。	简洁美 统一美
负数	图文结合介绍中国古代表示负数的方法,进一步丰富学生对负数的认识,建立动态的数学观,感受数学符号演进的简洁美。	简洁美
百分数(二)	开展"生活中百分数"综合与实践活动,经历利率的调查研究,体会货币经济学的价值,感受数学应用的奇异美;在认识百分数的基础上,拓展了解千分数和万分数,体会数学知识体系的统一美。	奇异美 统一美
圆柱与圆锥	1.在求解"小半瓶水的体积"的过程中,学习把不规则形状的体积转化成规则形状,把未知转化成已知,感受"形变积不变"的守恒,体会不同类型的问题运用统一的思想方法解决的统一美,以及打破思维定势的奇异美; 2.介绍"圆柱容球",渗透数学文化,体会把有联系的两种立体图形放在一起研究的思想方法统一美; 3.展示圆锥在生活中的广泛应用,拓宽学生视野,以跨学科阅读材料"蚁狮洞穴",让学生进一步感受数学用于刻画客观世界的简洁美和奇异美。	统一美 奇异美 简洁美
比例	通过"你知道吗"使学生认识反比例图象,体会正反比例图象的区别,感受数以形刻画,数形结合的统一美和简洁美。	统一美 简洁美

单元	教学内容	类别
自行车里的数学	综合运用所学的圆、排列组合、比例等知识解决自行车里两个主要的数学问题:前后齿轮齿数和转数的关系;变速自行车变出多少种速度,体会数学的广泛应用,感受打破常规思维的数学方法奇异美。	奇异美
数学广角——鸽巢问题	呈现多种素材,如笔筒、学生、鸽舍、数的集合等,经历将具体问题数学化的过程,初步了解"抽屉原理",运用"抽屉原理",发展模型意识,体会解题方法的统一美。	统一美
整理和复习（五模块）	第一模块 数与代数 主要包括数的认识、数的运算、式与方程、比和比例、常见的量、探索规律。 1.经历把学过的数与代数整理成图表的过程,通过概念的分类、对比、辨析,以图、数轴、表格等形式,厘清"十进制计数法""四则运算之间的关系""比和比例的区别与联系""比与分数、除法的关系""比、分数的基本性质和商不变规律"等知识点,沟通知识的内在联系,将知识点串联成线,构建成网,进一步感受数学知识结构的统一美; 2.用小棒摆六边形找规律,探索算式如9×9-1,98×9-2,987×9-3⋯⋯的规律,体会数学公式的普适性和简洁美。	统一美 简洁美
	第二模块 图形与几何 主要包括图形的认识与测量、图形的运动、图形与位置三部分。 回忆学过的平面图形和立体图形的本质特征,逐级分类整理,从一条直线(关联射线和线段)到两条直线(位置关系和角),再到三角形、四边形与圆,进而由平面二维到空间三维,梳理表面积与体积。由理论数学到应用数学,利用图形运动设计美丽图案。在体会数学知识由简单到复杂的演变过程中,感受知识结构化的统一美,及创造图案的对称美和奇异美。	统一美 对称美 奇异美
	第三模块 统计与概率 主要包括统计量(平均数)、可能性、各种统计图。 以提纲、图表形式进行整理与复习,在应用统计的过程中,形成尊重事实、用数据说话的严谨态度,感受以数据说明事实的简洁美。	简洁美

续表

单元	教学内容	类别
整理和复习（五模块）	第四模块 数学思考 梳理各册"数学广角"的内容,穿插介绍"七桥问题",进一步掌握观察、枚举、比较、归纳、列表、假设等逻辑推理时常用的数学方法。在数形结合找规律、列表推理、等量代换、简单的几何证明等活动中,进一步感受数学的内在魅力,体会数学形式的简洁美、数形结合的统一美、解题方法的奇异美。	简洁美 统一美 奇异美
	第五模块 综合与实践 主要包括绿色出行、北京五日游和有趣的平衡。 通过综合应用所学知识解决实际问题,进一步体会数学知识之间的联系和综合。 1."绿色出行"从量化的角度刻画了汽车尾气污染的严重性,分析不同出行方案的利弊;介绍"同比和环比"的概念,理解量化数据的现实含义,感受数据的简洁美; 2.以"北京五日游"的行程设计为主线,通过展示、比较与交流,结合经济、合理、方便、可行等评价原则,体会数学的应用价值,感受数学方法的简洁美; 3.探索"杠杆原理"背后隐藏的数学原理,感受数学与物理的联系,经历从特殊到一般的探究过程,在增强应用意识的过程中,感受数学结果的奇异美。	简洁美 奇异美

第二节

融美数学的教学设计原则

　　傅国涌先生在《美的相遇——傅国涌教育随想录》中说："教育的过程就是一个与美相遇的过程。地球是圆的,宇宙也是圆的,整个世界是一个圆形思维,真善美不是在一条直线上,而是在一个圆上,美是起点,也是归宿。"[①]融美数学的课堂教学,围绕具体的教学活动展开,既有教学活动需遵循的一般原则,如循序渐进、因材施教、寓教于乐等原则,又有其独特的原则。

一　科学性与审美性相统一原则

　　融美数学是小学数学审美化教学的实践样态,既立足于教学本身具有的科学性,也追求作为审美教学所具有的艺术性。科学性体现了数学教学的客观真实,艺术性呈现了数学教学的美妙多彩,二者相得益彰,共同构成审美化教学的显性原则。

　　科学求真,艺术求美,融美数学强调二者的统一。一方面,以科学性作为教学的基础,尊重知识本身和教学活动的规律性,尊重个体身心发展的特点;艺术性作为调味品,注重教学材料的美,注重教学艺术的阐释,不仅升华了教学的意蕴,在科学性的基础上创造突破,凸显知识本身的美感,遵循教学艺术的创造性,而且还为师生打造愉悦进步、和谐共生的教学氛围。另一方面,个体的认知活动集抽象思维、形象思维、创造思维和情感思维于一体,教学活动是科学性思维与艺术性思维协同作用的过程,通过教学的审美达到立美的过程,最终实现教学的审美转化。

二　内在逻辑与外在形式相统一原则

　　夸美纽斯认为:教学之道,亦遵循万物之道。这里的"道",就是万物存在的

[①] 傅国涌.美的相遇——傅国涌教育随想录[M].上海:华东师范大学,2017:4.

内在逻辑结构,从审美角度看,就是事物内在的逻辑力量美。融美数学要重视学科的逻辑内核,让学生认识到学科的逻辑之美,比如文本表达的逻辑、学生认识的逻辑、教师教学设计逻辑、教学过程的逻辑等。在不可直观的"硬核"之外,交织着特点鲜明的可感形式,它看上去似乎没有既定的形式,很形象生动,给人自由、随性、无约束的感觉。从审美角度看,这就是事物极富旨趣、高认可感、高体验度的形式美。没有内在,外在就是一个没有灵魂的空壳;没有外在,内在就是一个难以把握的虚空。内在外在互为一体,这应当是教学设计时重点考虑的因素。作为教师,我们不能舍本求形,舍内求外。备课、上课、评课须先循"道",再赋"形"。[①]

三　抽象性与生活性相统一原则

抽象性是数学的基本特性。在数学中,符号化教学以约定的、规范的形式来表达数学思想。小学数学审美化教学注重数学符号的意义,回归数学本真的表述方式,还原数学的基本特性。一方面,符号性教学内容的呈现是对数学简洁美、统一美的回应。例如,梯形的面积公式 $S = \frac{1}{2}(a+b)h$ 涵盖了三角形、正方形、长方形、平行四边形的面积公式,符号间的相互转化优化了个体的认知结构,减轻了学生的认知负担。另一方面,符号化的教学过程有助于个体从具象思维向抽象思维的过渡。在认识分数的过程中,用 $\frac{1}{2}$ 表示将一个物体平均分成两部分,每一份占总体的 $\frac{1}{2}$,符号化的数学语言将某一类型的数学概念、问题用符号概括,简化了个体的思维过程。

杜威认为,审美不仅仅发生在传统的美的艺术中,还应该指向生活。由此可见,生活性赋予"审美"可知可感的生命力,审美化教学回归生活化的教学。首先,小学数学的审美化教学源于生活,教学内容的选择就是从儿童生活化的审美经验出发,数学公式的简洁美、图形的对称美均取材于生活。其次,融于生活,在进行教学活动组织时,亦是创设与生活实际相符合的情境,从生活中感悟数学魅力。最后,回归生活,通过数学审美化的教学,激发创造美的兴趣,提升

---

① 赵伶俐.以审美化视点结构教学实现学科美育[J].江苏教育,2020(73):6.

个体对生活的审美鉴赏、审美体验能力。

　　审美化教学尊重数学概念表达的符号性,注重个体生活化的认知经验,作为数学知识的载体,数学符号反映着数学的本质。数学符号语言就其语法内容来说是形式的、抽象的,就其语义内容来说是具体的、丰富的。融美数学认为,将抽象的数学语言以具象的表达方式呈现出来,可实现"科学世界"与"生活世界"的转化,搭建数学知识符号化与生活化的桥梁。这一过程不仅可以让数学学习更贴近学生的生活,还能在保证数学严谨性的同时增添学习的趣味性,从而提升学生的学习体验。

第三节 融美数学的教学流程设计及案例

前面说过,"三环六步一统整"在融美数学课程建设中起教学主轴的作用,也是融美数学的课堂实践路径。本节将分别阐述"三环六步"和"一统整"的教学流程及案例。

在融美数学的课堂实施中,"三环"即"融洽关系,感美启学;融通教学,立美导学;融合实践,创美延学"三环节。根据布鲁姆认知目标分类学和威金斯的理解六侧面的相关理论,"六步"即唤醒、激趣、探究、联系、反馈、拓展这逐层深入的六个步骤(图4-1)。"三环六步"的每个步骤都充分观照审美发展规律,按照"感美—立美—创美"的发展规律,注重学生的情感与认知发展,情感是认知的先决条件,情感与认知协同,推动素养生成。

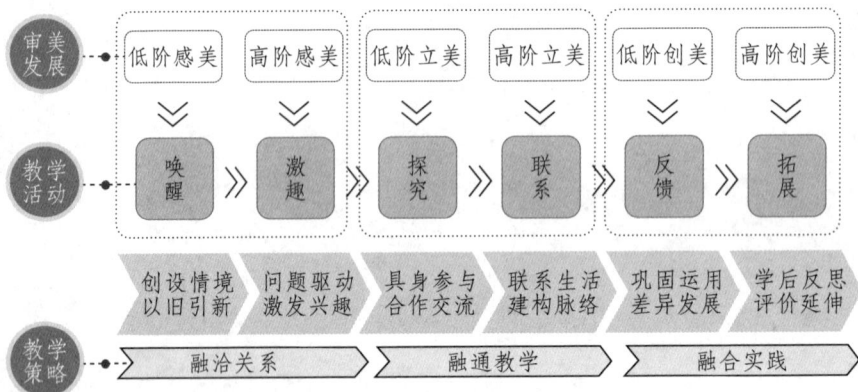

图4-1 融美数学教学流程

一　数与代数领域

1."解决问题"教学设计

执教人:厦门市音乐学校朱颜君。

教学内容:人教版小学数学一年级上册例题。

设计理念:2022课标提出,会用数学的思维思考现实世界。发展学生的数学思维是新一轮数学课程改革的重要特征。有相关研究表明,要想引导学生在教学过程中自主动脑思考,发展学生的思维,从而达到解决学习中以及生活中各种问题,可以引入思维可视化技术,将学生"看不见"的思维过程用直观的方式表现出来。基于此,本节课以"三会"为导向,通过说一说、写一写等方式将思维可视化,引导学生充分体验解决问题的一般步骤:明确问题—计划与解决—回顾与反思,引导学生多角度观察,体会解题策略的多样性,感受数学的简洁美、统一美、奇异美,发展学生的核心素养。

教学目标:

(1)学会用加法解决简单的实际问题;

(2)尝试用不同的方法解决同一个问题,发展思维的灵活性和创新性;

(3)感受数学在日常生活中的应用,体悟数学的简洁美、统一美、奇异美,激发学生学习数学的兴趣。

教学重点:能够从图中提取信息,理解数量之间的关系,选择加法解决问题。

教学难点:对同一个问题寻求不同的解决方法。

教学过程:

一、唤醒:创设情境,以旧引新

展示双关图:同一幅图,从不同角度可以观察到不同的事物。

师:这节课,我们一起来学习解决问题。上课前先请同学们看一张有趣的图,想不想看? ……从这幅图中,你看到了什么?(预设:两个人脸、花瓶。)

师:真有趣,为什么同一幅图我们看到不同的事物呢?(预设:角度不同)

师:是的,同一幅图,从不同角度,能看出不同的事物(形态),这就要求我们有一双会观察的眼睛,让我们带着这双会观察的眼睛,走进今天的数学课堂吧。

【设计意图】从美丽的图案（双关图）切入，让学生感受从不同角度观察，可以看到不同的事物，体会数学的奇异美，激发学生的探究欲望；引导学生学会用数学的眼光观察世界，体会数学与实际生活的紧密联系。

二、激趣：问题驱动，激发兴趣

（欣赏动画：啦啦操表演）

师：问题是求"一共有多少人？"，请仔细观察，要解决这个问题，你能从图中收集到哪些数学信息呢？

预设1：分成两排；

预设2：有男生、有女生；

预设3：前排有7人，后排有8人；

预设4：男生有6人，女生有9人；

预设5：男生比女生多；

……

师：为什么同一幅图片观察到的信息不一样呢？

【设计意图】教材提供了开放的问题情境——运动场中啦啦队表演图。用不同的色彩引导学生从不同的角度进行观察，用"为什么同一幅图片观察到的信息不一样呢？"一问题，打破学生已有的思维定势，驱动思考，激发兴趣，领悟数学奇异之美。

三、探究：具身参与，合作交流

【任务一】运动会开幕式啦啦操表演

1.读题：说一说。

师：从这幅图当中你能够看到、收集到哪些数学信息？

预设1：前排有7人，后排有8人，一共有多少人？

预设2：男生有6人，女生有9人，一共有多少人？

师：同一幅图，为什么我们能找到不同的信息呢？

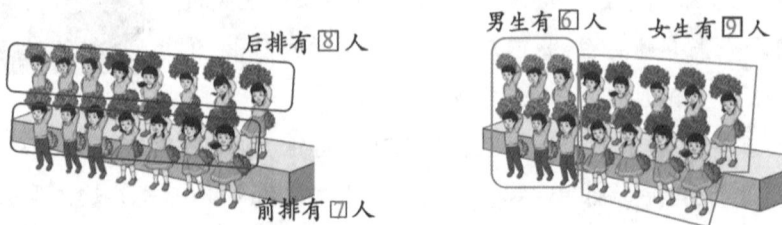

2.解题：列一列。

师：刚才我们通过读题获得已知信息和问题，同学们会解答吗？在学习单上写一写。

预设1：从前排和后排的角度看，前排有7人，后排有8人，合起来一共有多少人？用加法计算，列式是

$$7+8=15（板书）$$

预设2：从男生和女生的角度看，男生有9人，女生有6人，合起来一共有多少人？用加法计算，所以我的列式是

$$9+6=15（板书）$$

3.比一比。

师：这道题可以这么算，也可以这么算，这两个算式有什么相同之处吗?(预设：都是用加法，得数都是15。)

师：为什么都用加法呢？

小结：从不同的角度观察这幅图，提取不同的数学信息，找到了不同的方法来解答，但是我们都是求一共有多少人？求总数，就是把两部分合起来，所以都用加法，因此答案都是一样的。

4.检查。

师：列完算式，我们还要做什么呢?(预设：要记得检查。)

师：检查我们的答案对吗？你会怎么检验?(预设1:数一数。预设2:用另外一种方法来检查。预设3:交换加数的位置再计算一遍。预设4:凑十法)

5.小结。

【设计意图】

教材上例题所求的问题是"一共有多少人"，学生自主尝试探究，在说一说、写一写中体会解题策略的多样性，感受数学的奇异美；在经历解决问题的一般步骤中(明确问题—计划与解决—回顾与反思)，感受数学解题策略的逻辑之美，体悟数学结构与方法的简洁美。

四、联系：联系生活，建构脉络

【任务二】 运动会闭幕式合唱团表演

师：这道题你们会解答吗？ 在学习单任务二写一写。（学生上台展示）

小结：引导学生回忆，总结解决问题的步骤。

【设计意图】

在开幕式情境的基础上，引入闭幕式表演情境，前后呼应，与学生日常生活联系，利用生活与数学的统一之美，激发兴趣。本题所求的问题依然是"一共有多少人"，通过迁移解决问题的方法，使之举一反三，触类旁通，发展学习力，减负提质增效，促进学生的可持续发展。进一步渗透理解解决此类问题的方法，体会数学解题方法的统一与数学方法的简洁美。

五、反馈：巩固运用，差异发展

1.算一算。

一共有多少只天鹅？

$\boxed{7} + \boxed{7} = \boxed{14}$（只）

$\boxed{8} + \boxed{6} = \boxed{14}$（只）

2.写一写。

一共有几个图形？

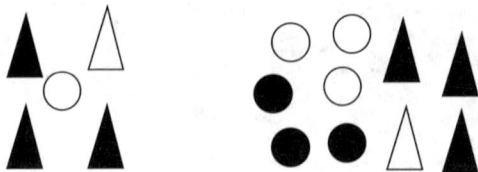

3.列一列。

一共有多少人？ □○□=□（人）

4.(提升题)想一想：今天教室里一共有几个人呢？

【设计意图】

练习巩固、分层教学。设计的4道习题，遵循由简到繁的逻辑主线，从简单的生活情境到抽象的图形情境，最后回归到复杂的生活情境，构建数学和谐统一之美与简洁明了之美，层层递进，体现知识之间、知识与生活之间的密切关联，教学练一致。让学生在解决问题的过程中，激发思维、落实方法，在感受数学之美的同时，达到问题解决的目标。

六、拓展：学后反思，评价延伸

师：本节课，你有什么收获？你还有哪些困惑？

【设计意图】

学后小结、总结收获、反思复盘、提出问题，扫清疑问，落实反馈。启发学生在生活中从不同的角度观察分析，"塞翁失马，焉知非福。"落实学科育人，同时也引导学生大胆说出自己的困惑，积极思考，打破学生的思维定势，发展其思维的灵活性和创新性，体悟数学的奇异美，激发学生学习数学的兴趣，落实融美课堂。

2."1 000以内数的认识"教学案例评析

教学内容：1 000以内数的认识。

案例背景分析：

2023年5月10日，林颖琦老师代表厦门市小学数学教师在第五届福建省"明师之道"小学数学课堂教学观摩研讨活动中进行展示——1 000以内数的认识，并获得特等奖。课堂上林老师构思巧妙、别出心裁，基于学生的学情及生活经验，通过厦门标志性建筑——"双子塔"的高度与志愿者人数等有趣的生活情境,引出计数单位"个""十""百""千"。找准学生的困惑,针对认知的冲突点,通过数、读、写、拨、想、说等活动,在多元表征形式下,帮助学生经历数数过程,认识计数单位,体验"满十进一"。整堂课环环相扣、惊喜不断,既让数学学习真正发生,又在无形中培养了学生的数感和估算意识,同时让学生感受到了数学独特的魅力。本案例亦是"融美数学"在课堂教学实践的典型范例。下面节取案例片段,评析林老师如何在本节课引导学生在赏美中获取基础知识和基本技能,在悟美中开拓数学思维,在拓美中融会贯通,塑造数学品格,实践"融美数学"的课堂样态。

"美学"与"学情""学材"融合解析:

"融美数学"主张遵循学生的数学学习及审美发展规律,通过以融致美、以美促学等途径,达到融美相成、师生共长的教学效果,使学生在数学课堂中获得学习愉悦感和成就感、核心素养得到有效培育,使师生在教学过程中获得创造和享受美的体验。"融美数学"的课堂实践按以下三个层次逐步推进,即感美启学、立美导学和创美延学。在课堂实践中融合美育,首先要求教师深入挖掘教材,帮助学生发现美;其次,在美育教学过程中要发扬教学民主,引导学生创造美,在学习评价中激发学生追求美的需求。

"1 000以内数的认识"是数域拓展的关键。学生已认识100以内的数,并具备数数、认数的经验,也明确了三位数的组成及数位方面的基础知识。重点是如何让学生在充分认识1 000以内数的同时,自主构建认识数的一般结构,为认识万以内、万以上的大数,以及其他的数提供一个整体性、可移植的范式,即位值制和十进关系,以及数的认识结构。其美育融合点是:在经历数数的过程,体会新旧知识的联系,感受数学的统一美;在"一题多解""一题多变"中体会数学的奇异美;在感受十进位值制的思想方法中,体会数学的简洁美。

由于"位值制"和"十进关系"具有严谨性、抽象性等独特性,在美育过程中要引导学生发现这种记录方式及"十进制"独特的美。教学需借助多元表征呈现的多种模型,如几何模型、点子图、小棒、计数器、数轴等,由直观到抽象,在丰富多样的体验过程中,将抽象的数形象化,较好地沟通数与形的联系,引导学生发现数学的简洁美。教师借助半结构化的小棒操作,让学生体会"235"的组成,对照小棒在计数器上拨算珠,理解一个算珠放在不同位置上,可以实现"以一当十""以一当百"的飞跃。对照计数器读写数,让学生体验读写的方法,在具体的活动中,逐步建立抽象的数和现实的数量之间的联系,帮助学生更好地理解十进位值制,体会数学的简洁美。

"融美数学"视角下的设计思想:

这节课除了认识计数单位"千",知道"十个一百是一千",理解并掌握1 000以内数的组成,能正确读写数,还需初步体会位值、各数位间的十进制关系,并且承担以下"融美数学"视角下的美育渗透。

(1)经历数数的过程,体会新旧知识的联系,感受统一美;

(2)在"一题多解""一题多变"中体会数学的奇异美;

(3)感受十进位值制思想,体会数学的简洁美。

这是认数教学的第三阶段,这一阶段的学习,包含了整数认识的所有要素,如数的表示、满十进一的进位制、数位、各个数位上数字所表示的值等,学生也将认识从"一"到"千"至"万"的计数单位,包含了一个完整的数级。因此,本节课不仅是认识更大的自然数和大数计算的基础,而且在生活中也有广泛的应用价值。本节课的设计重点突出了对"计数单位""十进制""位值制"的理解,并且重视借助形象适时抽象,以此来体验抽象表达的简洁美及其应用价值。在设计上主要有以下特点:

(1)注重让学生运用计数单位数数,在数数的过程中,理解数的意义;

(2)注重借助多种模型,以多元表征通过多角度认识、理解数的意义,理解十进位值制;

(3)以"一题多解""一题多变"的递进式训练,在猜想、观察中体会数学的奇异美。

【环节一】　感美启学

唤醒→激趣

学生展示课前收集的数(100~1 000)交流分享。

生1:我家的肉松有150克。

生2:家里的电风扇价格是398元。

生3:我学习用的《新华字典》一共有697页。

……

师:同学们,生活中千以内的数真多!

今天我们一起来认识这些数。(揭示课题)

【评析】激发学生学习数学的兴趣越早越好。培养兴趣最好的途径就是在追求美的过程中,领略其中的奥妙。教师利用数学课进行美育渗透,努力创设美的意境,通过调查活动,以学生熟悉的真实例子充分把数学的各种美展现在学生面前。学生收集到的生活数据是以数学独特的简洁美的形式加以记录,在美的熏陶下,使学生得到感情的共鸣和思维的启迪,激发其以极大的热情去学习数学,从而达到主动建构理解知识的教学目标。

【环节二】 立美导学

探究→联系

(师生共同计数:由方块一→直条十→片状百)

师:这些是我们原来学过的旧知识,接下来是我们今天要学习的新知识了。大家能挑战一下吗? 说说接下来该怎么数?

生1:一百一百地数。

生2:200,300,400,500,600,700,800,900,1 000。

师:十百是多少呀?

生:十个一百是一千。

师:一千个小方块摆在一起是什么样的?(呈现)

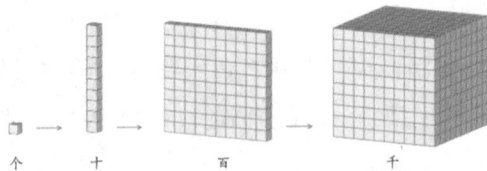

个 十 百 千

师:瞧,数与形之间还有这么奇妙的关系。这个字你们认识吗? 会读吗? 会写吗? 千是我们今天要认识的新朋友。一、十、百、千这四个数代表了最基本的、最常用的四个计数单位。

教师呈现收集的数据,学生读数。

生:厦门"双子塔"高度约300米。

师:你去过"双子塔"吗,"双子塔"是厦门一张靓丽的名片,也是城市建设的成果。希望同学们好好学习知识和本领,将来把我们的城市、我们的祖国建设得更加美丽。

生:一分钟跳绳235个。

……

师:这些数在生活中不同的地方表示不同的意义。在数学上,他们有什么含义呢? 你会表示数吗? 出示:

学生动手尝试,小组合作探究。

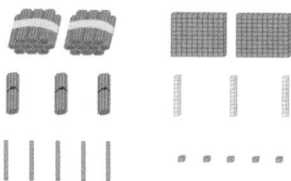

师:你能试着写这个数吗?

生:二个百就在百位上写2,三个十就在十位上写3,五个一就在个位上写5。

师:会读这个数吗? 一起读。

生:二百三十五。

师:读数的方法跟百以内的数相同,从高位读起,将数和它的计数单位连起来读。读作:二百三十五。

师:还有同学用计数器来表示,请你来跟大家介绍一下。说说这个数的组成。

生:百位上2颗珠子表示二个百,十位上3颗珠子表示三个十,个位上5颗珠子表示五个一,合起来就是235。

师:特别棒,一下子找到了问题的关键,数一数有几个百,几个十,几个一,再把他们合起来。

师:这些方法,看着不同,那他们有相同之处吗? 说说你发现了什么?

生:方法虽然都不一样,但是他们都表示235。

师:看来我们可以用不同的方法来表示同一个数。

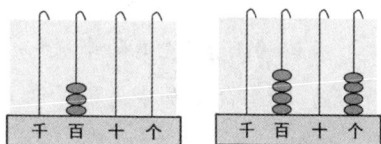

师:同样是计数器,他们表示的数一样吗?

生:不一样。

师:同样是计数器,却可以表示不同的数。

师:介绍这两个数。读一读,写一写,并说说它的组成。

学生上台介绍这两个数。

生1:左边这个数读作三百,表示三个一百。

生2:右边这个数读作四百零四,它是由四个百和四个一组成的。

师:你们不光摆得很好,说得也很棒。

师:右边这个计数器百位和个位都是四,这两个四所表示的含义一样吗?

生:不一样,在百位上的四表示四个百,在个位上的四表示四个一。

师:看来数字在不同的位置,表示的含义也就不同了。

师:请你用计数器拨出你数卡上的数,跟同桌读一读,并说一说它的组成。

【评析】

在小学阶段,学生的审美情感力主要体现在两个方面:首先学生能够对学习数学感兴趣,能够积极地参与到课堂教学当中;其次学生在课堂上有着良好的课堂感受,能够获得愉悦的体验。

在第一环节,教师以生活的例子激发学生的探究兴趣,让学生感受到数学的应用美。法国艺术家奥古斯特·罗丹说过:在生活中,美是到处都有的,对于我们的眼睛,不是缺少美,而是缺少发现。因此,教师要积极引导和鼓励学生去发现美,任何脱离具体生动的审美经验过程的审美观教育以及任何脱离个体的审美趣味的审美观念灌输,都不可能取得应有的美育效果。

进入第二环节学习,教师选用与学生经验相关的图片方块、直条图……吸引学生的注意力,唤醒学生旧知,选用与时俱进的例子"双子塔高度""跳绳资料"等更容易与学生的个人经验联系起来,帮助学生思考问题,构建自己的经验体系。重视传递数学教材的美,将"方块、直条、片状、立体"数形结合、逐层递进理解"十进关系";利用方块、小棒、计数器等多种实物,让学生体会多元表征的丰富性"外壳"本质是"位值制",即数字在不同的位置,表示的含义不同。在教学中,教师灵活运用教材,不仅根据教学内容补充与学生生活经验息息相关的美的例子"双子塔的高度",身边的例子"跳绳的个数"……还需要挖掘教材中的数学美,由块到条至片最后是体,形的累加也是数量的累加,让学生发现与感知身边数形结合的数学简洁美、统一美。

【环节三】　创美延学

反馈→拓展

出示:

> **智慧闯美2:你会数数吗?**
>
> 从 890 数到 1 000 。
>
> 从 997 数到 1 000 。
>
> 同桌合作:
>
> 1."说"的同学,边拨边数,表达清晰。
>
> 2."听"的同学,认真倾听,有不同观点及时补充。
>
> 3.每个成员,按顺序进行活动。

生:997,998,999。

师:还记得通关密码吗? 一起说。

生:满十进一。

师:满十进一,这里的一真的是"一"吗?

生:这里的"一"是一个十。

师:继续数。

生:满十进一。

生:这里的"一"是一个百。

生:满十进一,一千。

师:哇,终于数到一千。

师:数是数出来的,可以一个一个地数,也可以十个十个地数,今天这节课我们又学习了一百一百地数,在数的过程中,我们认识了新的计数单位千,想想以后我们还可以怎么数?

生:一千一千地数。

师:只要有了"满十进一",这个通关密码,我们就可以数更多,更大的数。

出示:

> **智慧闯关3:拨珠游戏**
>
> 计数器里藏着一个数,这个数再添上1颗珠子就是1 000。你觉得这个数可能是:
>
> _____

生1:我觉得这个数是999,在个位上再添1颗珠子就是一千。

生2:这个数是900,在百位上再添1颗珠子就是一千。

生3:我的答案是990,在十位上再添1颗珠子就是一千。

生4:我的这个数是0,直接在千位上拨1颗珠子就是一千。

师:小小的一颗珠,在不同的数位上表示不同的数。同学们在解决问题时,不要轻易满足于找到的答案。也许,惊喜就在后面等着你哦。

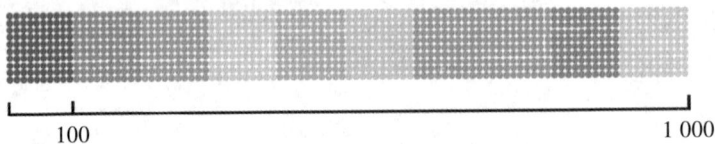

师:现在难度升级,我把小圆片收起来了,你能试着在数线上估一估900的位置吗?

师:说说你是怎么快速估出900的位置的?

生:我通过前面的0到100的长度,从1 000往回估找到900的位置的。

师:真棒,看来不能盲目地估计,估的时候还要找到参考的标准。

师:你们觉得1 000的右边还有住着其他数吗?

生:有。

师:0的左边呢?

生:也有其他数。

课件出示:

师:将来我们还会学习到更大的数或者更小的数,我们可以通过今天所学的知识继续去认识它们。

【评析】

有组织、有规律、有节奏的数学语言,仿佛和谐悦耳的乐音给学生以美的享受;数学定理的和谐美、数学推理的严谨美、数学语言的简洁美、数学构思的创新美,都会给学生学习活动带来一种和谐有序的快感,给学生以美的熏陶和训练。在进行拓展训练时,教师要有目的、有计划,紧扣教学要求,也要有坡度、有层次,做到环环相扣,由浅入深,挖掘层次美。由数形结合的"圆片+数线"过渡到"数线",再由"数线"简化至"数轴",教师设计了一组练习,让学生进行由浅入深、由易到难、有层次、有坡度的练习,学生颇感兴趣。同时,以渐进式的抽象,让学生深切地体验了数学的简洁美。

如果说"圆片+数线"过渡到"数线",再由"数线"简化至"数轴"强调的是"多变",那么"计数器里藏着一个数,这个数再添上1颗珠子,就是1 000,请你猜猜这个数是几"则强调"多解"的美学意义。通过解题过程中数学知识与数学方法灵活多变的应用,最终达到统一与和谐,学生能深切地体验到数学的思维之美,变形之美,猜想之美以及探究之美。

二 图形与几何领域

1."图形的旋转"教学案例评析

教学内容:人教版小学数学五年级下册——图形的旋转。

案例背景:

2021年4月27日,厦门市李玲玲名师工作室研修成员陈翠珊老师执教"图形的旋转"一课,充分阐述了如何做到让课堂有活力、让教师有活力、让学生有活力。本节课陈老师注重选取典型事例,让学生充分感知旋转现象,感受数学的应用价值、文化价值和美学价值;加强学生的操作活动,帮助学生体会旋转的含义,培养学生的空间想象力和思维能力;欣赏并体验旋转在现实生活中的广泛应用,体会其丰富的文化价值。

本案例亦是"融美数学"在课堂教学"图形与几何"领域实践的范例。下面节取案例片段,评析林老师如何以"问题之美""节奏之美""设计之美"引导学生进一步认识图形的旋转,探索图形旋转的特征和性质,"能识别""会画图""能创作""会欣赏"感受图形变换带来的美感及其应用,实践"融美数学"的课堂样态。

"美学"与"学情""学材"融合解析:

在数学学科中,人们经常能够发现数学结构和理论的内在美感,这种美感可能来自数学概念的简洁性、理论的统一性、证明的优雅性或者是数学对象的对称性。例如,数学中的对称性和几何图形的旋转,被视为"融美数学"经典的代表,因为它们涉及对数学对象审美价值的探索和欣赏。"融美数学"的课堂实践按感美启学、立美导学和创美延学三个层次逐步推进。在"融美数学"的课堂实践中,首先要求教师能够深入挖掘教材,引导学生发现美;其次,在实施美育教学的过程中,应发扬教学民主,引导学生创造美。最后,在学习评价中,要激发学生对美的追求。以上是"融美数学"的理论解析。

纵观教材,有关"图形的旋转"的知识,二年级下册是初步感受平移旋转现象,五年级下册要求通过观察实例,认识图形的旋转,能在方格纸上将简单图形旋转90°,到了中学还有进一步的要求。从整体上看,知识呈现螺旋上升式的递进,所以本节课的学习内容起着承上启下的重要作用。以上是学材简析。

五年级学生对旋转已有一定感性经验,也具备了一定的空间想象和动手操作画图的能力。学生最大的困难在于缺少空间想象的过程,找不到图形旋转变化前后的联系,没有掌握旋转的本质特征。

本节课的设计重点突出以"问题之美"为驱动,认识旋转的三要素概念;以"节奏之美"进行探究活动,初步认识旋转性质;以"设计之美"进行观察操作,初步掌握旋转作图方法。以上是基于学情的教学策略分析。

"融美数学"视角下的设计思想:

旋转与数学美之间存在着密切的关系。旋转对称性在数学中是一种基本的美学原则,它体现了数学的简洁、和谐和统一。旋转对称性在艺术、建筑和自然界中的应用也展示了数学美在人类文化和审美观念中的影响。这节课除了进一步认识图形的旋转,明确旋转含义,感悟其特性及性质,还要会运用数学语言简单描述旋转运动的过程,能在方格纸上画出线段旋转90°后的图形。并且承担以下"融美数学"视角下的美育渗透任务,即体验数学与生活的联系,学会用数学的眼光观察生活、思考生活,感受数学的美,体会数学的应用价值。具体设计思路如下:

(1)以"问题之美"为驱动,在具体情境中认识旋转的三要素概念,经历数数的过程,感受应用美;

(2)以"节奏之美"进行探究活动,初步认识旋转性质,感受数学的和谐美、对称美；

(3)以"设计之美"进行观察操作,初步掌握旋转作图方法,利用旋转对称性创造美。

【环节一】 感美启学

唤醒→激趣

问题一：

师：厦门后溪汽车站搬家了！号称是最牛搬家！是怎么搬的呢？

师：你看到了什么？

生：平移和旋转。

师：平移和旋转是两种不同的运动方式,今天我们进一步来研究旋转。

问题二：

师：风车的旋转、秋千的旋转还有停车杆的旋转,这些旋转有什么共同的特征呢？

问题三：

师：怎样用语言描述停车杆的运动过程？

问题四：

师：小明住在F小区,他的妈妈要开车送小明去上学,这是F小区的停车杆,你能说说F小区的停车杆是如何旋转的吗？A杆与B杆的旋转,有什么相同的地方？有什么不同的地方？(教师课堂出示停车杆相关图片)

【评析】以"问题之美"感知旋转要素,感受应用美

课始,陈老师呈现"最牛搬家"视频,以建筑物的旋转制造视觉上的冲击,激发学生学习兴趣,恰到好处地联系生活实际,让学生在具体情境中认识图形的旋转,引出课题——图形的旋转。继续关联生活应用,以"风车、秋千、停车杆"为素材,提出问题：这些旋转有什么共同的特征？切入"旋转三要素"。正所谓"问题引领教学"。陈老师精心选取生活素材,以问题为导向,恰到好处地提出问题,并能够精准地把握核心,自然而然地生成所需的关键问题。从生活素材中来提炼问题,其意义在于：帮助学生学会在生活中观察并发现各种数学现象,深刻体会数学在人类社会中的重要性和实用性,体会数学背后的文化价值,进而感受数学的应用美。由生活素材生成问题又不止于问题,而是在问题上进一步深入思考：有什么共同特征？怎样用语言描述运动过程？A杆与B杆的旋转有什么相同与不同？引领学生思考：一个基本图形发生了怎样的运动。类比思

101

考:A杆与B杆的旋转有什么相同与不同?通过递进式的问题,我们的教学不再停留在直观的生活常识层面,而是更进一步引导学生深入地分析图形运动的特点。"问题之美"帮助学生在感性认识的基础上思考抽象的几何特征,由一个图形现象的研究扩展到两个图形运动现象的差异对比,在辨析中明确了旋转的含义。"怎样用语言描述停车杆的运动过程",在外显的语言描述中体会旋转的含义。在生活现象的观察比较中,感受数学的应用美。

【环节二】 立美导学

探究→联系

任务一:旋转铅笔

请将铅笔平放在桌上。

1.铅笔绕点A顺时针方向旋转90°;

2.铅笔绕点B逆时针方向旋转90°。

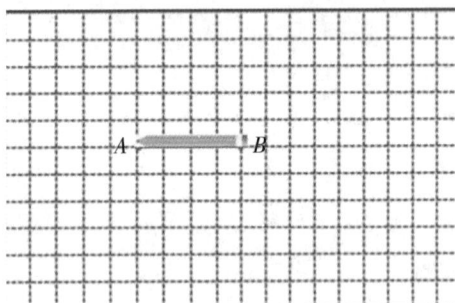

任务二:旋转线段AB

线段AB绕着点( )按( )方向旋转( )度。

任务三:钟面指针的旋转

1.从"12"到"1",指针绕点0按顺时针方向旋转了( )°;

2.从"1"到"( )",指针绕点0按顺时针方向旋转了60°;

3.从"3"到"6",指针绕点0按顺时针方向旋转了( )°;

4.从"6"到"12",指针绕点0按顺时针方向旋转了( )°。

任务四:旋转三角尺

观察旋转前与旋转后的图形:

1.什么变了?什么没变?

2.三角形的两条直角边是如何旋转的?

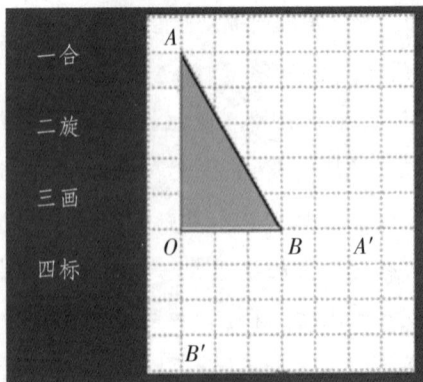

【评析】以"节奏之美"进行探究活动，感受和谐对称美

写文章，讲究详略；好听的音乐、引人入胜的影视剧，都有节奏之美，该慢则慢、当快则快，陈老师这节课把握课堂结构的"节奏之美"，奏响课堂教学的和谐之音。任务一：利用铅笔的旋转进行实物操作，巩固旋转三要素，操作过程中铅笔的长度是不发生变化的，也为后续线段的旋转做了铺垫。任务二：展示线段的旋转，在分析多种错例后，凸显旋转三要素，并为后续画平面图形的旋转做好铺垫。任务三：学生利用已有的知识计算旋转的角度，会从旋转的角度推算指针从几走到几，学会应用。任务四：在进行实物操作后，引导学生画出三角形旋转后的图形，在观察与交流中感悟旋转本质。旋转时，旋转中心位置不变，通过旋转中心的所有边旋转方向相同，旋转角度也相同，而旋转后的图形形状、大小都不变，只是位置变了，体会旋转的本质含义。

在这一系列的任务环节中学生们在操作中玩了一把数学"一合、二旋、三描、四标"。在老师有节奏的带领下，孩子们按步骤将三角尺进行了旋转，有了前面的基础，旋转的过程较为顺利。孩子们直观地看到三角尺在旋转过程中的变化，"旋转前与旋转后什么变了什么没变？"，孩子们回顾旋转的过程，观察后能够这样回答"周长、面积(大小)不变、旋转中心不变、形状不变、图形的位置变了。"这正是旋转的本质！

数学具有严谨性、抽象性等独特性，在美育过程中要引导学生发现数学独特的美，依靠渐进式的"教学节奏"。通过"节奏之美"引导学生发现数学美。陈老师设计的多个数学活动，展现了"节奏之美"的教学是循序渐进的，是润物无声的，是基于现实生活中的数学美与教材中的数学美的融合，具有"节奏之美"，使探究过程更加具有形象性、具体性，同时成为具体生动的审美经验过程的审美观教育。

【环节三】　创美延学

反馈→拓展

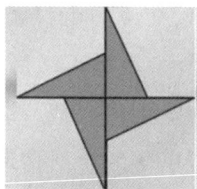

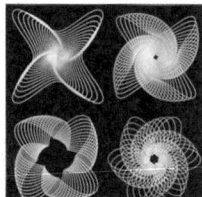

学生欣赏视频，观看各种图形旋转产生的美丽图案、建筑物的旋转造型。

制作美丽的旋转图案。

【评析】以"设计之美"在观察操作中,创造艺术美

以视频的形式播放旋转在生活中的应用,陈老师营造了一个数学的审美意境,当出现由旋转画出的美丽的图时,学生专注地看着,静静地感受旋转的美。接着视频中出现迪拜的达·芬奇旋转塔,学生们更是发出了惊叹的声音:"这是真的吗?"原来旋转还可以应用在建筑物上,能够设计出360度旋转的建筑。当处于数学审美情境之中时,学生就容易建构起良好的数学审美心理,并使数学美的直觉受到启迪,从而有利于进行数学的再发现或再创造。陈老师提出任务:创作美丽的旋转图案。由观看他人设计的作品,到自己设计作品,使教学成为一次融合愉悦与审美过程的有益探索。陈老师重视利用实物、模型、图形、多媒体等来组织直观性的数学活动,以吸引学生投入到数学学习的过程中,她鼓励学生自己动手设计,由感受美进阶到创造美。

美籍华裔物理学家、诺贝尔奖获得者李政道老师在1996年接受中央工艺美术学院荣誉教授的演讲中说:"科学和艺术是不可分割的,就像一枚硬币的两面。它们共同的基础是人类的创造力,它们追求的目标都是真理的普遍性。"数学思维在美学中具体可体现为具有逻辑严谨性、抽象性和高度概括性等特点,这些特征帮助艺术设计过程中在寻求事物的本质属性、探索事物间的联系、把握物质的结构等方面均有实在的能力。通过"基本图形"的旋转变换构造丰富多变的艺术作品。利用"设计之美",处理整体与部分的格局关系,以图形的旋转作为基本要素进行构图设计,通过各种变换形成丰富的艺术装饰手法,准确地传达美感与实用价值。

2."长方形的面积"教学案例评析

教学内容:人教版小学数学三年级下册——长方形的面积。

案例背景:

2024年4月9日,许玉虹老师代表厦门市音乐学校在厦门市直属校小学教学"新课标 新课堂"系列主题观摩研讨活动中进行展示,执教人教版小学数学三年级下册"长方形的面积"。本节课许老师构思巧妙、别出心裁,基于学生的学情及生活经验,通过为厦门市音乐学校新课桌制定桌垫的生活情境,引出主题。通过疑问,学生自主独立地进行探究并初步发现长方形的面积=长×宽,再通过同桌、小组合作等活动来验证猜想并总结出长方形的面积为什么等于长乘宽。在多元表征形式下,帮助学生经历建模过程,探究长方形的面积,体会公式的由来。整堂课环节紧凑、惊喜连连,不仅让数学学习生动落地,又在潜移默化中培养了学生建立数学模型、数学推理和抽象思维能力,让学生感受到了数学独特的魅力。本案例亦是"融美数学"在课堂教学实践的典型范例。下面节取案例片段,评析许老师如何以"多种解法""多变讨论"引导学生在赏美中获取基础知识和基本技能,在悟美中开拓数学思维,在拓美中融会贯通,塑造数学品格,实践"融美数学"的课堂样态。

"美学"与"学情""学材"融合解析:

"融美数学"主张遵循学生的数学学习及审美发展规律,通过以融致美、以美促学等途径,达到融美相成、师生共长的教学效果,使学生在数学课堂中获得学习愉悦感和成就感,核心素养得到有效培育,使师生在教学过程中获得创造和享受美的体验。"融美数学"的课堂实践按以下三个层次逐步推进,即感美启学、立美导学、创美延学。"融美数学"的课堂实践,首先要求教师深入挖掘教材,帮助学生发现美;其次,在美育教学过程中要发扬教学民主,引导学生创造美;同时,在学习评价中激发学生追求美的需求,以上是"融美数学"的理论解析。

"长方形的面积"是图形与几何拓展的关键。"长方形和正方形的面积"是人教版小学数学三年级下册的教学内容。本节课之前,学生已经掌握了长方形和正方形的周长计算的相关知识。周长的计算,其本质是长度单位的度量,而面积计算是二维空间的度量。本节课作为平面图形面积计算的起始课(或种子课),其重要性不言而喻。教材安排了三个例题,旨在引导学生通过"摆一摆、量一量和想一想"等活动,由扶到放,逐步获得长方形、正方形的面积计算方法。从即时的教学效果来看,学生对面积的计算方法掌握得不错。当我们问学生长方形和正方形的面积计算公式时,他们都能脱口而出。但如果进一步追问"为什么长(长度)×宽(长度)得到的是面积"时,却很少有学生能够说清楚。这样的结果,其实并不让人感到意外。因为学生在探索长方形、正方形的面积计算公式时,往往只停留于对个别数据的归纳,缺乏对长方形的长、宽与面积单位个数之间对应关系的洞察与理解,没能真正理解面积计算公式。那么,在教学中,如何优化学生探索长方形和正方形面积计算公式的路径,帮助他们发现并理解面积计算公式模型呢?许老师进行了如下的探索与实践。

"融美数学"视角下的设计思想:

本节课结合"非线性"小组合作学习模式,打破传统的教学模式,简化教学环节、淡化系统讲解,弱化流程控制,活化学生思维,让学生走在教师的前面。本节课的设计力求以现实生活为背景,以教学内容为基准,提供现实的、有意义的学习内容,先让学生进行适当的课前小研究,然后从学生获得的认识和困惑出发,再通过自主探究、合作交流的学习方式,做到围绕学生真实的起点开展教学。通过生生互动,师生互动,把课堂教学聚焦在学生认知难点上,让学生的思维火花得以碰撞。同时,承担"融美数学"视角下的美育渗透,"多种解法""多变数形"引导学生在赏美中获取基础知识和基本技能,在悟美中开拓数学思维,在拓美中融会贯通,塑造数学品格,实践"融美数学"的课堂样态。具体设计思路如下:

(1)经历求面积的过程,以"一题多解"呈现的多种解题思路,体会新旧知识的联系,感受统一美;

(2)在"一题多解"猜想观察中,明确每行几个乘以几行能求出长方形的面积,体会奇异美;

(3)在猜测、推理中逐步抽象出长方形面积公式的过程中,进一步感受数学符号化,体会简洁美;

(4)在疑惑中进行思维抨击,在激烈的讨论和推理中说清长方形的面积为什么等于长乘宽,以及正方形的面积求导公式,再次体会数学的统一美;

(5)营造和谐的心理环境,精选生动具体的日常生活素材,在多元中感受数学结果美化,在多变中体会数学问题简化、在多解中感悟解题方法的优化,使教学成为师生愉快的审美过程,使课堂的育人活动生发出教育之美。

【环节一】 感美启学

唤醒:创设情境,以旧引新。

课前游戏:

师:同学们,你们会求面积吗? 咱们玩个课前小游戏,比一比,谁求得快,准备好了吗?

预设:8 cm²

预设:9 cm²

预设:10 cm²。

师:这三个图形,有什么相同点和不同点。

预设:

不同点:面积不同,图形不一样。

相同点:有几个 1 cm^2,面积就是几平方厘米。

师:是的,面积大小与形状无关,有几个 1 cm^2,面积就是几平方厘米。上课。

【评析】具象与抽象更迭,感受数学统一美

正如罗丹所说,生活中不是缺少美,而是缺少发现美的眼睛。因此,教师应当积极引导并鼓励学生去发现美,任何形式的审美教育如果脱离了具体而生动的审美体验,或者脱离个体的审美情趣而强行灌输美学观念,都不可能取得预期的美育效果。

学生体会到求面积就是用面积单位铺摆图形,一个图形的面积有多大,只要看它包含了几个这样的面积单位,为接下来理解"求长方形的面积就是求长方形中含有几个这样的面积单位"这一知识本质奠定了基础。感知身边数形结合的数学简洁美、统一美的存在。在美的熏陶下,使学生获得感情的共鸣和思维的启迪,激发学生以极大的热情去学习数学,从而达到主动建构理解知识的教学目标。

【环节二】　立美导学

激趣:问题驱动,激发兴趣。

师:小朋友,你们都是音校小主人。近期学校新买了一批课桌椅,为了保护桌面,学校决定定制一批桌垫。购买时除了颜色、价格,还需要考虑什么数学问题呢?(预设:买多大的桌垫)

师:怎么解决这个问题呢?(手势比画,指长方形,肢体暗示)

生:求长方形的面积。

师:你真有数学眼光,能从生活中发现数学问题,这节课我们一起来探究长方形的面积。

(板书:长方形的面积)

【评析】课堂是培育美的主阵地,学生从生活情境中提炼出数学问题,发现数学在生活中的美,能够有效地激发其探究新知识的强烈愿望。设置生活美情境,演绎数学外延美。

【环节三】　创美延学

探究:具身参与,合作交流。

1.自主探究,合作验证。

师:为了帮助大家探究,老师准备了 1 cm^2 的正方形,每个人的数量不同。

可以用它解决问题。

任务一:求长方形的面积

师:请看活动要求。

师:看明白的请举手,拿出学习单完成任务一,开始。

2.学生独立探究,师巡视,寻找上台交流对象。

(1)同时出示铺满和只铺一行一列。

师:同学们的方法可真多,瞧,这两个方法都能求出面积吗?

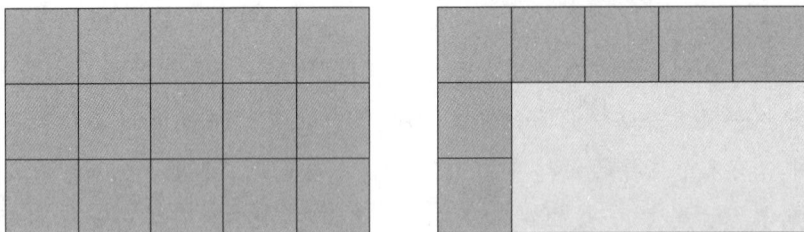

师:1号小老师,你是怎么想的?(在位置上)

预设1:可以,用15个小正方形铺满了,一共有15个小正方形,面积是15平方厘米。

板书:小正方形个数和长方形面积。

生:我是用算的,每行5个乘以3行等于15个。

师:有时候算比数更简便,明白了。那用7个也能求出面积吗?请2号小老师上台说一说你的想法。

预设2:第二个也可以,一行摆了5个,可以摆这样的3行。就是5×3=15个。(板书:5×3=15)

预设:为什么只铺7个,就能知道面积是15。

(生或师)追问:那这个5和3分别表示什么?(板书:每行个数、行数,把板书都补充完整。)师:谁听明白了?

板书:5 —→ 每行几个 3 —→ 几行 15 —→ 小正方形的个数

预设:5表示每行5个,3表示摆了3行,15表示摆了15个小正方形。

师:谢谢你的分享,但刚刚老师还看到了只用1个小正方形就求出面积的,你们想知道他是怎么想的吗?请他上台分享。

(2)用1个正方形量。

预设:我就用了一个小正方形,在这两条边上量一量,作了一些记号,我发现,每行能摆5个,能摆3行,所以一共能铺满15个小正方形,面积是15 cm²。

师:你太会想象了孩子,1个也就能算出面积。谢谢你的分享。

（3）量长和宽。

师:下面这个同学好像更厉害了! 不用小正方形就能求出面积,我们一起听他说说。

预设:我没用小正方形,我用尺量了量,长是5 cm,每行就要摆5个;宽是3 cm,要摆这样的3行,5乘3等于15,面积是15 cm²。(板书:长和宽)

预设:为啥只量长和宽就能求面积?

预设:1个表示正方形的边长是1 cm,长5 cm一行铺5个,宽3 cm铺3行,就是15个。

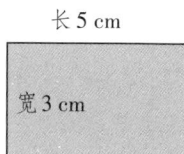

师:谁听明白了?

预设:1个表示正方形的边长是1 cm,长5 cm一行铺5个,宽3 cm铺3行,就是15个。

师:真有道理。

对比4种方法,同桌讨论相同点和不同点。

师:在刚刚的探究中,用了这么多方法解决问题,仔细观察它们有什么相同点和不同点呢? 先独立思考,再和你的同桌说一说。

预设1:方法不同。

预设2:面积都是15 cm²。

预设3:方法不同,但是都是可以用每行5个乘以3行等于15个。

师:谁听明白了?

预设:方法不同,但是都是可以用每行5个乘以3行等于15个。

师:是呀,都在求每行个数乘以几行等于正方形总个数

【评析】多种解法,感受数学方法和结构的简洁美

"面积"为"面的大小",指向所要度量的平面中所含单位正方形的个数,由此推断长方形的面积就对应着其所含单位正方形的个数。求所含单位正方形的个数方法多样,可以直接数,也可以用每行的个数乘行数。在教学中引导学生借助面积单位,从铺满到只铺一个,再到做标记,最后到只量长和宽,对比不同的铺法,引导学生感悟长方形的面积就是看长方形中有多少个1 cm²的面积单位,在面积单位逐步减少的过程中,渗透每行个数、行数和面积单位总个数之间的关系。学生再次通过操作,经历从铺边到斜铺,再找出长和宽是逐步抽象的过程,以"形"辅数,从二维逐步过渡到一维,初步感知长宽与面积的关系。单

纯的归纳是不够严谨的,只有在理解度量本质的基础上,以数解形,沟通长和宽与每行单位面积的个数和行数才能真正让孩子推导和理解长方形的公式。最后通过实践再次进行验证,用公式进行计算,巩固认知。

学生通过操作经历从铺满到铺边,再进行面积单位的测算,初步感知长宽之积与面积的对应关系。在这个完整过程中,几种图形整体呈现就形成了结构,恰是度量方法逐步优化的过程,感受到数学独特的简洁美,学生的思维也从直观形象层面上升到空间想象与抽象推理的阶段。教学中通过课件演示和数数,学生的思路逐渐清晰,很好地解释了长和宽在面积公式中表示的实际意义。学生在深度学习中不仅真正理解了公式的内涵,还体会到了长方形面积求导中数学方法的统一美。一题多解,数量与形态统一,感受数学美。

3.验证其他长方形面积是不是符合长×宽。

师:那么,你们认为长方形的面积该怎么求?

生:长方形的面积=长×宽。

(板书:长×宽=长方形的面积)

师:这个长方形是这样,其他的长方形呢?(停顿3秒钟)我们要先对这个猜想打个问号。(手势比画一下)

师:不着急,今天,老师在信封中藏了各种各样的长方形,小组合作,来验证这个猜想是否正确,请看活动要求。

师:有不明白的地方吗? 提出来。

任务二:

填一填,想一想,你发现了什么?

	长/cm	宽/cm	面积/cm²	铺满时小正方形的个数/个
图( )				
图( )				
图( )				
图( )				
我的结论				
我的疑惑				

师:请这个小组同学上台分享。

生汇报:我们的结论是长方形的面积=长×宽。

师:和他们有一样结论的请举手。

【评析】严谨的数学态度,概括数学公式

数学操作活动中,先通过对众多例子的观察与比较,寻找出隐含的规律,从而得到基本猜想;再通过进一步举例来验证猜想,得出结论。在这个过程中,为了尽可能保证数学推理的严谨性,具备了这样的合情推理经验,在之后的数学学习中,学生就会用同样的思维来观察生活或数学中的现象并思考问题。在这个环节中学生通过直观操作、观察,将每行的个数和行数相乘得到长方形的面积,在一系列验证的基础上概括出长方形的面积公式。

以此作为对长方形、正方形面积计算公式的验证,看看它是不是可以成为科学的结论。这一教学环节,不仅锻炼了学生动手操作的能力,更重要的是培养了学生实事求是、认真严谨的科学态度。

从数学语言与符号的角度出发,用简单的数学公式概括出了长方形的面积,从而欣赏数学形式的简洁美和和谐美。

【环节四】　悟美善学

联系:引导勾联,建构脉络

4.讨论长方形的面积为什么等于长×宽? 正方形的面积=长×宽吗?

师:刚刚老师还看到了有小组有这样的疑惑,我们一起来看看。

出示疑惑1:为什么长方形的面积=长×宽?

出示疑惑2:正方形的面积=长×宽吗?

师:我们先看第一个问题,能解决吗? 不着急,先独立思考,再和同桌说一说。

预设:因为这么多的长方形长都表示每行几个,宽都表示几行,长表示每行摆几个,宽表示几行。长×宽算的是小正方形的总个数。(板书:长→每行个数 宽→几行)

师:谁听明白了?

预设:长×宽算的是小正方形需要的总个数。

师:谁也听明白了。

预设:长×宽算的是长方形里需要小正方形的总个数。

师:我们再看看第二个问题? 同意吗? 这样吧,我们投票吧。

(请选对的说)

生:正方形是特殊的长方形,长和宽都相等。正方形中叫边长,所以是对的,不过要写边长×边长。

师:同学们,你们太了不起了!探究了这么多的长方形,都符合这个猜想。长方形各不相同,但面积都等于长乘宽。在探究的过程中还有这个意外的发现,正方形的面积=边长×边长。(结论:学生说,手势比画一下)

师:这节课我们用自己的想法探究出了长方形的面积。那我们最开始的问题,你能解决了吗?(环节三中的求面积)

生:面积是 15 cm^2。

师:和她一样的请举手。

(周长、面积、体积的勾连)

师:同学们,我们已经掌握了长方形的周长和面积的求法,回想一下,求它们有什么不同点?

预设:不同点是公式不一样。

师:其实啊,不管是求周长还是面积都是在数单位的个数,有几个 1 cm 周长就是几厘米,有几个 1 cm^2,面积就是几平方厘米。从一维的周长到二维的面积,今后还要迈进三维的世界,还要继续数单位的个数吗?让我们今后继续探究。

【评析】组织讨论,悟数学之美

通过课堂讨论,聚焦问题"长方形的面积为什么等于长乘宽"展开探讨,这正是审美课堂的构建策略。学生经历了画一画、摆一摆、填一填、比一比、看一看、想一想等活动,在多重感官的参与下,逐步逼近长方形面积公式的本质内涵。学生在长方形面积公式的推导中,积累了不完全归纳推理的经验。在这个过程中发现长方形的长是几,每行就摆几个单位正方形,宽是几,就摆几行。深刻地感悟数学之美,激发学生的思维,探索美妙的数学之美。

正方形是特殊的长方形,即长方形中的特例。正方形面积公式,是基于正方形的特点并通过沟通正方形边长与长方形长、宽之间的关系,在更具一般性的长方形面积公式基础上推导出来的。学生经历了正方形面积公式的推导过程后发现,可以尝试从一般性结论推导出特例。双向推理经验的感受,丰富学生推理认识的同时,打开了学生的数学思维之门。深刻地感受数学的抽象与推理之美。

【环节五】　拓美巩学

反馈:巩固运用,差异发展。

师:这节课咱们掌握了长方形面积公式,有这个法宝,我们就可以很快地解决问题。

解决问题1

师:同学们这是? 对的,你能估一估面积有多大吗?

预设:12 m²。

预设:20 m²。

师:怎么知道谁估得准?

预设:知道长和宽,就能求面积了。

师:(出示长和宽)能解决了吗?

生按下选择键。

师:恭喜你们都答对了,那估对了吗?

解决问题2

师:还有信心接受挑战吗? 看这是咱们学校的文明宣传栏,你能很快解决这个问题吗? 快拿出学习单试一试吧。

音乐学校走廊挂着的文明宣传板。想给这整块宣传栏定制一块玻璃保护板,选择(　)平方分米的长方形玻璃板。

A.26　　　B.15　　　C.75　　　D.40

师:谁选择A,你是怎么想的?

预设:A选项算的是周长。(说算法)

师:同意吗?

生:不同意,这个在求周长。

师:是呀,周长和面积是不一样的。请用红色描出面积,蓝色描出周长。

解决问题3

师:还想继续挑战吗? 打开学习单完成解决问题。

师:都选择A,谁来说说你的想法?

预设:将这些小正方形移一移,知道每行有8个,可以摆3行,面积就是8×3=

24平方米。

师:同学们,都同意吗?移一移就能知道长和宽了,你们真了不起。

厦门市音乐学校为迎接35周年校庆,决定把校史馆一部分的地砖换成黑白相间的样式(如图),1块地砖的面积是1平方米。新铺的面积是( )平方米。

A.24 B.8 C.22 D.28

【评析】练习多层次,开阔育人视野

练习的目的不仅是让学生体会到数学与生活的联系,还能学以致用。从公式的表达到公式的运用,进一步让孩子感受面积公式符号化。这几道练习题让学生利用所学的长方形、正方形面积公式,解决实际问题,既达到了巩固新知识的目的,又让学生尝到了成功的喜悦。

练习的设置让学生经历估算的过程,提高学生的量感。题目设置由易到难,从直接能算成面积到需要求出长和宽,再算出面积。此过程能巩固学生的知识点,还能培养学生的数学思维拓宽学生视野。

从生活中来,再到生活中去,旨在提高学生欣赏生活中的数学美的能力。并感受自己从发现美、感受美、创造美中获得的满满自豪感。

【环节六】 拓展:学后反思,评价延伸

师:同学们,这节课我们探究了长方形的面积,其实,早在两千多年前的古人也已经探究了,我们一起来看看。

师:这节课,你们有什么收获呢?

【评析】品数学历史人文,感艺术之美

以微课的方式展示给学生,可以增加学生数学兴趣,感知到数学历史知识的延续,给予人文价值,爱国主义教育有助于发展学生多元化感受数学的由来和伟大。从数学文化、学科特点与课堂教学三个方面提出数学美育的教学策略,具体为将数学历史人文融入课堂教学,感受数学艺术美和道德美、心灵美。

三　统计与概率领域

"条形统计图"教学案例评析

教学内容:人教版小学数学四年级下册——条形统计图。

案例背景:

2019年10月15日上午,厦门市李玲玲名师工作室暨天心岛小学数学教研组基于共同体的课堂观察研讨活动在厦门市海沧区天心岛小学开展。工作室核心成员黄丽萍老师执教人教版小学数学四年级下册"条形统计图",并于2021年10月3日在省教育学院承办的省小学数学教师提升培训班开课,取得了良好的效果。本节课创设贴近学生生活的研学情境,让学生在美的感受中体验进一步整理数据的必要性。课前的学习单唤醒学生有关统计的知识经验,通过分享交流,让学生体会到统计表和象形图的特点,为后面的学习打好基础。将课堂最大限度地还给学生,引导学生主动参与和经历条形统计图的产生、形成以及数据的收集、整理、描述和分析过程,并作出合理的判断,引导学生形成统计观念,积累统计活动经验。黄老师善于引导学生进行比较和优化,学生的思维打开了,课堂变得高效、有效。本案例亦是"融美数学"在课堂教学实践的典型范例。下面节取案例片段,评析黄老师如何从"创设情境""问题驱动""具身参与""联系生活"中引导学生在发现美中解决数学问题,在创造中感悟数学美,在交流中体会合作美,在运用中实现融合美,实践"融美数学"的课堂样态。

"美学"与"学情""学材"融合解析:

"融美数学"中感美启学、立美导学和创美延学,这一理论框架为教师提供了有益的指导,在教学实践中促进学生的全面发展,培养他们的审美情操和数学素养。

"融美数学"理念的贯彻落实需要教师不断提升自身的教育水平和审美修养,同时深入了解学生的需求和特点,根据不同学生的情况进行个性化的教学设计。同时,教师应在课堂教学中注重激发学生的兴趣和创造力,引导他们积极参与到美育教学活动中,共同感受数学之美,实现"融美数学"教学目标。

通过"融美数学"教学理念的实践,可以使学生更深入地理解和体验数学的美丽,激发他们对数学学习的热情和动力,为其全面发展奠定坚实基础。希望教师们能够积极贯彻"融美数学"理念,为学生营造更具启发性和美感的学习环境。

"条形统计图"是统计与概率领域的知识。对于这一内容的学习,学生已有的积累主要体现在这两个方面:首先,学生分别在一年级下册和二年级下册、三年级下册已经认识了象形统计图、单式统计表和复式统计表;其次,部分同学还在报纸杂志上见过条形统计图,能从统计图中读取部分信息,但并不知道统计图的名称,也不清楚它的特点。基于学生的认知起点,在备课时我们确定了本课的教学目标首先是"认识条形统计图和它的特点,并从图中获取信息"。在2022课标中,原来大家所熟悉的"数据分析观念"也被调整为"数据意识",并把它列为十一大核心概念之一。源于对课标和教材的反复研读,我们认为,本课教学如果只是定位在"认识条形统计图和它的特点,并从图中获取信息",那么课堂教学的过程就应该只是制图的技术问题和千篇一律的"你发现了什么信息"。统计的核心是数据分析,由此看来,发展学生的"数据意识"才是本课教学的要义。通过结合实际问题,根据统计图进行简单的数据分析,作出合理的判断。这样把数据分析与解决问题结合在一起,使学生更好地理解统计在解决问题中的作用,逐步形成统计观念,积累统计活动经验。

以上是基于学情的教学策略分析。

"融美数学"视角下的设计思想:

如何在有限的数学课堂教学中实现这一目标呢?基于学生的认知起点,源于对2022课标和对国内各个教材意图的反复研读并逐步领会,黄老师设计了该课堂的框架:创设情境数据收集—提出问题整理数据—展示交流认识条形统计图—分析数据获取信息—读统计图拓宽认知。着重突出以下两方面。(1)知识的生长。注意体现条形统计图的特点。教学时,应从两个方面来体现条形统计图的特点:一是与统计表、象形图的对比;二是不同条形图之间的对比。例如,新课通过与统计表、象形图的对比,让学生认识到条形图可以更直观清楚地看出各类数据的多少。再如,采用纵向条形图还是横向条形图需要根据实际问题的具体要求来决定,有时是为了版面安排的需要,有时是为了更准确地描述数据。这样,结合具体实例,让学生在对比中加深对条形统计图特点的认识,学会灵活运用统计知识来分析问题和解决问题。(2)合作过程的经历。将课堂最大限度地还给学生,引导学生主动参与和经历条形统计图的产生、形成以及数据的收集、整理、描述和分析过程,体现数学的创造美,并作出合理的判断,引导学生形成统计观念,积累统计活动经验。学生对数据的读取可分为三个层次:

①数据本身的读取,包括用能够得到的信息来回答具体的问题,这个题图表中有明显的答案;②数据之间的读取,包括找到图表中数据间的关系(比较好、最好、最高、最小等)和对数据进行操作(加、减、乘、除)等;③超越数据本身的读取,包括通过数据来进行推断、预测、推理,并回答具体的问题。教学时,应结合条形统计图呈现数据的特点,引导学生从不同角度提取有用信息,逐步提高学生从统计图中获取数据信息的能力。本节课,紧扣以上两个方面,引领学生融入数学活动,从而实现融美教学的整体达成。

【环节一】 感美启学

唤醒→驱动

1.情境引入:同学们,又到了研学的季节,阳光小学黄老师调查了本班学生最喜欢去游玩的地方的人数,调查结果用之前学过的统计表记录如下:略。

2.根据情境,提出探究任务:本班学生最喜欢去的地方各有多少人? 你能用表格或画图的方式把它们清楚地表示出来吗? 比一比谁的方法多……

【评析】情境导入,任务驱动,感受数学美

法国著名的数学家庞加莱说过:"数学是一个非常有趣的主题,因为它的目标不仅仅是解决问题,而是发现美。"因此教师要首先要感美启学,深入挖掘教材,感受数学来源于生活,在任务驱动中,任务本身被赋予一种美感和吸引力,学生在完成任务的过程中享受到美的体验和满足感。这种美感可以来源于任务的挑战性、创造性、互动性,以及任务完成后带来的成就感和满足感。

情境美是一种综合性的美感体验,通过课前创设贴近学生生活的研学情境,让学生体验进一步整理数据的必要性,课前学习单唤醒学生有关统计的知识经验,新旧衔接,自然引入探究,这种美感可以激发人们的创造力、合作精神和成就感,让学生在任务完成过程中获得更多的启发和乐趣。

【环节二】 立美导学

探究→联系

1.出示合作要求。

师:学习单大家课前已完成了,为了提高小组交流的效果,请大家一起来认真看一看交流的要求:

(1)每个成员,按顺序依次交流自己的方法。

(2)"说"的同学,要清晰表达,努力让其他同伴听懂你的想法。

(3)"听"的同学,要认真倾听,并和自己的方法进行比较。

2.全班交流,层层深入。

(1)依次出示作品:统计表→象形统计图→条形统计图的雏形。

师:老师挑选了一些有代表性的作品,咱们一起来看。

请生介绍统计表。

科技馆	农家乐	游乐园	植物园
9	5	8	6

(2)展示象形统计图。

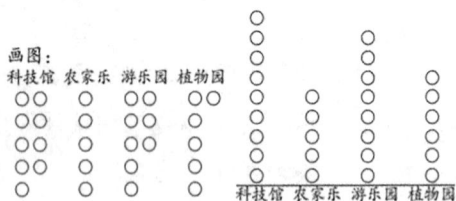

画图:

师:你觉得这种方法怎么样?

生1:还得数一数才能知道有多少人。

生2:这种能一眼看出哪个最多,哪个最少。

师:通过看它们的高矮,就能一眼看出哪个最多,哪个最少。

师:看来,用图形表示的方法能够直观地进行比较。

师:观察这些统计图,大小不等、距离也不相等,还要数。

同桌交流:有什么办法能使统计图距离、大小都相等呢?

生1:画格子、标上数据。

生2:可以像盖房子一样叠上去。

条形统计图的雏形:

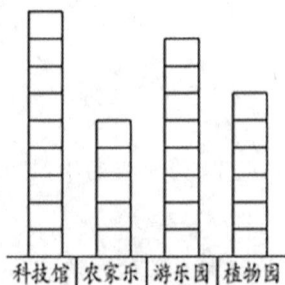

师:通过看它们的高矮,就能一眼看出谁多谁少。

师:看来,用图形表示的方法能够直观地进行比较!

3.因势利导,创造新的统计方法——条形统计图。

(1)标准统一,形成条形统计图。

问题:观察这些统计图,大小不等、距离也不相等,还要数。

同桌交流:有什么办法能使统计图距离、大小都相等呢?

生:画格子、标上数据等。

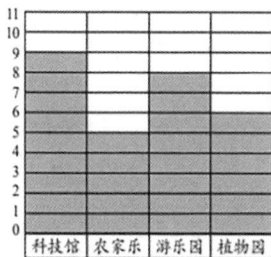

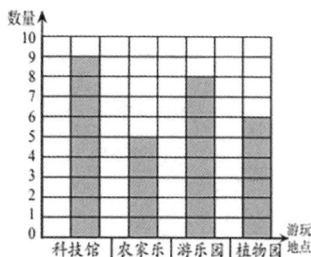

(2)课件出示条形统计图。

揭示课题:条形统计图。

4.初步进行数据分析。

(1)交流探究:请生读图。

学习要求:A.从图中,你读懂了什么? B.重复的不再说,有不一样的及时补充。

全班交流。

预设:认识条形统计图的结构特点、看出数量的多少、比多少、总数等。

板书:标题、横轴、纵轴、直条、数据。

(2)同桌交流:统计表和今天学习的条形统计图各有什么特点呢?

师:如果要看出谁最多? 怎么办?(隐去数据,让生体验条形图不仅能够清楚地看出数量的多少,而且更加直观形象、便于比较。)

【评析】深入交流,优化对比,体验创造美

条形统计图是一种常用的图表形式,用来展示各种类别之间的数量或比较数据,它的优点在于直观、易于理解,能够快速抓住数据的关键信息,在交流合作中进行比较和分析。与传统的统计表相比,条形统计图更具可视化特点,让数据更具有说服力和吸引力。

在小组交流中,明确合作要求,通过按顺序交流自己的方法,确保每个成员都有机会分享并倾听其他人的想法。这种方式可以增进相互理解,促进团队合作,有助于培养学生的表达能力和倾听技巧。强调"说"的同学需要清晰表达,努力让其他同伴理解自己的想法,这有助于提高沟通效果,避免信息传达不清晰造成误解。同时,"听"的同学要认真倾听,并将自己的方法与他人进行比较,这样可以促进思维碰撞,激发新的想法,有助于团队共同进步,彰显合作美。

紧接着,通过引导学生对统计表和象形统计图的优点进行融合、缺点进行改进,创造出新的条形统计图,可以让学生更加直观地理解数据,从而更好地发现规律、分析数据,提高数据分析和解决问题的能力。同时,通过比较不同形式的统计展示方式,学生可以更全面地了解不同方法的特点和适用场景,培养数据分析观念和统计思维,体验创造美。

引导学生通过阅读条形统计图,从中获取信息、分析数据并作出合理判断,可以帮助他们培养批判性思维和逻辑推理能力,体验数学的理性美。通过实际的统计活动,学生可以逐渐积累经验,提升数据处理和分析的技能,为将来更复杂的数据统计和研究打下基础!

【环节三】创美延学

反馈→融通

出示学习单:看了第____幅图,我想说_____。

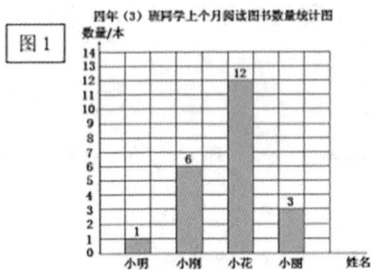

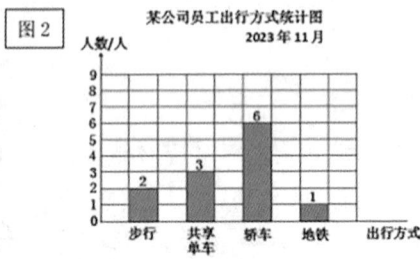

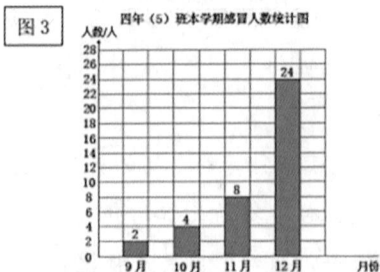

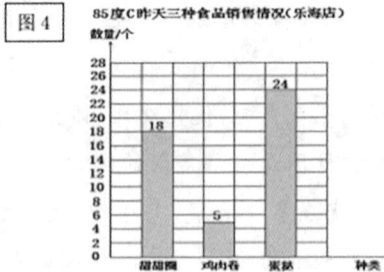

师:由此可见,通过对图中数据的分析,我们还能对后期发展进行预测!

与横向统计图进行比较。

介绍特色统计图。

师:其实,统计图还有很多种,像这些……不止如此,统计图的历史还非常悠久!

回顾之前学习统计的知识,建立知识脉络。

(一下)象形统计图 ⟶ (二下)统计图 ⟶ (三下)复式统计图 ⟶ (四上)条形统计图 ⟶ (五下)折线统计图

师:今天这节课我们通过数形结合,创造出了条形统计图。通过分析条形统计图,还能帮助我们进行预测和决策。你有什么收获?

这节课我们对统计图的学习只是一个开始,以后我们还会进行更加全面、更加深入的学习!

【评析】一题多选,建立脉络,感受数学美

通过横向、纵向、多样的对比练习,学生不仅可以增强对统计图表的理解,还可以初步体会到统计分析在预测和决策中的作用。这有助于培养学生的数据分析能力和逻辑思维能力,让他们在面对真实生活中的问题时,能够运用所学的统计知识进行分析和判断,做出明智的决策,感受数学的应用美!

将学习统计知识与之前的知识进行联通,建立知识脉络,有助于加深学生对统计学习的理解和应用。通过不断地扩展知识网络,学生可以将所学的知识进行整合和运用,形成系统化的学习体系,提高知识的连贯性和应用能力。帮助学生更好地理解学习的价值和意义,感受数学来源于生活,并应用于生活!

四 综合与实践领域

"体育中的数学"教学案例评析

教学内容:人教版小学数学五年级下册——体育中的数学。

案例背景:

本节课属于综合与实践领域,综合运用数学知识及其他学科知识解决问题的主题活动,体育中的数学,比如比赛场次在我们生活中比较熟悉,因此,本案例借助学生以往的学习经验来引导,结合体育、信息技术等其他学科知识,关注学生是否会用数学的眼光,从现实场景、真实情境中发现和提出数学问题,运用数学和其他学科的知识与方法解决问题、获得结论,以及是否能将结论用于解决一类或几类问题。本案例亦是"融美数学"在课堂教学实践的典型范例,旨在提升学生的学习能力,发展其核心素养。下面通过案例分析,评析如何从"课前预学""课上共学""课堂评价"中引导学生在体育中发现数学问题,在创造中解决问题,感悟数学美,在交流碰撞中体会思维美,在运用中实现融合美,实践"融美数学"的课堂样态。

"美学"与"学情""学材"融合解析:

"融美数学"的课堂实践按照感美启学、立美导学和创美延学的三个层次逐步推进,旨在培养学生的审美情操和数学素养。教师在实施"融美数学"教学理念时,需要深入挖掘教材,帮助学生发现数学中的美,通过选取具有美学特点的数学问题、引入数学中的艺术元素或应用等方式来实现。

在美育教学过程中,教师发扬教学民主,引导学生创造美,通过组织学生进行小组讨论、开展小型项目或实验等活动来实现,让学生参与实际操作和创作,激发他们的创造力和想象力,培养他们的审美素养。

同时,教师在学习评价中也应激发学生追求美的需求,通过赞赏学生的美学思维、鼓励他们的创新表达,采用多样化的评价方式,如口头表达、作品展示、评价回顾等,来促使学生在学习过程中追求美的目标。

为了贯彻落实"融美数学"的理念,教师需要不断提升自身的教育水平和审美修养。他们需要深入了解学生的需求和特点,并根据不同学生的情况进行个性化的教学设计,注重激发学生的兴趣和创造力,引导他们积极参与美育教学活动,共同感受数学之美。

教师通过实践"融美数学"教学理念,可以使学生更深入地理解和体验数学的美,激发他们对数学学习的热情和动力。这不仅有助于提高学生的数学素养,还为他们的全面发展奠定了坚实的基础。希望教师们能积极贯彻"融美数学"理念,为学生营造更具启发性和美感的学习氛围。

"体育中的数学"一课,是人教版小学数学五年级下册"综合实践"单元的第一课,属于数学课程中"综合与实践"这一学习领域的内容。它以乒乓球赛为主题,引导学生综合运用所学知识,解决体育赛场上的有关数学问题,在让学生获取知识的同时,体会数学与体育之间的联系,进一步体会数学的应用价值,激发学习数学的兴趣。本节课重在引导学生综合运用所学的知识,解决有关的数学问题。对于小学五年级的学生来说,他们的思维正处于从形象思维向抽象思维过渡的阶段。在分析数学问题时,教师可引导学生画图,利用几何直观探索解决问题的思路,不断比较、创造和发现,在美美与共的课堂中感受数学的魅力。以上是基于学情的教学策略分析。

"融美数学"视角下的设计思想:

2022课标把培养实践创新能力作为重要目标,强化"综合与实践"领域的学习,提出主题活动和项目学习两类课程内容。数学主题活动是将结构化的数学知识和学生日常的生活经验加以整合与联系,有机地组成一个数学主题,并以这个主题为主线,按照学生的认知规律,以学生喜闻乐见的场景为背景、以数学问题为切入口、以寻求解决问题的途径与方法而展开的教学活动。小学数学"综合与实践"主题活动以"主题活动各学段要求""主题活动各学段内容""主题活动实施过程""主题活动的设计"等为基本要求,旨在帮助学生获得基本的活动经验,感悟数学的价值,发展核心素养。新课标指出主题活动分为两类。第一类,融入数学知识学习的主题活动。在这类活动中,学生将学习和理解数学知识,感悟知识的意义,主要涉及量、方向与位置、负数等知识的学习。第二类,运用数学知识及其他学科知识的主题活动。在这类活动中,学生将综合运用数学知识解决问题,体会数学知识的价值,以及数学与其他学科的关联,本节"体育中的数学"就属于这一类。

本节课主要借助解决"体育比赛当中淘汰赛制"的实际问题,引导学生通过列表、画图的方式寻找实际问题中蕴含的简单规律,体会图表的简洁性和有效性。在解决问题的过程中,让学生学会"从简单的情形开始寻找规律"的解决问题的策略,提高解决问题的能力。学生只有自己亲身体验了从繁到简的过程,才能体会到新方法的可贵。本节课设计过程重在让学生体会策略、经历过程,而不是套用公式计算,同时培养学生的探索、归纳、推理的能力。这样的教学过程,教师仅仅是引导者、合作者、组织者,学生才是真正的主角,让学生去经历思维生长的过程,加深理解体育淘汰赛制所蕴含的数学原理,依据实际情况灵活解决问题,进一步体会解决问题的策略,在数学活动中积累经验,渗透推理意识、数形结合、模型思想的培养,发展学生的数学思维。同时,引导学生将数学眼光转向社会与生活,感受数学与现实生活的密切联系,感受知识在生活中的应用,培养学生综合应用知识的能力和数学意识。本节课,引领学生总结他们在活动过程中发现的规律和采用的策略,并展示他们的解决过程和思考方法,鼓励学生相互交流和分享,促进思维的碰撞和成长,从而实现融美教学的整体达成。

【环节一】 感美启学

唤醒→驱动

预学反馈、明晰规则。

1.请阅读以下材料,并回答问题。

淘汰赛是体育比赛中的一种赛制,它的规则是:参赛队员两人一组进行比赛,胜者晋级,负者淘汰;再由胜的两人一组进行下一轮比赛,胜者晋级,负者淘汰,这样一直进行到决出冠军为止。(例如:ABC三人参加比赛,A与B比,C直接晋级下一场,A与B的获胜者再与C比赛,胜者为冠军;ABCD四人参加比赛,A与B比,C与D比,两组中胜的人再进行决赛,胜者为冠军)

从阅读材料中,我了解到的比赛规则是什么? 怎么进行淘汰赛?

2.全班交流,展示作品:什么是淘汰赛? 什么是轮空?

生1:轮空是指在比赛或竞赛中,某个参赛队伍或选手在某个回合或轮次中没有对手,因此可以直接晋级到下一轮或轮次,无须进行比赛。轮空通常发生在比赛参与者数量不是偶数或是某些选手或队伍事先被安排免除参赛的情况下。

生2:在轮空的情况下,被轮空的参赛队伍或选手会因为没有对手而自动晋级到下一轮,无须参加实际的比赛。轮空对于被分配轮空的参赛者来说是一种有利的情况,因为他们可以跳过一轮比赛,获得额外的休息时间或更长的备战时间。

生3:轮空在许多竞技体育比赛中都存在,包括网球、羽毛球、乒乓球、足球、篮球等。在这些比赛中,轮空是基于抽签或预定的方式来确定的,以确保比赛的进行和公平性。

【评析】情境导入,任务驱动,感受数学美

通过创设情境,可以吸引学生的注意力并激发他们对学习的兴趣。真实的情境可以让学习变得更加生动有趣,从而提高学生的参与度和主动性。让我们一起沉浸在一个数学的情境中,并与实际问题相结合,想象一下:你正在参加一场乒乓球比赛,这是一场充满挑战和激动的比赛,比赛规则是什么呢? 何为轮空? 学生通过课前预学,上网查阅资料,自主学习和准备,提前了解要学习的内容,丰富知识,提高学生的学习动机和积极性,并准备展示自己的实力,将进一步运用所学的数学知识和技巧,分析、推理和解决问题,感受到数学美的魅力!

正是这种感受,让学生对数学充满了热爱和探索的欲望,渴望更深入地理解数学,挖掘更多的数学美。数学不仅仅是一门学科,它是一种美的表达和探索,让我们一起继续体验数学的美妙吧!

【环节二】　立美导学

探究→联系

二、数学思考,理性刻画

1.天心岛小学有1 889名学生,采用淘汰赛的方式,举行一次乒乓球比赛。要考虑哪些问题?

生1:要考虑轮空的问题。

生2:要考虑进行几场比赛?

2.问题:有311人参赛,一共要进行几场比赛?

生:人数太多了,可以从简单的开始研究。

生:对,化繁为简是我们学习数学的重要方法。

3.探究任务一:如果有( )个参赛选手,一共要进行几场比赛?

请你从2~10人中任选1个或几个数,试着用画一画或算一算的方式,求出一共要进行几场比赛?

①先独立思考;　②四人交流;

③最后汇报:研究几人,一共几场?

生1:我选的数是2人,2÷2=1(场)。

生2:我选的数是3人,有1人轮空,3÷2=1(场)……1(人),1+1=2(场)。

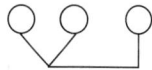

生3:我选的数是4人,4÷2=2(场),2÷2=1(场), 2+1=3(场)。

生4:我选的人数是5人,有1人轮空,5÷2=2(场)……1(人),(2+1)÷2=1(场)……1(人),(1+1)÷2=1(场),2+1+1=4(场)。

……

4.发现规律:观察这些数据,对我们研究311人有帮助吗?

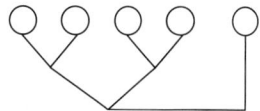

①独立思考;

②集体交流:311人比赛要进行几场比赛?

生:我发现轮空与余数有关。

生:我发现总场数等于总人数减1,311人比赛要进行310场比赛。

生:我发现人数是偶数没有轮空,人数是奇数有轮空。

探究任务二:对于这个研究结果,你还有什么想问的?

生:为什么总场次等于总人数减1?

生:轮空人数与余数有什么关系呢?

【评析】深入交流,优化对比,体验创造美

数学美体现在问题的简洁与优雅之中。当学生找到一个巧妙的解决方法,感受到了数学思维的力量和美妙,发现问题中隐藏的规律,看到数学的逻辑和推理在问题中的应用,这种美感让思维愉悦,让人感受到数学的深度和丰富性。当学生用自己的方式解决问题,画图、列式,数形结合千般好,学生开始欣赏解决问题中的结构和对称性,感受数学的智慧和创造力。在这个过程中,不仅仅是在解决问题,而是在感受数学的美,将数学作为一门艺术,思维和创造力在这个过程中得到了充分的展现,享受这个与数学共舞的时刻。

通过深入交流,教师与学生之间可以进行有意义的对话和互动,激发学生对数学的兴趣和探索欲望。通过优化对比,引导学生之间的交流和思想碰撞。学生找到了体育中的数学的奥秘,并建立了模型"比赛的场次=总人数-1"。这不仅培养了学生的模型意识,提高了他们解决问题的能力和创造性思维。通过体验创造美,学生可以在学习过程中感受数学的美和乐趣,由此培养他们的创造力和应用意识。

【环节三】 创美延学

反馈→融通→评价

三、拓展延伸,回顾反思

1.海沧区要举办五年级数学智力挑战赛,一共524名选手参赛,也采用淘汰赛的形式,要选出冠军,一共要几场比赛?

2.某场淘汰赛中,决出冠军一共比了48场,这场比赛的选手有多少人呢?

3.淘汰赛中的轮空跟什么有关呢?如果采用循环赛(即任意两位选手,都要比一场比赛),一共要比几场?你打算怎么研究?

第(　)小组评价							总计
细则	☺	☺	☺	☺	☺	☺	☺ (　)个
学习、活动的态度 (比如守时、认真、 诚信等)							
查找、梳理、筛选信 息的能力							
提出问题的能力							
解决问题的能力 (比如创造性地提 出见解并实践等)							
团结、协作能力							

4.小结:学了今天的知识,你有什么收获? 除了研究体育中的数学? 还可以研究哪里的数学呢?

5.多元评价。

【评析】拓展延伸,多元评价,感受数学美

在数学教学中,拓展延伸和多元评价是重要的教学策略,可以帮助学生深入体验数学美,开拓思维,提高学习效果。课堂评价,给学生提供了更多的学习机会和挑战,让他们能够进一步探索数学的奥秘,通过推广已学的数学概念和方法,可引导学生应用所学的知识解决更复杂和抽象的问题,从而加深他们对数学美的理解。

在进行数学学习的过程中,多元评价发挥着重要的作用。我们鼓励学生以各种形式呈现他们的思维过程和解决问题的方法,例如口头表达、书面作品、展示汇报等,通过多元评价,我们可以更全面地了解学生的学习成果和思维方式,以及他们对数学美的感受和理解。

当学生在拓展延伸的活动中深入探索数学的世界时,他们能够感受到数学的美妙和智慧,逐渐扩展到更广阔的数学领域,如循环赛、美术中的数学、自行车里的数学等,激发他们进一步探究的乐趣。

融美数学的跨学科主题
教学设计及案例

《义务教育课程方案(2022年版)》优化了课程的内容结构,明确指出"各门课程用不少于10%的课时设计跨学科主题学习"。2022课标一个主要变化就是强调核心素养本位,并明确要求数学课程中应"设立跨学科主题学习活动,加强学科间相互关联,带动课程综合化实施,强化实践性要求"。融美数学提出的"三环六步一统整",其中的"一统整"指的是跨学科主题教学活动。跨学科主题学习要求每一门学科的教师都能站在整体育人的角度来思考本学科的育人价值、教学方式。

融美数学教学主张认为,在数学学科中开展跨学科主题学习是立足学科的主动跨界。立足学科,让学生拥有系统而扎实的学科知识与方法;主动跨界,让学生能够破除分科课程带来的视界窄化、思维僵化。实践证明,跨学科主题教学,让学生既具备学科课程的系统知识,又能拥有综合应用多学科知识来解决复杂问题的机会。融美理念观照下的跨学科主题教学要体现以下三个特点。

(1)趣味性。跨学科主题学习在实施过程中要把多学科知识融于有趣、具有挑战性、与学生生活相关的问题中,问题和活动的设计要能激发学习者内在的学习动机,问题的解决要能让学生有成就感,因此需有趣味性。强调分享、创造,强调让学生体验和获得分享中的快乐感与创造中的成就感。

(2)体验性。跨学科主题学习更强调学生动手、动脑,参与学习过程,提供了学生动手做的学习体验,学生应用所学的数学和科学知识应对现实世界问题,创造、设计、建构、发现、合作并解决问题。学生在参与、体验获得知识的过程中,不仅获得结果性知识,还习得蕴含在项目问题解决过程中的过程性知识。

(3)协作性。跨学科主题学习具有协作性,强调在群体协同中相互帮助、相互启发,进行群体性知识建构。跨学科主题学习的问题往往是真实的,真实任务的解决离不开其他同学、教师或专家的合作。在完成任务的过程中,学生需要与他人交流和讨论。课程统整项目的评价更多以小组成员的共同表现为参考,而不是根据个人的表现进行独立评价。[①]

融美数学理念观照下的跨学科主题教学,从实践样态来说,既可以是一课时的教学设计,也可以是几课时的课程设计,还可以体现在作业设计中。以下分别呈现相关案例。

一 "神奇的黄金比"跨学科主题教学设计

教学内容:人教版小学数学六年级上册第四单元拓展知识"你知道吗?"

教材分析:"黄金比"是人教版小学数学六年级上册"比"一课后"你知道吗?"栏目中介绍的内容,基于学生学习了比的相关知识,知道如何求比值,运用比解决问题的基础上对学生的数学文化的一个拓展,学生从"你知道吗"中了解到的关于黄金比的内容非常有限,这样的介绍显然很难满足学生的认知和探究欲望。基于此,设想融合数学、音乐和美术等学科相关内容,对黄金比进行更深入的探究,不仅能让学生真正感受到数学之美,还能培养其综合运用有关知识与方法解决的能力。

学情分析:在学习神奇的"黄金比"之前,学生已经掌握了比的相关知识,能够熟练地利用比来表示两个量之间的相除关系,也能够正确地计算两种量的比值。此外,将近六年的学习,学生已经具备了一定的自主探究能力与合作交流能力,这些都是学生已有的经验。本节课尝试引导他们由形象思维向抽象思维逐步过渡,虽与同伴有初步的合作意识和能力,但在有条理有根据的思考、推理方面还需要进一步引导。

教学目标:

(1)发现并认识黄金比,通过小组合作、自主探究的研究过程中探究得出黄金比,掌握求黄金比的方法,提升应用意识。

(2)在发现、欣赏各种关于黄金比的乐曲与绘画时,学会从活动中抽象出黄金比并用数学的方法解决实际问题,进而增强创新意识和审美意识。

(3)多元整合相关学科中黄金比的价值,感受学科融合中蕴藏的数学之美。

---

① 余胜泉,胡翔.STEM教育理念与跨学科整合模式[J].开放教育研究.2015,21(4):15.

教学重点:探究发现黄金比并用数学的方法解决实际问题。

教学难点:感受黄金比的价值,能在活动的过程中不断反思,丰富活动经验,发展数学沟通与交流的能力。

教学过程:

唤醒:收集资料,感受生活之美。

课前布置:学生收集具有美感的物体或图形,并画出图形。

一、激趣:初步感知,认识黄金比

(1)作品展示。

师:同学们,在课前同学们收集并制作的带有美感的东西,请作品的小主人上来和大家分享一下?

学生展示自己的作品,重点展示右图。

师:哇! 同学们的创作让大家眼前一亮,不同的作品都有它们美的原因,不只是看得顺眼,而且还具有数学意义!

揭题:今天我们就一起来走进神奇的黄金比,领略黄金比的美。(板书:神奇的黄金比)

(2)认识黄金比。

师:通过预习你知道什么是"黄金比"吗?

预设:①两个数的比值大约是 0.618 时,称作为黄金比。

②当较短部分与较长部分的长度之比等于较长部分与整体长度之比大约为 0.618:1 时,称作黄金比。

师:你能在线段之中找出黄金比吗?

生预设:1.$AB:AC=0.618:1$　2.$BC:AB=0.618:1$

师:你是怎么知道它符合黄金比呢?

(设计意图:从学生的作品中确定研究主题,说出自己所知道的"黄金比"的相关知识,通过眼睛估算和比例关系初步认识黄金比,进一步丰富学生的数学学习的估算方法。)

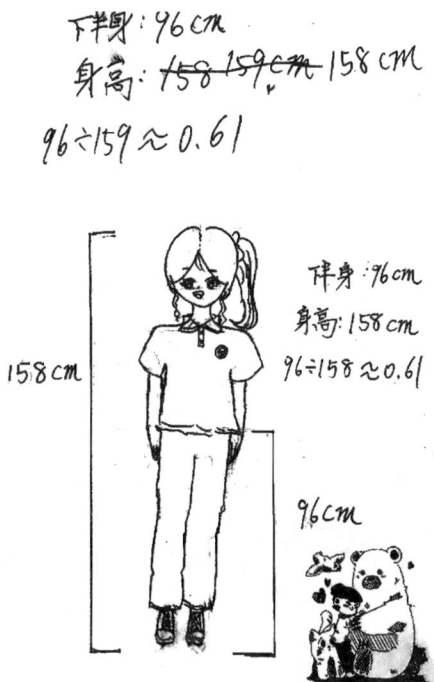

二、探究:欣赏规律,探寻黄金比

【活动一】寻找黄金比

1.线段中的黄金比。

(1)提出问题:还能不能在图中发现类似这样的关系?

(2)出示活动要求:

①思考:请你结合数据并利用计算器快速计算出各线段之间的比值。

②表达:和四人小组交流你们的发现。

独立思考后小组合作交流。学生动手操作后,和四人小组交流发现。

(3)展示汇报。

生预设:① $AB:AC=DC:AC≈0.618:1,(16+9.9)÷(16+9.9+16)$

② $AD:AB=BC:DC≈0.618:1,16÷(16+9.9)$

③ $DB:AB=DB:DC≈0.618:1,9.9÷16$

(4)小结。

2.生活中的黄金比。

分享相关图片,引导学生感受黄金比的广泛应用,体验数学之美。

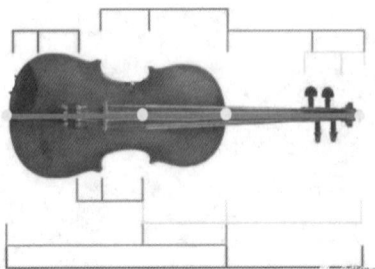

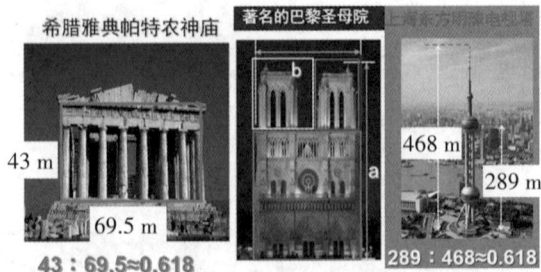

希腊雅典帕特农神庙

43 m

69.5 m

43∶69.5≈0.618

著名的巴黎圣母院

b

a

上海东方明珠电视塔

468 m

289 m

289∶468≈0.618

（设计意图：由具体的五角星到纸上的线段，是一次思维上的提升，利用计算器计算发现各个线段之间的比值都接近黄金比，体验到黄金比的神奇之处，恰当而充分地发挥了计算器的作用，再由生活中的黄金比进一步让学生发现黄金比的独特美。）

三、联系：跨学科学习，欣赏音乐之美

【活动二】我是小小音乐家

听小提琴演奏。

师：正是因为有了这么精美的制作，才能让我们欣赏到动听的旋律。现在请大家欣赏音乐。（学生上台演奏，歌谱略）

寻找乐曲时长中蕴含的黄金比。

①独立思考。

②提出猜想，小组合作交流。

(出示线段)你觉得高潮部分应该出现在这整首曲目的哪里呢？

整首歌的时长

③验证猜想。

这次咱们再来听一遍，我们需要准备什么？记录什么？

(高潮开始的时间、整首曲目的总时间)

④学生上台说明理由。

听完之后请大家验证一下你刚刚的猜想，请一位同学说说你的证明结果。

⑤小结。

大多数乐曲的高潮部分都开始于整段乐曲的0.618处。如：贝多芬的《悲怆奏鸣曲》、肖邦的《降D大调夜曲》、小约翰·斯特劳斯的《蓝色多瑙河》等。

(设计意图：让学生在线段上通过目测来找黄金分割点的大概位置，鼓励学生利用听来找出高潮部分时长来验证猜想，并结合学校特色让学生在音乐中体会黄金比的价值，进一步提高学生的创新思维和音乐素养。)

四、反馈：创造规律，运用黄金比

【活动三】我是小小设计师

阅读信息——挑选高跟鞋的困扰

> **阅读材料：**
>
> 在人体中躯干(脚底至肚脐的长度)与身高的比值越接近0.618,给人的感觉就会越美,因此女士都喜欢穿高跟鞋来改善躯干与身高的比值。
>
> 请你来当小小设计师,为史老师选择一双合适的高跟鞋。

独立思考，完成学习单。

(1)小组讨论。

(2)学生汇报推荐结果及其原因。

小结：

$(105+2)÷172≈0.622$，比较接近0.618。因此，史老师穿2 cm的鞋子比较合适。

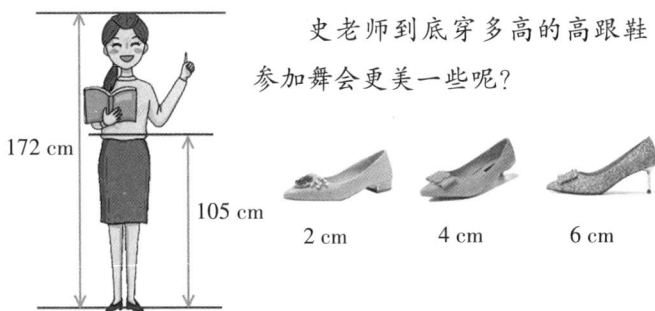

史老师到底穿多高的高跟鞋
参加舞会更美一些呢?

172 cm

105 cm

2 cm　　4 cm　　6 cm

（设计意图:引导学生围绕驱动性问题开展调查、学习和交流,借助表象图示将抽象问题与图形统一并通过数学计算加以验证猜想,在思维的交流与碰撞中探秘黄金比,深入感受数学的简洁美和统一美,进一步培养学生的美感,发展学生的应用意识和创新意识。）

五、拓展:学习延伸,应用创造

【活动四】我是小小创作家

你能运用今天所学,发挥想象来创造一首小歌曲吗?

要求:①先以小队(6人)为单位,查找有关编曲的资料,确定好小队所创编歌曲的情感类型,并选择合适的拍号;②结合收集的编曲资料,每人创作至少4个小节,为达到歌曲的最佳效果以小组为单位,进行设计。

设计意图:组织学生利用黄金比知识与乐器进行改编创作,充分感受黄金比的真实应用与魅力,不仅呈现了数学知识的韵律美、理性美与抽象美,还进一步提升了学生的创造能力,从而促进学生更加全面和健康地成长。

（本案例由厦门市音乐学校史怡嫒提供）

二　"探寻分数"跨学科主题教学案例

【案例】"探寻分数"跨学科主题项目式学习方案

【确定课程目标】

分数与生活紧密联系,可想要发现它,需要一双数学的眼睛。通过"分数与生活"统整项目课程的实施,让学生从日常生活中抽象出分数,感受几分之一的形成过程。在观察比较中培养学生勇于探索和自主学习的精神,体会分数来源于生活和分数在生活中的价值,使之获得运用知识解决问题的成功体验。

【厘清跨学科要素】

本课统整了数学学科"分数的初步认识",音乐学科的"音阶由来",科学"四季的由来",综合实践"创造几分之一"等相关知识。

【设计驱动问题】

几分之一是如何产生的? 你会创造几分之一吗?

古人是如何知晓四季的? 生活中哪些地方藏着分数?

分数的表达方式是如何演变的?

【进行任务分解】

(1)初步认识几分之一,会读写几分之一,能比较分子是1的分数的大小。

(2)动手实践,通过操作、观察、小组合作等一系列学习活动,感受几分之一的形成过程。

(3)小组合作,收集资料,寻找生活中哪些地方藏着分数? 古人是如何知晓四季的? 分数的表达方式如何演变?

【开展学习实践】

阶段一:认识几分之一

活动时间:1课时。

活动过程:

一、认识分数

出示半个月饼,问:这半个月饼可以用什么数来表示?

揭示课题:今天我们一起来认识分数。

设计意图:数学源于生活。在分月饼的过程中让学生体会分数产生的必要性,强调"平均分"是分数产生的过程,也是分数的本质特征,并帮助学生理解平均分的含义,为后面的学习奠定基础。

二、读写分数

介绍分数各部分名称。

了解分数的读写方法。

设计意图:让学生在动手操作和交流互动中学习,加强了对知识的认同和理解,形成健康、积极的学习态度,培养学生的探索精神、合作意识、实践能力,提高学生学习的参与度。

三、探究分数的意义

通过折一折、涂一涂等方式,表示出一张正方形纸的二分之一。

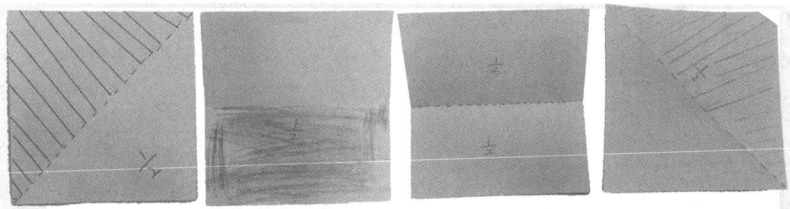

通过折一折、涂一涂等方式,表示出一张正方形纸的四分之一。

利用手中的正方形纸,通过折一折,涂一涂等方式,创造出几分之一。

设计意图:合作交流是学生学习数学的重要方式之一。不仅为学生设置数学活动,还要有意识地为学生创造良好的数学交流环境。先让学生自己折纸、涂色,再在小组中进行交流,感受不同的图形、不同的折纸涂色方法,却可以得到同一个分数。学生通过动手操作、合作交流的方式进行学习,不仅拓宽了获取知识的渠道,还培养了他们赏识他人的良好态度,进一步促进了团队合作意识的发展。

四、比较分数大小

结合图形,你能试着比较 $\frac{1}{2}$、$\frac{1}{4}$、$\frac{1}{8}$ 的大小吗?

请同学们自己对比分数,动手验证,让事实说话。

五、生活应用

你能从生活中找到分数吗?

设计意图:让学生体会分数来自生活实际的需要,感受数学与生活的联系,培养学生学习数学的兴趣。

六、总结提升

今天这节课:你有什么收获?

阶段二:开展实践活动

活动时间:课外1~2周。

活动过程:

围绕主题,展开讨论,生成研究问题并归纳指导。

生活中哪里藏着分数?

古人对分数的表达。

分数的表达方式如何演变。

学生根据兴趣爱好、特长等自由组成研究小组。

以小组为单位收集有关资料。老师以指导者、参与者、合作者的身份参与各小组的活动。以小组为单位进行实践活动。

阶段三:课程总结阶段

活动时间:1~2课时。

活动过程:

各小组对本组的资料进行汇总、整理、分析。

指导学生对活动过程进行反思,完成结题报告。

讨论展示形式、内容。

分小组进行展示,做好成员分工。

【发布学习成果】

学习成果1:《生活中的分数》(形式:幻灯片)

在我们的生活中,处处有分数,可你想要发现它,需要一双数学的眼睛。擦亮眼睛让我们去找找他们吧。

乐谱中,八分音符是$\frac{1}{2}$拍,十六分音符是$\frac{1}{4}$拍;空气中氧气体积约占$\frac{1}{5}$。

讨论：生活中还有哪些地方能找到分数？

学习成果2：《古人对分数的表达》（形式：微视频）

我们的先人用他们的智慧直观而又感性地表达出了分数的概念。

周朝有本著作叫《周髀算经》，书中提到他们在平地上立一根直立于地面的8尺长的杆子，古人称之为"表"。有了这根杆子就可以测量太阳的影子。通过长期的测量记录，人们把正午影子最长的那天定为"冬至"，把影子最短的那天定为"夏至"，把"冬至"和"夏至"正中间的两个点分别定为"春分"和"秋分"，这样恰好把一年等分为四个基本相等的时段，如此古人就将一年四季定了下来。

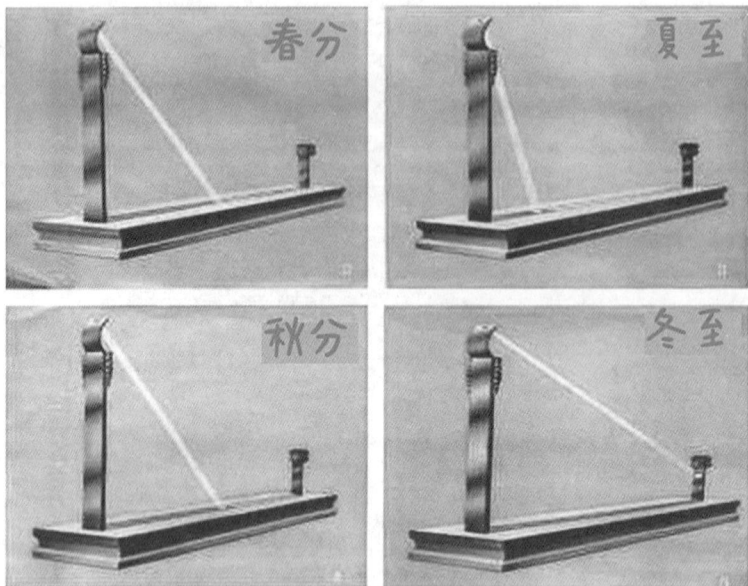

中国古代音乐的诞生也和分数有关。古人将一段长度分成3份,减去一份得到$\frac{2}{3}$,加上一份得到$\frac{4}{3}$,最后根据这样的比例关系来给乐器打孔。中国古代五个音阶"宫商角徵羽"就是这样来的。这里的分数就是线段的比例关系。

学习成果3:《分数的表示形式》(形式:幻灯片)

分数来到我们身边并不容易,分数的产生经历了一个漫长的过程。3 000多年前古埃及就有了分数的记号,2 000多年前我国开始用算筹表示分数。印度人用阿拉伯数字来表示分数。公元12世纪阿拉伯人发明了分数线,分数的表示方法就成了现在这样了。

历史把分数的表达方式演变成现在的形式,每个细节的安排都是智慧的抉择。

古埃及人	我国古人	古印度人	阿拉伯人
		$\frac{1}{3}$	$\frac{1}{3}$

【组织反思评价】

在"大问题"的引领下,努力为学生提供"大空间"。打破了传统的教学模式,努力尝试以"大问题"为引领,以"大空间"为平台,以"大格局"为方向,立足分数的本质内涵,在实践交流分享中,在师生、生生的深度对话中,充分激发学生探究新知的兴趣,有利调动学生自主学习的热情。以任务为导向,开展实践活动,不断唤醒并挖掘学生思维的深度和广度。

(本案例由厦门市音乐学校林颖琦老师提供)

三 "走进'水'世界,畅游育'全人'"跨学科主题作业案例

总体设计意图:

本次跨学科作业设计取材于人教版小学数学六年级上册"节约用水"一课。以立德树人为根本,以解决真实问题、培养核心素养为抓手进行设计,以"认识水→节约水→保护水"等一系列实践活动为驱动,设计具有真实性、实践性、开放性的跨学科作业。

本次跨学科作业设计中,我们通过以下几个方面来全面提升学生的综合素养。在人文底蕴方面,体现了保护水资源的人文情怀;在科学精神方面,鼓励发扬勇于探究的精神;在责任担当方面,让学生在实践中认识到作为一名公民的社会责任心;在实践创新方面,学会解决问题;在健康生活的方面,在探究核废水排放问题时,帮助学生树立正确的人生观、价值观和世界观,促进其人格的全面发展;在学会学习方面,面对水资源浪费等问题时,培养学生勤于反思。

学情分析:

本份作业面向六年级的学生,他们已认识大数,会用分数、百分数、扇形统计图、体积等知识来解决问题。数学与科学(四年级"水的分布""水的三态变化")、语文(六年级"学写倡议书")、英语(英文作文)、信息技术(三年级"畅游网络世界")、道德与法治(二年级"小水滴的诉说"、六年级"地球——我们的家园")、美术融合,将其理论知识运用于真实的问题中。数学来源于生活,用于生活。学生通过前期调查、观察实验、统计、分析等学科实践来加强他们对水资源的认识,增强保护水资源的责任感、使命感,促使其明白珍惜身边每一滴水的重要性,进而增强应用数学的意识和综合各学科所学知识解决问题的能力。学生

能够真正意识到水资源的宝贵,将节约用水的意识落实到行动中。在研究过程中,学生可能遇到知识和实践上的各种困难,因此需要小组分工合作,协调交流。

作业目标:

经历发现、提出、分析、解决问题的过程,运用测量、计算等策略形成运算能力与应用意识。结合数据反映出节约用水的重要性,进而养成"用数据说话"的意识和能力。

通过查找文献收集资料,筛选有用信息,提高运用信息技术能力。

通过小组合作完成任务,培养团体合作的意识,感受与他人合作、交流的乐趣,提高分析问题解决问题的能力,实践、社交能力,社会责任感。

活动过程中坚持实事求是的态度,能够提出合理的假设并验证结论,在批判质疑中培养科学精神,在沟通交流中养成团结协作精神和创新意识。

1.你好,"水"朋友!

同学们,你们真的认识"水"吗?水有三种形态,在自然状态下呈固态(如:冰)、液态(如:雨)和( )(如:水蒸气)。三种状态能够相互转化。冰融化成水后,水的体积是冰的体积的 $\frac{9}{10}$。科学课上,陈老师拿了一块冰,融化成水后体积是45立方分米,那么融化前这块冰的体积是( )立方分米。

地球表面约有72%被水覆盖,如海洋、河流、湖泊等,其中海洋的面积就达到361 000 000平方千米,即( )亿平方千米。但这些水大都无法被人类直接利用,地球上的总水量每1 000毫升只有大约3毫升的淡水能够被人类利用,占地球上总水量的( )%。

2.神秘的海"水"朋友。

海洋中有许多复杂的物质,人们对海洋的探索甚至不到10%。其实我们的食用盐就有部分来自海洋,平均每1 000克海水中含35克盐。然而,在2023年8月24日,当日本决定将核污染水排入海洋的消息传出后,引发了公众对食盐安全性的担忧,导致不少城市出现了食盐抢购现象。根据我国食用盐产品结构统计

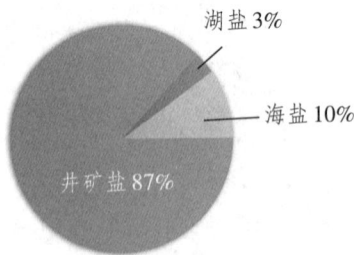

湖盐 3%

海盐 10%

井矿盐 87%

我国食用盐产品结构

图,井矿盐所占食用盐比例竟是湖盐所占食用盐比例的29倍。

（1）我国海盐占总食用盐的百分之几？

（2）据不完全统计，2023年我国食盐定点生产企业食盐产量1 248万吨，而一个人食盐的每日摄入量10克，你有什么想对抢购食盐的人们说吗？

（3）福岛核污染水中含有对人类、海洋生物影响危害最大的是氚和碳14。请同学们借助网络调查资料，将核污染排海的危害记录下来，并说一说我们可以怎么做。

3."关住"点滴，节约用水。

每年的3月22日是"世界水日"。为加强同学们的节水意识，我校开展了一系列的综合实践活动。据调查，水资源浪费经常出现在水龙头未紧闭这件事上，于是在卫生间、食堂厨房和饮水机这三个不同地方，我校组织同学们进行实验收集数据。

（1）收集数据：请各小组准备矿泉水瓶或杯子，分别收集10分钟内每个不同水龙头滴的水，并将数据标签贴在瓶子上。

（2）整理数据：学生选择测量工具量杯或量筒测量出实验中收集到的单位时间的滴水量，填写统计表（如下）。

校园不同地方水龙头单位时间统计表

项目	卫生间	食堂厨房	饮水机
滴水量/毫升			
时间/分钟			
滴水速度/(毫升/分钟)			

（3）分析数据：据统计，一个人一天大约需要用水0.5吨。请根据上表收集到的数据估一估，一个滴水的水龙头一年浪费水____吨，大约够你用____天；如果每个学校都有这样3个水龙头，100所学校一个月将浪费水____吨。（温馨小提示：1毫升水为1克）

4.好"贵"的"水"朋友。

连日来气温高升，人们的用水量也不断增多。今年6月22日厦门市单日供水量达到155.3万吨。为响应节水号召，今年我校开展"关注点滴，节约用水"活动后平均每月用水量约为60吨，比去年平均每月用水量减少25%。

(1)对比去年,今年我校每月省下的水量可以炼钢几千克?(1立方米的水可以用来炼钢100千克,1立方米的水可以用来发电2500千瓦时。)

(2)仔细阅读下表,算一算学校今年应缴水费多少元?

2022年厦门水费收费标准:

(自2022年1月1日起,用户水价调整为三档分阶梯计费。)

第一阶梯:月用水量18吨(含)以下,水价为3.2元/吨;

第二阶梯:月用水量18吨以上至40吨(含)部分,水价为4.3元/吨;

第三阶梯:月用水量40吨以上,水价为7.6元/吨。

非居民生活用水:3.2元/吨,包括行政事业单位用水、部队和社会团体用水、学校用水、医疗单位用水、社会福利保障业用水、公共设施服务及社会服务用水。

(阶梯水量以年为计价周期,周期之间不累计、不结转。)

(3)请结合数据说明水费采取分段收费的好处是什么? 接下来我们可以怎么做?

5.保护"水"朋友。

每一滴水都是我们的"生命之源",每一滴水都值得我们去守护,我们要积极行动起来,一起保护"水资源"。请同学们用收集的数据写一篇关于"节约用水"的倡议书(中英文皆可)或是设计一份符合大众审美的宣传"节约用水"创意海报(二选一)。从身边小事做起,行动起来!

(案例提供:厦门市音乐学校史怡媛、陈文颖、朱颜君、陈鑫)

第五章

融美数学的教学策略

　　融美数学是审美化教学理念的实践表达,其实施过程包括三个方面:一是将教学要素进行审美转化,主要包括教学目标、教学内容、教学方法、教学评价等;二是将教学过程进行审美转化,其中教学内在逻辑和外在形式的审美转化是重点;三是教学主体审美关系的建构。

愉悦氛围，优质对话，体现和谐之美

"和谐是真、善、美的统一，是人和事物存在的最佳表现形态。"和谐之美是融美课堂的首要特征。课堂的和谐之美，是指在适宜的环境、综合运用适宜的教学方式与手段，开展优质高效的对话，实现适切合理的目标，展现课堂教学整体有序有效的一种教学形态。具有和谐之美的数学课堂不仅有利于激发学生的数学学习情感，融洽师生关系，而且能有效促进学生对知识的掌握、能力的提高和身心的健康发展，实现学科育人价值。

一　营造"容错"文化，让教室无"害怕"

融美数学要缔造课堂的融洽关系，最关键是要让学生在心理上感觉是安全与自由的。"第56号教室之所以特别，不是因为它拥有什么，而是因为它缺乏了这样一种东西——害怕。"在雷夫老师的课堂上，学生具有强烈的安全感，因为有安全感，学生才敢于表达、敢于提问、敢于向教师索取知识。不害怕不懂、不害怕犯错，富有情感，渴于求知，当我们的数学课堂都少了"害怕"，融美课堂才成为可能。只有学生在数学课堂中获得了安全感，不会担心因自己的观点、行为与成果与众不同而受到阻拦与嘲笑，他们才敢于全身心地投入到数学学习中去，才能充分体验到数学美的存在，并敢于展开想象的翅膀，像小小数学家一样去创造数学美。也只有在自由的课堂环境中，他们才能够摆脱外在功利化的目的和各种人为的不利阻碍，才能充分发挥其聪明才智，焕发出独特生命个体的创造力。"课堂是出错的地方。有错误是正常的，我们要善于利用错误资源，实现化错为宝。"我经常在课堂上这样说。对于有价值的错误，引导学生进行自我分析分享正确思路后，提议全班鼓励感谢。经过长期的教学互动，我们形成了师生间互相信任的文化，学生不怕出错，教师则以包容的心态面对错误并注重引导学生实现自我提升。

例如,吴正宪老师上的"面积的认识"一课有这样一个环节。吴老师在课前引导学生复习周长的学习过程,并在黑板左上角写下板书:度量包括对象、工具、单位、结果。虽然只是短短的两三分钟聊天,但唤醒了学生学习周长的知识经验,也为面积的新知学习提供了思维支架,让学生学习有例可循。吴老师的做法,呈现单元整体教学的设计思路,以结构化的方式整体认识概念,变知识的点状学习为系统认识,有利于学生把握长度和面积两者之间的内在结构关系,也为之后的体积学习积累数学活动经验。吴老师尊重儿童认知的一贯做法,还体现在导入环节的一个小插曲。吴老师:"周有多长,就叫周长;面有多大,叫什么呢?"学生脱口而出:"面大。"吴老师笑着说:"面大就面大,也不是哪个专家说面积就是面积的。"从这样的简短对话中,我们可以感受到吴老师"儿童数学"的教育主张。对于"面大"这样一个不够严密规范的表述,却是学生对"面积"本质的原始朴素理解。吴老师让学生带着自己的理解参与学习,而随着学习活动的深入开展,在课的小结环节,吴老师引导学生阅读课本内容,让学生认识"面积"的规范表述,完善了概念的理解。

二 巧设趣味活动,提升参与乐趣

沃尔夫曾说:"美可以定义为:一种适宜于产生快感的性质,或是一种显而易见的完善。"融美数学课堂关注师生在参与过程中的愉悦体验。追求愉悦是人的本能。学生在欣赏数学美的过程中体验到一种愉悦感。这种特殊的心理体验,使数学具有了一种迷人的魅力,于是不知不觉地接近她,向往她,在心理和情感上受到她的感染和激励。当师生结束对数学的审美过程后,在此过程中获得的愉悦感并没有随之消失。这种愉快的感受有助于培养学生对数学学习的终身兴趣,形成良好的数学学习素养,启发对数学知识的渴望。教师也可从中获得良好的数学教学素养,认识到数学教学的艺术性与创造性。因而,在教学中,教师要精心设计趣味活动,让学生积极主动地学习,提高课堂教学质量。比如,可以借助游戏活动或制造悬念来提升学生的参与乐趣。

例如,在上"年月日"一课时,首先给学生提出这样一个生活中的问题:"小明妈妈明年过第9个生日,而小明明年过第10个生日,小明和妈妈今年各多少岁?"生日对于我们每个人来说都是非常熟悉的事情,但出现妈妈过的生日数比儿子的少却是不符合现实实际的。"为什么会是这样呢?"学生们带着强烈的好奇心与探究欲望,进入了学习活动。

又如,在教学"两位数乘两位数"时,当学完笔算方法后,可以引导学生了解一些巧算方法。以"两位数与11相乘"为例,在上课伊始请学生出题考老师,提前掌握规律的老师"对答如流"。这时学生产生疑问:老师不可能把那么多的结果都记下来,肯定有"窍门"。在发现了"两位数与11相乘"一定有"窍门"的基础上,学生通过自主探索、师生的合作交流、动手实践,最后觅得了"真经":两头一拉,中间相加,满十进一。学生在整个学习过程中充满愉悦感。

在数学课中,也可以根据学习内容,让学生在表演中理解概念。比如吴正宪老师在上"相遇问题"一课时有下面的一个环节。

吴老师激动地说:"好极了,看来大家前面的知识掌握得都很好。今天,我们就要在速度、时间、路程关系的基础上,研究稍复杂的行程问题。在学习新课之前,有四个词,请同学们理解一下。可以一人单独思考,用双手演示进行理解,也可以两人配合表演。"

屏幕上依次闪动出现四个词:相对、同时、相遇、相距。

师:哪两个同学愿意用你们的动作和语言把这四个词的意思表达出来?

两位同学勇敢地走了出来,面对面站好后,一个学生冲着大家说:"我们两人面对面站着,就叫作相对。"

一个学生冲着另一个学生点点头说:"一、二。"两个人同时迈步向前走,"我们两人一起走,就叫同时。"

两个学生向前走到距离很近时,看着老师说:"老师,这就叫相遇。"

吴老师又将两个学生分别向前轻轻地推了一下,两个学生碰到了一起。吴老师笑着说:"怎么,两个人碰了面,连个招呼都不打?"

其中一个学生马上握住了另一个学生的手说道:"你好,你好。"

另一个学生恍然大悟:"噢,我知道了,我们两个必须得碰在一起才叫相遇。"

两个学生又分别往后退了一步,其中一个学生说:"只要我们不相遇,中间还有距离就叫相距。"

这时,吴老师又给大家提出了一个新的问题:"哪两个小朋友愿意合作表演,先听老师的叙述,再按要求行走。"学生们的小手一下子都举得老高,希望得到这个机会。

两个学生喜滋滋地走到讲台前,等着吴老师发话。

"两个小朋友从甲乙两地同时相对而行,5分钟时,两人相遇了。"

两个学生认真地按照吴老师的叙述表演着。

吴老师先问了问小张:"相遇时你走了几分钟?"

小张理直气壮地回答道:"5分钟呀!"

吴老师又问小李:"那么,相遇时你走了几分钟?"

小李爽快地回答:"当然是5分钟了。"

吴老师向大家提出了第三个问题:"从出发到相遇,这两个同学同时走了几分钟?"

同学们异口同声:"10分钟!"

吴老师并没有急于解释,而是话锋一转,"一个同学上一节课是40分钟,难道全班50个同学要同时上完这节课要用2 000分钟吗?"

学生们摇摇头。不知谁大声地喊道:"搞错了,相遇时两个人一共行了5分钟。"

这个意见马上得到了同学们的认可。有的学生不住地点头,有的学生拍着自己的头说:"可不是吗!"听课的老师们都笑了。

通过学生亲自表演清楚这四个词的含义,为学习新知打下了基础。

实践证明,融美数学课堂应当是在自由和谐的氛围中,学生通过愉悦的体验活动,不断经历着信息加工、思维激活、合理想象、理解纵深的创造性过程。学生从中得到数学好玩的体会,收获成功的乐趣,进而自身素养也伴随着高阶思维的养成得以提升。愉悦体验是融美数学课堂传递的表层特征,但其本质的内在特征是追求理解、激发创造的,是一个有利于实施深度学习的课堂。

三 遵循发展规律,精心加工学材

所谓"学材",是基于儿童视角和立场,对以教材为主的教学资源进行再创造的材料,是教师依据自己的学科理解和教学风格,从学生已有的认知出发,对教学资源进行开掘、整合、拓展后形成的适合学生自主学习的材料。[1]融美数学

---

① 段安阳.从"教材"到"学材",重构"学"的课堂——小学数学学材开发的价值探寻与实践建构[J].小学教学参考,2015(26):5.

认为,有了学材视角,教师就会弱化对教材的"权威迷信"意识,才能真正研究和遵循儿童的身心发展规律和学习水平,以促进学生的发展为目标,精心加工适宜学材,引导学生由"被动学"转变为"主动求知",以唤起学生学习的主动性为最终目标。教师要努力开掘真实生活中对学生而言非常熟悉、同时又暗含着某种数学现象或数学规律的实际问题,进行学材设计。

如四年级下册"四则混合运算"一课,本来是一节"纯数学"的计算课,教师选择游乐园活动作为情境展开教学。从计算游玩时的费用,引出四则混合运算题就水到渠成了。学生围绕这一问题深入展开探讨与分析,以两积之和为载体,主动探索发现可以简化计算步骤,实现生活与数学的紧密联系,摆脱传统计算课的教学模式。

又如,学生在"把一条绳子对折3次,平均分成几份"经常出现错误理解为分成6份。为了帮助学生突破思维堵点,我开发了数学探究课"神奇的对折"。上课时,出示一张普通的A4纸,提出探究问题"如果把一张足够大的A4纸对折30次,它的高度有多少?"先让学生猜一猜,写下自己的估算结果。再让学生动手折一折,从简单中找规律,推理发现结果。学生通过探索发现,每对折一次,纸的层数是原来层数的2倍。学生纷纷动手对折,发现当纸对折到第8次时,就折不动了。这时教师再给出提示"100张普通A4纸大概1 cm,对折8次是256份,高度大约多少? 假设纸足够大,对折30次高度会是多少呢?"学生迫不及待地算了起来。教师组织集体交流,得出"30次后大约是107 374米""所达到的高度远远超过了珠穆朗玛峰的高度"这个结果让全班同学不敢相信,不由自主发出惊叹。这个过程让我们看到了学生对数学探究的兴趣,看到了学生在探究中的快乐,更重要的是让学生感受体验到科学的探究方法和探究精神。

在小学数学教材中,一些在我国民间广为流传的古代名题也收录其中,这有助于传承优秀数学文化,得到广大师生的喜欢。比如"鸡兔同笼"问题最早出现在《孙子算经》中,至今一直为人们所喜闻乐见。作为在生活、学习中应用广泛的一类典型问题,其简洁明了和极具开放性形成了独特的魅力,而古今中外对它的种种巧妙解法更是吸引了广大数学爱好者的关注和重视。但在听课或文献学习过程中,我经常发现部分老师在课堂中的拓展,存在偏离学生认知水平和理解能力的范围,这有可能造成学生的数学学习兴趣受到伤害。下面,以自己的一篇文章为例,与大家交流分享自己的思考。

【案例】《莫让"鸡兔"为难了孩子》

小学数学教材中有不少趣题,"鸡兔同笼"就是其中典型例子。不少教师根据教材内容进行加工,组织学生进行学习,并撰写成案例发表分享。比如《中小学数学》(小学版)2013年前5期刊物,关于鸡兔同笼的教学几乎期期都出现,要么是整篇的教学设计或教学思考,要么在文章里面作为重要的例子进行阐述。几期杂志的相关文章读下来,自己有了一些想法,以下分享自己的思考。

【疑问1】 "矩形面积的想象法"适用小学生学习吗?

在《想象法解决"鸡兔同笼"问题的矩形面积解释》一文中,老师提出了六种解法,均配合了矩形图进行讲解。或许是自己理解能力和学识素养急需提高,对于这些解法,我看得不太明白,请教了同事,也不是特别清楚这样的思路。再看里面解法的原创作者,分别是大学博士、大学教授、中学特级教师,心里也就有点释然了。我认为,这样的解法如果只是作为增加数学教师的视野,提高数学素养,是可以适当介绍的,但如果要把这些解法引入小学课堂,则应该慎之又慎。

【疑问2】 思考深入要到哪个程度?

还有文章中,老师分析了关于"鸡兔同笼"的一道思考:九头鸟长有九个头和一个尾巴,九尾鸟长有一个头和九条尾巴,现共有52个头和68条尾巴,九头鸟和九尾鸟分别有多少只?老师对"这道题如果单纯地套用'鸡兔同笼'的解题模式,确实不能解答"的观点不认同,于是提出了自己的看法:"我们不妨改变一下自己原有的思维方式,展开想象,把一只九头鸟看作由9只'一个头和九分之一条尾巴'的新鸟组成。"然后阐述了具体的解法。看到这里,我开始产生疑问"学生能理解这种解法吗?"我特别赞同老师在文章最后提出的"小学数学教学承载着培养学生创造性思维的重任,因此作为教师,首先要拓展自己的想象空间,不能被某些固有的模式禁锢了思维。"但我也想提出自己的想法,引导学生思考深入要视学情而定。如果只是个别孩子能理解的解法,是不适宜出现在全班的教学中,因为如果这样的解法让大多数孩子听得一头雾水,只会加重学生对数学的畏惧感。

以上的疑问,我只是提出自己读文过程中的一些感受,我仍然非常佩服两位老师的学术研究精神,本着"和而不同"的学术交流愿景,旨在引发对这一话题的更深层次的研讨。阅读这几篇文章时,我也想起了自己的关于此问题的教学实践。

为了更好地了解学生对"鸡兔同笼"问题的学习起点,我对学生进行了调研。在前测时,我设计了这样的问题:1.鸡兔同笼,有20个头,54条腿,鸡、兔各有几只? 这道题你能解答吗? 请把你的想法写下来。2.你是否在课外学过这类题目? 收集上来的结果令我惊讶,两个班学生共94人,得出正确答案的有52人,超过一半。对于学生的解题思路,有15个学生直接写出了答案,没有解答过程;有10个学生用列表的方法;有5个用方程,其余用列式计算的方法。为什么能有这么多的学生能在课前解决这个问题呢? 经过了解与分析,大概有以下两种情况:1.课外参加奥数学习班或在家自学奥数教材,两个班有十来个;2.学生在解决问题的策略方面已积累了一定的经验与能力。这届学生用的是北师大版教材,在本学期刚学习的《数学与交通》里在计算租车、租船或买票时提倡的列表解决,学生在解决问题时能自觉应用。由此可见,学生对此类问题的理解并非想象中的存在很大困难。

阅读着教材及《教师用书》,面对着这已超过一半的学生在课前就能独立解决的问题,我应该如何进行教学,才能真正落实教材的编排意图,并实现不同的学生在数学上得到不同的发展呢? 由于我一直进行学生自学的实践,于是课前布置学生自学,并设计了导学问题:

1.请自学课本的解答方法,并思考:课本中在解答问题时用的是什么方法? 2.这三张表格在解题思路上有什么不同? 3.你还能想出与课本中不同的方法吗?

由于布置了学生自学,学生对本课知识的了解在前测的基础上应该更进一步,因为在自学的过程中有可能家长会参与指导。如果我把问题抛出来让学生解答,肯定有许多孩子不会选择列表的方法,但这又是本课的一个重点。于是,我把引导学生能真正读懂课本中的表格作为一项重要任务。这也是我在自学提纲里要求学生思考"这三张表格在解题思路上有什么不同"的原因所在。

当我在课件上把课本中三个表格都呈现出来时,我让学生说说它们的特点,学生基本能用自己的语言描述,比如第一个表格是"一个一个试",第二个表格是"几个几个试",而在第3个表格中,有学生提出是用"假设法,假设鸡和兔各有10只,发现不对再进行调整"。根据学生的回答,我进行了小结并板书了三种方法:逐一列表法、跳跃列表法、取中列表法。

在解读表格时,就已有一些学生拿着练习本跃跃欲试了,当我"现在请把你的不同方法与大家分享吧"话音刚落,学生的手就高高举起了,抢着要发言了。于是,一会儿,黑板上已板书了学生的各种想法:假设法的就有3种,列方程的一种(还有学生说方程可以有好多种,但我只列出最基本的一种),画图法一种。这样,连课本中提供的3种列表法,学生们了解到的方法就有8种。然后,我做了一个现场调查,让学生说说自己喜欢哪种方法。在一个班中,选择列表的大概有十来个,选择方程的有5个,而其余学生选择用假设法。问其理由,说是这种方法过程比较简单。看来,大部分学生还是只关注到解决问题的步骤多少,认为列表方法要画表格比较麻烦。于是,我给学生做了说明,以后如果练习时题目没有提供表格的,可以用画简表(即不画表格只列出所需项目)的形式。课本的练习题,都设置了相关的表格,这有利于帮助学生巩固列表的方法运用。在解决实际问题的过程中,学生逐渐认识到了列表是种解决问题的基本策略,体验到了它容易入手的特点,也进一步认同了这种方法。在教学中坚持了以列表法为主的思路,并且有了一些意外的收获。

【收获1】学生不烦"鸡兔"了

由于在前测中了解到本班有较多的学生对此类问题有了比较丰富的基础,教学应该让他们有更大的发展空间,于是,我在要求学生必须掌握好列表的方法时,允许他们选择自己喜欢的方法进行解决。有学生在数学日记中这样写:"这些题我在奥数书上看过,那时觉得很烦,所以就觉得很难,现在掌握列表方法,就觉得简单了。"把复杂问题简单化、趣味化,让学生在学习中体验到成功的愉悦,感受到数学文化内涵的深厚。"鸡兔同笼"问题引入教材,是一个很好的体现从"精英数学"向"大众数学"转化的素材,让大部分学生能理解、能喜欢,这才是最重要的。这是这次教学给我最大的启示。

【收获2】一个"学困生"的精彩回答

我经常以数学童话的形式给孩子出题,孩子们还是比较喜欢。有一次,我给学生讲故事:八戒在数学上吃了好多次亏,他发现越是怕数学,越是学不好数学,八戒暗暗下决心,要发奋努力学好数学。这不,第一天八戒就缠着悟空,"猴哥,今天你准备教我什么啊?"悟空笑着说:"八戒,这些日子我们风餐露宿,晴天我们每天得走29 km,雨天还得走21 km,这几天下来就走了208 km,平均每天走26 km,八戒,你说我们这几天中有几个雨天?"八戒:"猴哥你出题啊! 天下不下雨我不关心。"沙僧笑着说:"二师兄,大师兄的题目已经出了。"八戒:"在哪里? 我怎么不知道?"沙僧:"叫你求这几天有几个雨天啊!"八戒恍然大悟。悟空给八戒的题目你会解答吗?

大部分孩子们还在思考,突然一个学生脱口而出:"是鸡兔同笼!"我一看,是轩同学,这是一位学习成绩在班级稳居倒数第一的"学困生"。我觉得奇怪,让他回答思路。他说:"走了208 km,平均每天走26 km,用了8天,就是8个头。然后我就用试探法,得出晴天5天,雨天3天。"听了他的解释,其他同学不由自主地为他鼓掌祝贺。一个师生眼里的"学困生",面对这样的问题却能找到了方向,并且用学生自己在列表过程中总结出来的"试探法"解决了问题,这说明"鸡兔同笼"问题的模型并非为优等生所独享。

【收获3】两个学生的独特解法

这是一次周末作业中的一道提高题,属于面向学有余力的孩子,很高兴孩子们并不惧怕这样的题目,出现了很多种方法。学生的答案中,出现了一些不符合常规思维的方法(如图)。在讲评时,我让孩子讲讲自己的思路,孩子说"我用的是试探法! 先试出几种答案,再判断哪种情况变化后会变成2∶3。"太精彩了! 这种题目往往是老师难讲学生难懂的题目,但在孩子们的脑中,却因为"试探"而轻易破解了,而且用这种方法的并不是平时那些思维特别活跃的同学。在为孩子的"试探法"赞赏的同时,更为孩子面对难题勇敢面对的意识和能力喝彩。

3. 甲、乙两油库存油数的比是5∶3,从甲库运出90桶放入乙库,甲、乙两库油数比是2∶3,求乙库原有油多少桶?

$$5 \times 40 \approx : 3 \times 40 + 90 \quad X = 11:21$$
$$5 \times 50 - 90 : 3 \times 50 + 90 \quad \checkmark = 2:3$$
$$5 \times 30 - 90 : 3 \times 50 + 90 \quad X = 1:4$$
$$5 \times 20 - 90 : 3 \times 50 + 90 \quad X = 1:24$$

答:乙库原有油150桶。

3. 甲、乙两油库存油数的比是5∶3,从甲库运出90桶放入乙库,甲、乙两库油数比是2∶3,求乙库原有油多少桶?

甲	乙
× 100	60
× 150	90
× 200	120
√ 250	150
× 300	180
× 350	210
× 400	240
× 460	270

答:乙库原有油150桶。

想起曾经看过的《弹肖邦要尽量多情》一文,这篇文章是记者采访著名的钢琴演奏家傅聪后有感而发的。文中记录了这样的一段对话。记者:傅聪先生，您曾经说过，现在的年轻人弹奏技巧越来越好，能不能告诉我们，你的潜台词是什么？傅聪：现在很多孩子都是从3岁就开始练琴，练到10岁。基础打得很扎实，基本技巧好得不得了，连我也很羡慕。但是呢，音乐其实他们懂得不多。所以，我说技巧有时是音乐的敌人，技巧和音乐完全是两回事。"那么，我们是不是也可以这样理解，技巧有时是数学的敌人，技巧与数学完全是两回事。"鸡兔同笼"问题的教育价值仍有许多可以挖掘的方面，但不管选择何种方式引入到课堂中，切记"莫让'鸡兔'为难了孩子"。在进行学材加工时，只要我们眼光看远一点，遵循儿童发展规律，就更能找出为学生可持续发展助力的思路。

（四）开展多元互动，实现优质对话

课堂对话是指教师与学生或学生与学生之间，围绕教育教学目标展开良性的语言交流过程。高质量的课堂对话应遵循集体性、互惠性、协同性、建构性和目的性，对话的开展是基于学习共同体，充分发挥教师的主导作用和学生的主体作用，在相互沟通交流中，分享信息、探究问题，协同建构知识，以达到深度理解、思维发展和素养提升的多重目标。[1]在融美数学课堂上，教师要重视开展优质高效的教学对话，这主要包括师生对话和生生对话。

1.开展优质高效的师生对话

教师和学生是课堂中的两大主角，因此，师生对话是课堂的主要形式之一。融美数学，提倡开展优质高效的师生对话，这样既有利于教师准确把握学情、传授知识，又有助于学生查缺补漏，顺利完成学习任务。

例如，一位教师在教学"三角形的内角和"时，先让学生用量角的方法算出三角形的内角和，结果，发现同学们计算的结果不一样。这时教师继续启发学生进一步探究："那么，三角形的内角和到底是多少度呢？现在就发挥大家的聪明才智，利用手中的长方形、三角形纸片，自主探究三角形的内角和是多少度。"有的继续用量角的方法来验证，用量角器分别测量出三角形三个内角的度数，然后把它们加起来，得到的内角和有些是180°，有些却接近180°。有的学生用

---

① 张豪锋,王小梅.基于对话教学理论的课堂学习共同体研究与设计应用[J].现代教育技术,2010,20(2):46.

长方形来证明,因为长方形的四个角都是直角,它的内角和是360°,将长方形沿对角线剪开,就得到两个完全一样的三角形,所以三角形的内角和是360°÷2=180°。有的学生把三角形的三个角剪下,拼成一个平角,得到三角形的内角和是180°。还有的学生直接把三角形的三个角折成一个平角,同样得到三角形的内角和是180°。在此基础上,教师引导学生归纳得出"三角形的内角和是180°"。为了进一步拓展学生的思维,巩固所学知识,教师又深入挖掘,提出富有挑战性的问题:"如果把一个大三角形剪成两个小三角形,每个小三角形的内角和又是多少度呢?""如果将四个完全一样的小三角形拼成一个大三角形,这个大三角形的内角和又是多少度呢?"再一次激活学生的思维,打破学生的认知平衡,通过引导学生动手操作、验证,最后总结概括出"无论三角形的大小、形状、位置如何变化,其内角和总是180°"。也就是说"任何三角形的内角和都是180°"这一结论,由于教师巧妙运用了点拨、启发、引导,助推学生主动探究,促使每个学生积极主动地不断寻求解决问题的策略,不断经历数学知识的"再发现""再创造"过程,进行创造性学习,实现了主导和主体的和谐统一,达到了课堂教学的高效、优质。[①]

数学课堂中,教师要尊重学生的主体地位,适时渗透数学思想方法,让学生真正感受到数学的魅力。

例如,教学"三角形边的关系"一课,在学生通过探究发现"三角形两边之和大于第三边"时,教师提问:"7 cm+3 cm>2 cm,这三条线段是不是可以围成一个三角形呢?这不也是两边之和大于第三边吗?"

生1:是哦,可好像这三条线段不能围成三角形啊!

生2:老师,在围成的三角形中,发现有两组两边之和大于第三边。

生3:老师,我知道了。不能只看其中两边之和大于第三边,还要将每两边之和与第三边比大小。如3 cm、4 cm、5 cm这三条线段,因为3+4>5、3+5>4、4+5>3,所以它们可以围成一个三角形。

师:那谁能重新概括一下它们的关系呢?

生4:任意两边之和大于第三边,这样的三条线段能够围成一个三角形。

师:还有其他理由来解释吗?

生5:(出示图)如图中的三角形,线段AB是A点和B点之间的距离,A点经

① 邱廷建.正确处理九大关系 构建和谐数学课堂[J].小学数学教育,2012(4):10-11.

过C点到B点也可以看作是A点和B点之间的距离,由于两点之间的线段最短,所以$BC+AC>AB$。

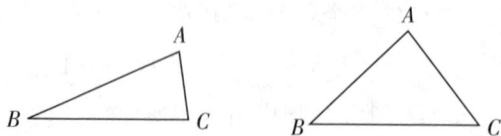

生6:这样表述还是不完整。我们可以把线段AC看作是A点和C点之间的距离,A点经过B点到C点也可以看作是A点和C点之间的距离,已经知道两点之间的线段最短,所以$AB+BC>AC$,同理可知$AB+AC>BC$。

生7:老师,因为两点之间的线段要比两点之间的折线要短,所以两点之间的线段最短。(掌声响起)

师:判断三条线段能不能围成一个三角形的知识,看来大家都掌握了。但是,如果每次都这样判断比较麻烦,能不能改进一下呢?

生8:只要较短的两边之和大于第三边就可以了。

上述教学,教师通过问题制造认知冲突,引导学生经历"只要较短的两边之和大于第三边"的探究、发现过程这样教学不仅体现了学生的主体地位,使学生真正习得新知,还让学生感悟隐藏其中的数学思想方法,实现更高层次的教学目标。[1]

除了常规的由教师引发的师生对话,还可以由学生主体发出师生对话。比如,"补充"和"质疑"是课堂教学优质高效对话的重要特征。"老师,我还有补充。"这样的对话经常出现在课堂教学中。补充的具体形式可以有多种,教师讲述之后学生可以补充,小组讨论时学生有不同的观点可以相互补充,全班汇报时小组和小组之间可以相互补充,一个学生回答之后其他学生可以进行补充。"老师,我不同意他的观点。"这样的对话也会出现在课堂教学中。"质疑"是课堂教学对话的闪亮瞬间。因为质疑背后一定是思维的交锋,交锋的过程直指思维的进阶。互相补充和质疑的对话,其背后是思维的叠加。在融美数学课堂中,当学生通过倾听和思考,发现老师或学生的思维不够完整时,便会进行补充或质疑。这种对话行为是使思维渐趋完整的过程,是学生开展深度学习的催化剂。

以下案例记录了我对课堂师生对话的理解与实践。

---

[1] 周群.让小学数学对话教学走向高效[J].小学教学参考,2022(9):29-30.

【案例】《课堂上美妙的两种声音》

课上，与孩子们一起探索用计算器发现规律，孩子们兴趣很高，教材里的习题显然满足不了他们的探索欲望。于是，按照预设方案，补充了142 857的规律，引导孩子们找到了分别乘1~6的规律时，142 857 × 1 = 14 285（7），1×7=7；142 857 × 2 = 28 571（4），2×7=14；142 857 × 3 = 42 857（1），3×7=21；然后，让他们思考乘以4~6分别会是什么结果呢？孩子们先思考然后交流，不一会儿，他们就自己发现了规律。"142 857 × 4 = 57 142（8），4×7=28；142 857 × 5 = 71 428（5），5×7=35；142 857 × 6 = 85 714（2），6×7=42。"听着孩子们不断传来的"啊？怎么会这样！""哦，我知道了！"心里暗自高兴，这样的声音，真是课堂中最美妙的声音。

到此还不够的，探究之路继续往前走。当孩子们还沉浸在发现规律的感觉中，让他们猜如果乘以7会等于多少，孩子们还以为会跟前面的规律一样，在142 857中进行数字转换。不急着公布答案，让孩子们马上用计算器计算，"啊，太奇怪了，怎么会都是9呢？""是呀！怎么会这样呢？"这时，我的课前准备用上了。"142 857，又名走马灯数。据说，它发现于埃及金字塔内，它是一组神奇数字，它证明一星期有7天，它自我累加一次，就由它的6个数字，依顺序轮值一次，到了第7天，它们就放假，由999 999去代班，数字越加越大，每超过一星期轮回，每个数字需要分身一次，你不需要计算机，只要知道它的分身方法，就可以知道继续累加的答案，它还有更神奇的地方等待你去发掘！"看着孩子们一脸惊讶、满脸崇拜的神情，我暗自高兴昨晚做的功课有效果了。

接下来，我又介绍了一个神秘的数——12 345 679，我跟孩子们说，它可以变出你喜欢的1~9中的一个数，不信试一试。让孩子说一个数，"9"，"好，请你乘以81""啊，真是这样呀！都是9，为什么呢？""再来一个！""3""请你乘以27。""是呀，都是3了。但是为什么呢？""老师，我知道了。"总是有一些反应比较快的孩子，才两次就发现了规律。"你说说！""要得到哪个数，只要乘以它和9的倍数。""对了，这个数叫作'缺8数'，它就是这么神奇，至于为什么，同学们可以课后再查查资料，然后，拿到教室进行共享。"

计算器的使用方法，基本不用教的，孩子们完全可以在生活中靠"做中学"自己懂得，那么，在课堂上就不是简单地使用它来帮助计算了，而用它来帮助发现规律，然后应用规律，更能体现出它的价值来。

特别有意思的是，课前准备中领读员进行听算练习时，有孩子偷偷用了计算器,结果却做得比别人慢了。这正好给自己一个谈话的契机,因为经常有孩子质疑计算的价值,"都有了计算器了为什么还要学那些令人厌烦的竖式计算?"于是,"计算器只是工具,是用来为人服务的。不是任何时候都是用计算器会更快的。"这个时候,有真实的事例作证,或许他们就能接受得了。轻轻的几声"哦!"传了过来,有些孩子还伴着微微地点点头。

突然有了一个行动,跟孩子们说,老师最喜欢的就是课堂上的两种声音,一种是"啊?",因为它体现了孩子们好奇的天性,说明课堂能够吸引人;一种是"哦!",是孩子们自悟、顿悟的呈现,说明在老师留给的思考空间里,大家真正"学会"了。

以为自己这样即兴地说说,孩子们不一定有感受。没想到,在周末的个性作业里,有孩子就跟我说了自己的心声"李老师,您说您特别喜欢在课堂上听到'啊? 哦!'这样的声音,'啊?'代表好奇,'哦!'代表明白。我也属于其中的一个哦! 嘻嘻!'噢(哦)'一下。"于是我回了"真好! 多多'噢(哦)!'"。

"啊?""哦!"课堂上那两种美妙的声音,在融美数学的课堂,应该让这两种声音在更多孩子口中、在课堂的更多时候响起。

2.开展多元互动的生生对话

在实施对话教学中,生生对话更能促进学生思维的发展。在没有教师参与的对话活动中,学生不再因畏惧教师的权威而拘谨,在轻松的氛围中有了自由、大胆表达的机会。学生在独立思考中放松心情、驰骋思维,对问题的想象无拘无束,酝酿着独特的想法并准备对话。在小组交流与分享过程中,会有平淡的对话也会有激烈的辩论。同学们虽然都会急于表达自己的独特观点,但也会认真倾听伙伴的想法,在不同的思维碰撞中,通过吸纳别人的意见,或坚持自己的观点,或修正自己的看法,达到不断更新自我认识的效果。学生在充满智慧的对话过程中,不仅收获对知识的理解,更是享受一种平等交流的快乐,感受同学间的心灵沟通和彼此信任。在生生对话的课堂里,学生不再自我封闭而是善于思考、表达和敢于质疑,在宽松的对话中理解知识、内化知识。

如教授"平行与垂直"中"平行"概念的时候,学生画出几组两条不同位置关系的直线,教师引导学生在分类过程中观察图形"＝",有的学生认为这两条直线不会相交,有的学生认为会相交。此时,教师把不同观点的同学分成正方和反方两队,让双方都充分说明自己的观点是正确的,并展开对话。具体如下[①]:

反方:会相交。

正方:会不会相交不能凭感觉判断,我们知道直线可以无限延长,这两条直线延长后还是不相交。

反方:你们在纸上把直线延长那么一小段而已,怎么能肯定就不相交呢?

正方:我们可以想象铁路上的两条铁轨,铁轨无限延长,如果会相交,火车不就出轨了吗!

反方:哈哈,大人才会出轨,火车叫脱轨,而且两条铁轨也不是直线。

正方:我们还有更好的方法,用三角板量这两条直线的距离,如果量几次距离都相等,就一定不会相交。

反方:赞同你们的观点。

正方:谢谢你们的认可。

对于这两条直线的不相交,学生有了统一的认识,不仅知道不相交,更是掌握了判断不相交的方法,为平行线概念的归纳铺平了道路。

3.谨防课堂中的"假对话"

创设情境开展对话,达到激趣启思的效果,这是很多老师在备课时考虑的一个问题。尤其是公开课,执教者均会想方设法,让对话来得更"美丽"些。对话情境,追求的应该是画龙点睛的,但有时,却是画蛇添足的效果,甚至有时会误导学生的学习。"千教万教,教人求真;千学万学,学做真人。"陶行知老先生的这句名言诠释了教育的真谛。作为教师,应该引导孩子追求真善美,自身也应该是这方面的典范。然而,我们却经常在课堂上见到这样的一些不和谐的"假对话"。例如以下是自己听课过程中的三个小案例。

---

① 易增加.对话教学在小学数学教学中的应用[J].教育探索,2013(12):44-45.

【案例1】 "老师,你骗人"

一位老师在一节"三位数连加练习课"上,给学生创设了一个情境,"星期天,老师去商场买东西。想不想知道我买了什么?"(出示小黑板)"想!"班里大部分学生都大声回答道。但这时响起了一个异样的声音:"老师,你骗人。"这声音虽然不是很洪亮,但此时却像一颗炸弹一样在班中炸开了锅,随即就有两三个调皮的学生附和道:"是啊,老师骗人。"看到课堂上出现这种不和谐的音符,老师心中不免有些着急,但还是微笑着问那位胆大的学生:"你为什么说我骗人呢?"这位学生站起来说:"老师,你根本没去买东西。"他的话令老师觉得有点难堪。好在这位老师反应还算敏捷,他笑着对全班学生说:"老师和大家一样要生活,也会像你们的爸爸妈妈那样为家里买东西。你们也爱玩过家家的游戏,今天,我们就进行一次模拟购物吧。"……

【思考】"老师,你骗人!"随着新课程理念的落实,我们已经有勇气来接纳这些来自学生的质疑与批评,但我们仍然应该反思:怎样让课堂上这种不和谐的音符再少些呢?从这个案例来看,我认为老师在教学中对创设情境的目的意义不是很清晰。情境可以有真实与虚拟之分,但虚拟不等于虚假。由于购物是学生非常熟悉的生活情境,很容易从自身的生活经验判断是真是假,案例中的老师就这样陷入了被动中。除了思考情境如何更好地为教学服务,教师还应注意情境的表述方式,以免在无意中伤害了孩子纯真的心灵。

【案例2】 "下了课到老师身边来领"

电脑出示了一把学生的尺子。老师问:"小朋友,你从这把尺子上发现了什么?看谁想得最多?表现好的老师奖给他一颗五角星。"

学生非常高兴,争着发言。一颗五角星对于他们还是有很大的吸引力的。孩子们争着说:"我知道了上面有几个数字""我发现了尺子上第一个是0,最后一个是20""我还知道了12的后面是几,前面是几"……从孩子们的发言,可以发现孩子的观察非常仔细,很多的答案都是有创新的。

大约过了几分钟,课快要结束了,老师还没有奖五角星。有的孩子急了:"老师,你怎么没有发五角星呢?"老师说:"下了课到老师身边来领。"可结果,下了课,老师只顾自己走了,孩子的心里非常失望。在他们的印象里,老师一直这样的,只有比赛的规则,却没有结局。……

【思考】物质奖励作为评价的一种手段,在课堂上如果恰当使用能激发学生的学习欲望,特别是低年级学生。但物质奖励又应该谨慎、巧妙地运用,还应该与精神奖励结合在一起。本案例的老师用五角星激起了学生的学习兴趣，学生"争着发言""很多的答案都是有创新的"，这说明"五角星"对于学生是有很大的吸引力的。但老师却迟迟没有兑现奖品，甚至下课后只顾自己走了，我们可以想象孩子的失望心理，而当孩子逐渐习惯了这样的"欺骗"，教师就被贴上了"言而无信"的标签了。我认为这位老师应该及时给孩子颁奖，当某一个孩子回答特别精彩或进步特别大时，就应该当场奖给"五角星"，并结合语言评价这位同学为什么得到奖励。这样，评价的激励、导向作用才能发挥得更好。

【案例3】　"有什么不明白的，下课再说！"

有一位教师上"梯形的面积计算"时，学生提出问题："老师，梯形的面积计算公式为什么和腰的长短无关呢？""这个同学提的问题很好，大家下课后研究研究。"教师这样回答。其实，这个问题点出了教师教学活动中的一个重要疏漏，即没有分辨"腰"和"高"的关系，"梯形"和"长方形""正方形"的转化关系。但可惜的是，执教老师没能抓住这个契机，只是一带而过。诸如此类的现象我们也常常在课堂中听到，如"同学们提的问题太多了，我们解决不了，下课再说吧！""如果还有不同的想法，下课再跟老师说。""大家有什么不明白的，下课再说！"……如果你认真观察一下，下课后老师一般急着拿着书本走人，"下课再说"成了一句虚假的承诺。

【思考】"下课再说"体现了一种什么样的教学理念呢？是教育智慧的闪动还是逃避问题的体现呢？我认为，主要还是老师担心被学生牵着鼻子走，完成不了教学任务而产生的一种潜意识的逃避问题的现象。之所以说是潜意识的，是因为教师并非有意逃避问题，而是一种下意识的反应，最后就变成了一句"以不变应万变"的口头禅。"下课再说"现象有何不好呢？我认为这影响师生之间的相互信任。我曾留心观察过很多节课，课堂上教师承诺"下课再说"，但下课后并没有见到老师主动找学生了解问题，也没有见到学生围着教师"纠缠"不休，这说明师生都已忘记了。或者师生都已知道"下课再说"只是一种借口，如果是这样，教师对学生的教育影响会不会打了折扣呢？也许学生创新的火花就在那不同的想法中，教育的契机就在那"有事"的学生身上，而一句"下课再说"把学生的热情都熄灭了。如果"下课再说"成为老师的口头禅，那么教师在课堂上就不会全心地关注学生，不会用心地捕捉资源，课堂就总是"依计而行"，而学生的思维就会总是在问题的边缘上游离，无法开放，创新也就无从谈起了。

融美数学教学主张认为，课堂教学要从"执行教案"走向"互动生成"，这样的课堂更开放了,也更容易出现一些出乎意料的教学故事。如何让这些故事更美丽、课堂更和谐,需要老师在教材解读、设计教学、捕捉资源方面不断思考与实践,这个过程,就是教师教育智慧提升的过程。当你对学生作出承诺时,请想尽办法兑现,如果无法兑现或不能解决问题时,不妨真诚地向学生道歉。"亲其师,信其道",只有让学生觉得老师是真实的、真诚的,师生关系才能真正实现和谐。

第二节

挖掘资源，突显数学，体现本质之美

数学家华罗庚曾说："就数学本身而言，是壮丽多彩、千姿百态、引人入胜的……认为数学枯燥乏味的人，只是看到了数学的严谨性，而没有体会出数学的内在美。"2022课标指出：要让学生能够理解自然现象背后的数学原理，感悟数学的审美价值；形成数学的好奇心和想象力，主动参与数学探究活动，发展创新意识。数学美表现在多个方面：几何中美丽的图形给人以视觉的享受，精练的数学语言、简练的定理和公理体现出简洁美，而数学应用的广泛性则反映了和谐美和奇异美。有时，它甚至会让人觉得不可思议，但其正确性又令人笃信不疑而为之折服。

归纳起来，数学美总体上由外而内表现在以下三个方面：一是美观，包括简洁、对称与和谐等；二是美妙，包括知识的本质性、规律的普遍性、方法的简洁性、抽象过程的严谨而练达，思维过程的奇特而合理等；三是美好，包括数学在生活中的应用、数学学科的育人价值等。融美数学，旨在提升数学的美育功能，促进学生全面发展。

一　渗透思想方法，感悟简洁美

美国著名科普作家加德纳说过："数学的真谛就在于不断寻找越来越简单的方法证明定理和数学问题。"哲学家狄德罗认为"数学中所谓美的问题，是指一个难以解决的问题，所谓美的解答，是指一个困难复杂问题的简易解答。"这些表述，都充分说明了简洁美是数学美的本质属性。简洁的事物总是蕴藏着美的真谛，化繁为简本就是一种高超的本领。数学是追求简洁的学科，简洁性是数学的一个显著特征，反映的是数学的简洁美。伟大的物理学家爱因斯坦曾经说过："美，本质上终究是其简单性。"

数学的简洁美，主要体现在数学语言和数学方法的简洁上。数学语言的最大特点就是叙述一个概念或定理,要准确、完备、简洁。数学语言是一种符号语言,与自然语言的区别在于:它不仅比自然语言具有更强的准确性,而且具有更多的简洁性。[①]

1.数学语言的简洁美。

数学语言的简洁美,在数学学习中随处可见。比如,"等底等高的平行四边形面积相等",这个结论就是揭示所有底和高一样的平行四边形,不论形状怎样,面积都是相等的关系。数学最重要的特征便是用符号来表示,数字符号是最简洁的文字,表达的内容也极其广泛而丰富。用符号表达的算式,既节省了大量文字,又反映了普遍的规律,简洁、明了、易记,充分体现了数学语言干练、简洁的表达特有美感。如,平行四边形的底用 a 表示,底边上的高用 h 表示,面积用 S 表示,则平行四边形的面积可简洁地表示为 $S = ah$;各种各样的三角形面积都可以统一用 $S = ah \div 2$ 这个公式来表示。这些公式的表达形式如此简单,但内容却极其丰富,是多么地简洁而又神奇呀!

复杂的数学知识如果用文字表达会显得十分烦琐,用简单的字母或者符号表示就更加直观易懂,容易激发学生的学习兴趣。以"用字母表示数"这一部分的教学内容为例。例如,爸爸比小红大30岁,小红1岁时,爸爸31岁。当小红2岁时,爸爸32岁。如果一一进行列举就很烦琐,而且不直观。但是在数学上可以用一个简明的式子表示出小红和爸爸的年龄关系。$Y=X+30$(Y表示爸爸的年龄,X表示小红的年龄),这样的表达方式既简明又概括。

对于中低段的学生,我们一样要在教学中,引导孩子发现数学的简洁美。以"分数的初步认识"一课为例,在教学中,让学生进行以下的探究。

通过折一折、涂一涂等方式,分别表示出一张正方形纸的二分之一(如图5-1)、四分之一(如图5-2)。

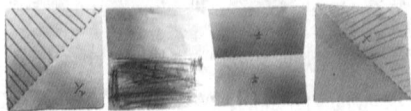

图5-1　正方形纸的二分之一　　　图5-2　正方形纸的四分之一

① 曹鹏,符方健,黄婷,等.浅析数学之美[J].教育教学论坛,2013(30):121.

在实际教学中,让学生经历动手操作创造二分之一、四分之一之后,告诉孩子们,你们创造的分数,其实可以用"$\frac{1}{2}$""$\frac{1}{4}$"来表示。用简单的符号表达复杂的数学概念,即体现了数学语言的简洁美。

又如,三年级下册"除数是一位数的除法"单元教学内容,是学生掌握除数是两位数的除法的知识和思维基础,"属于小学数学中最重要的基础知识和基本技能的内容,是需要学生必须理解掌握的。"但部分学生要掌握算法并熟练应用比较困难。在课堂上,我与孩子们一起讨论,怎样用比较简洁的语言来理解记忆笔算除法的要点,最后师生一起总结出"高位除,商对正,余数小,0占位,算前估,算后验。"朗朗上口,简洁明了,学生表示非常好记也好用。

纵观数字的发展历史,也充分体现了数学语言的简洁美。无论是古埃及的象形数字(图5-3)、古巴比伦的楔形数字(图5-4)、古印度的数字(图5-5)、古罗马的数字(图5-6),还是我国的结绳计数、算筹、算盘(图5-7),都不如阿拉伯数字来得简洁,正是它的简洁性使其能够国际通用、经久不衰。

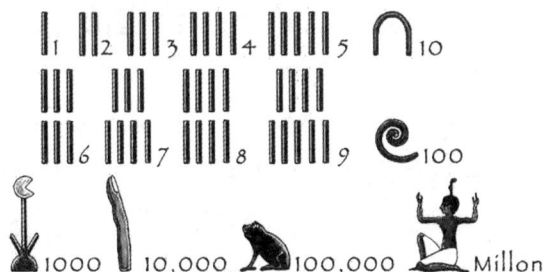

图5-3　古埃及的象形数字

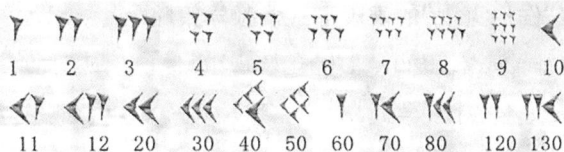

图5-4　古巴比伦的楔形数字

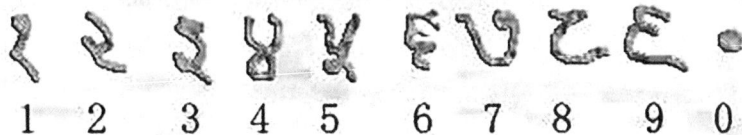

图5-5　古印度的数字

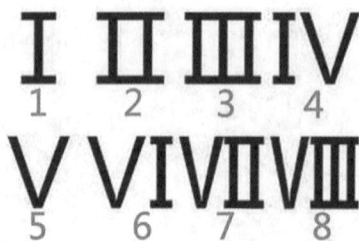

图5-6　古罗马的数字

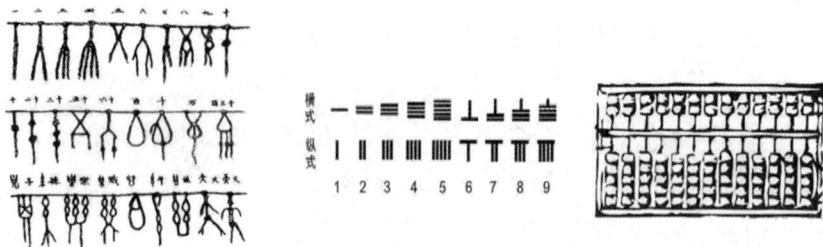

图5-7　我国的结绳计数、算筹计数、算盘

2.数学方法的简洁美

数学方法的简洁美,除了让学生感受之外,还能帮助学生解决问题。因此,数学课堂中,教师要充分利用数学的简洁美,培养学生的求简意识。从这个角度上看,数学问题本质和模型意识,能促进学生简单解决复杂的数学问题,从而更深刻感受数学简洁美的价值。数学方法的简洁美,在数学核心素养"几何直观"中体现得非常充分。下面,以自己撰写的一篇文章为例,与大家分享思考。

【案例】试谈"图形直观"的表现形式及教学策略[①]

孔凡哲和史宁中教授提出"几何直观是指,借助于见到的(或想象出来的)几何图形的形象关系,对数学的研究对象(空间形式和数量关系)进行直接感知、整体把握的能力。"从这可以理解,几何直观与"图形"是密不可分的。孔凡哲教授认为,在中小学数学中,几何直观具体表现为如下四种表现形式:实物直观、简约符号直观、图形直观、替代物直观。而在小学数学教学中,图形直观发挥着重要的作用,图形直观是以明确的几何图形为载体的几何直观。图形教给学生用直观图示描述问题的方法,是发展学生直观感受力的重要途径。本文拟

---

① 李玲玲.试谈"图形直观"的表现形式及教学策略[J].教学与管理,2013(23):43-45.

从图形直观的表现形式及教学策略入手,谈谈自己的几点思考,就教于方家。

一、小学数学中图形直观的几种表现形式

在小学数学中,图形直观的常见表现形式主要有以下几种。

1.线段图

在各种版本教材中,画线段图仍然是引导学生解决问题的一种辅助策略。在问题解决过程中,利用线段图将题中蕴含的抽象的数量关系以形象、直观的方式表达出来,能有效促进问题的解决,这已成为许多数学教师的普遍共识。比如,在解决问题时,借助线段图(如图1)可以帮助学生分析数量关系,找到各部分间的关系。

图1

2.方形图

是一种借助长方形来分析数量关系的图形。比如,在学习乘法分配律时,可以引导学生观察长方形图(如图2),ac 表示的是哪部分面积? bc 表示的是哪部分面积? 大长方形的面积可以怎样计算? 通过学生的观察、思考,在头脑中构建出了一个乘法分配律的思维图形,这样有利于避免出现类似 $(a + b)c = ac + b$ 的常见错误。又如,在解决面积变化问题"开心农场有一块长方形试验田。如果这块试验田的长增加 6 m,或者宽增加 4 m,面积都比原来增加 48 m^2。你知道原来试验田的面积是多少平方米吗?"引导学生借助方形图来思考,能帮助学生化解困难,更容易找到思维的切入点。

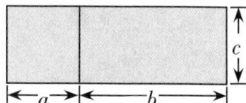

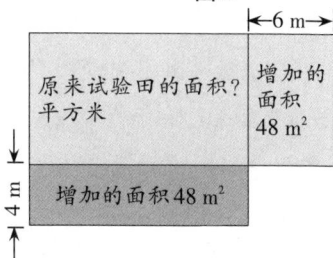

图2

图3

3.模型图

新加坡把数学模型方法作为重要的解题策略,不仅教材中有许多范例,作业中也要求学生用图形展示其思考过程,并将其作为新加坡的数学教学特色和重要的学习策略积极向外推介。这一方法是要求学生画出图片模型来表征题目中数量(已知和未知的)以及数量之间的关系(部分—整体或比较),来帮助他们形象化数量关系和解决问题。比如,在解决问题"一个筐子,4块大鹅卵石和2块小鹅卵石共重 $\frac{7}{12}$ 千克。一个筐子,2块大鹅卵石和1块小鹅卵石共重 $\frac{5}{12}$ 千克。一个空筐子重多少千克?",老师这样引导学生画图并思考(如图4)。新加坡小学数学模型方法与我国的线段图在教学效果上有异曲同工之处,但模型图更符合儿童的认知特点,帮助学生沟通形象与抽象的矛盾。

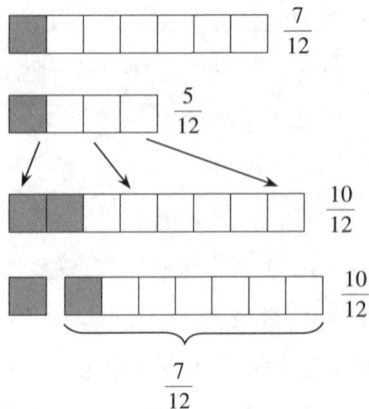

图4

4.集合图

就是文氏图,用封闭曲线(内部区域)表示集合及其关系的图形。(Venn Diagram,也称韦恩图)运动集合图,能帮助学生理清信息之间的逻辑关系。例如,在学习方程的意义时,借助集合图(如图5)可以帮助学生理解"方程一定是等式,但等式不一定是方程"的意义。

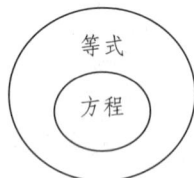

图5

5.关系图。

这样的图能帮助其他图形,比如,思路图。一课,可以引出学生画图思维过程,这样有助于厘出"打电话所需要的最少教材"成员间的关系"中左图是带情境的说明图,现,更加结构化了。

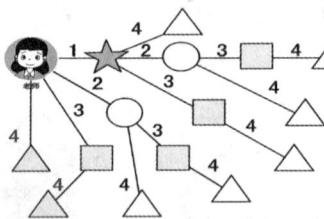

图6

例如,在"打电话"(如图6)来表示出清思路,从而计算时间"。而北师版有两个图(如图7),右图只是关系的呈

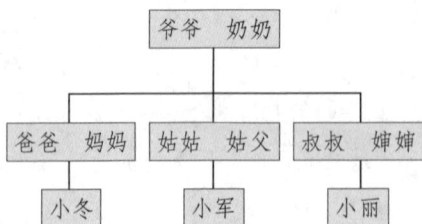

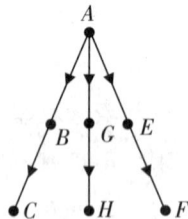

图7

6.示意图

这里可指两种,一种是用普通的图形来代替问题中的事物,比如"白兔有2只,黑兔有8只,黑兔的只数是白兔的几倍?"如图8,可以用圆形来代替白兔和黑兔的只数,从而找出它们之间的关系。另一种是用简笔画的形式,描述出问题的信息。比如"气象组有12人,摄影小组人数是气象小组的$\frac{1}{3}$,航模小组的人数又是摄影小组的$\frac{3}{4}$,航模小组有多少人?"有学生画出了示意图(如图9),在这个图中,孩子对分数的意义理解是非常清晰的。

第一行 ●●｜●●｜●●｜●●
第二行 ●●｜●●｜●●｜●●

8里面有（**4**）个2
8是2的（**4**）倍

图8

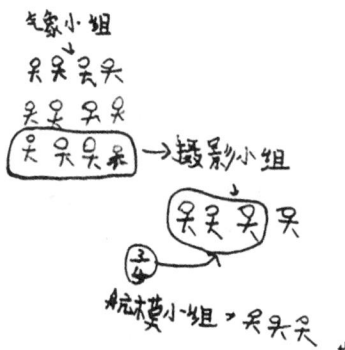

图9

7.替代图

是指依据儿童的思维特点和认知水平,用自己能理解的图形或符号来帮助理解题意的图形。这样的图形在儿童学习过程中经常出现。如图10,学生用线段的形式,模拟出钟面时间的进程,这就是在实物直观的基础上,进行一定程度的抽象,所形成的、半符号化的直观。

又如,在求平均数问题"有8个数,从小到大排列,前5个数的平均数是46,后4个数的平均数是68,问第5个数是多少?"时,教师引导学生画图整理信息。有学生用字母替代数(如图11),这样,很直观地就能看出"第5个数在两句话中的位置",有效地找到了解决问题的切入点。

（1）妈妈上午 10:00 将车停放在地下车库,下午 2:00 离开,妈妈要交（ 20 ）元停车费。

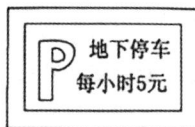

地下停车
每小时5元

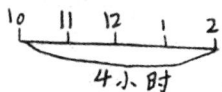

$4 \times 5 = 20(元)$

图10

$$A + B + C + D + E = 46 \times 5$$
$$E + F + G + H = 68 \times 4$$

图11

"直观,通常没有经过严格的逻辑推理,却往往能把握对象的全貌和本质。借助几何图形的直观,常常能发现图形之间的关系,甚至会产生对相关数量之间关系的猜想,在研究数学问题的过程中,几何直观有时能使问题变得简明。"从以上各种小学数学学习过程中出现的部分图形可以看出,画图是一个"去情境化"的过程;画图能够直观呈现数量关系;是帮助学生理解数学问题的重要补充,有利于学生对问题的理解;数学中的图形是一种最简单的数学语言,体现了一种数学的简洁美;画图是对现实中数学问题不断抽象的过程;有助于培养学生抽象能力,以及抓住问题本质寻找解决策略的能力。因此,在小学数学学习过程中,应重视学生图形直观意识与能力的培养。

二、小学数学教学中图形直观的教学实施策略

史宁中教授说"直观并不是一成不变的,随着经验的积累其功能可能逐渐加强""只有把'先天的存在与后天的经验'有机结合起来,才能形成人的直观能力。"虽然学生的几何直观有先天的成分,但后天的有意培养与强化,也能使孩子的几何直观得到有效发展。以下谈谈在小学数学学习过程中图形直观的教学实施策略。

1.有机结合,几何直观应渗透在各个领域的教学中。

培养和发展学生的几何直观,是数学课程"图形与几何"领域的核心目标之一,这也是之前数学课改关注比较多的。但教师应明确,"几何直观"并不仅仅与"几何"相关,在数与代数、统计与概率、综合与实践活动领域都应该抓住契机,有意识地渗透在日常的教学环节中。比如,在统计与概率内容的教学中,利用条形统计图能很好地帮助学生理解求平均数问题"移多补少"的道理;又比如,在计算教学中,也可以适当渗透几何内容。在学习"小数除法"时,学生以往的经验停留在整数除法"商总是比被除数小"的层面上,对于"商为什么越除越大"很难理解。于是,我在上课时引导学生用图表示出"1除以0.01",(如图12),学生很轻松地就能理解"1除以0.1表示1里面有100个0.1",借助几何直观,可以把算理和算法有机地结合起来,实现"理法相融"的教学目标。

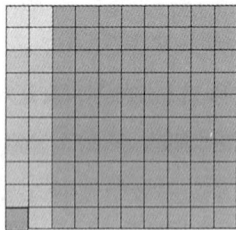

图12

2.开发课程,培养学生的图形直观意识。

在各种版本教材中,苏教版教材在四下安排了"解决问题的策略——画图",引导学生学会用方形图来解决有关面积变化的数学问题,除此之外,与其

他版本的教材一样,对于培养学生的图形直观意识和能力大都借助于具体的教学内容,采用的是有机结合,甚至是渗透式的方式,并不作为单独的教学内容。可以说,教师在教学过程中,如果没有对图形直观充分的重视,对学生图形直观的培养有可能就陷入"可有可无"的尴尬状况。因此,作为教师,应该在解读现有教材的基础上,开发设计有利于培养学生图形直观的课程。江苏育才小学蔡月珍老师给三年级学生上的"画图学数学"一课,为我们做了很好的示范。蔡老师自主设计教学内容,引导学生感受画图的优势,掌握画图的策略(如图13)。她引导学生经历了"美术图"到"数学图"的变化过程,从实物直观(课件模拟情境)—符号直观—图形直观。学生不仅经历了思维的发展过程,而且深刻地感受到了数学图形的"简洁美"。除此之外在教学中,线段图可以适当强化,新加坡的模型图也可以适当借鉴。当然,这需要教师树立新的数学课程观。

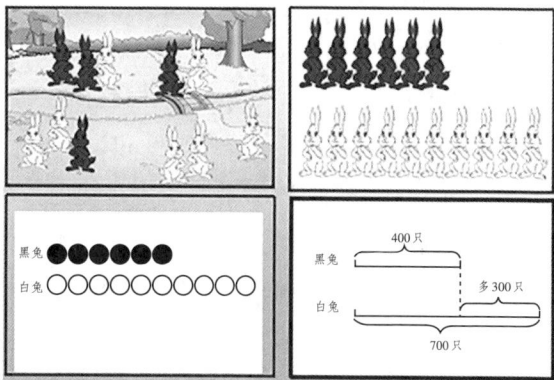

图13

3.呵护个性,尊重学生的"独特"图形。

曾几何时,线段图是小学数学学习过程中必过的一关,有些老师强求学生一定要画出规范的线段图再解题,因此造成了不少学生"望图生畏",对画图产生厌烦,也影响了画图的积极性,几何直观的培养也无从谈起了。我认为,针对儿童喜欢求异的心理,可以允许学生画有个性的图,教师应充分地呵护学生的这种几何直观的意识,尊重并欣赏学生的个性化图形。比如,在解决问题"一个人带两只桶去河边取水,一只桶能装3千克水,一只桶能装5千克水。现在要取4千克水,应该怎样做?"时,我班学生出现了独特的图文表示方法(如图14)。实践证明,给予孩子空间,往往能带来很多惊喜。

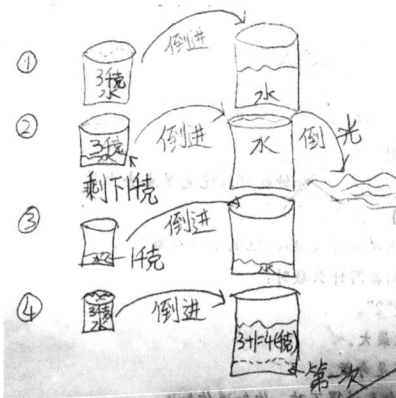

图14

173

二 依托规律探寻,感悟奇异美

培根说"没有一个极美的东西不是在匀称中有着某种奇异,美就在于奇特而令人惊异"。奇异是指奇妙与变异,数学中的变异指的是数学理论拓广或统一性遭到破坏后,产生新方法、新思想、新概念的起点;变异有悖于人们的想象和预期,因此就引起人们的关注(专注)与好奇。奇异中蕴含着吸引人的奥妙和魅力,奇异中隐藏着真理与规律[①]。数学中,经常会出现打破常规、出其不意的情况,这就是数学的奇异美。奇异美是原有的习惯和思维方式被打破产生的惊愕和诧异,是一种绝处逢生、出乎意料的结果。数学的奇异美,让数学学习更具生机和色彩,更加的光彩夺目,让人流连忘返,让学生产生极大的心灵震动,尤其是解题方法的独特性产生的令人陶醉神往的情况,它能使学生感受到创造和成功的喜悦与乐趣,养成科学的态度和积极的上进心。

数学的奇异美,在数学学习中也是随处可见的。例如,求由7组成的数乘以由9组成的数,从算式中可以看出,计算的结果,竟然有神奇的情况(如图5-8)。这就是数学的魅力。

$$7777×9999=77762223$$
$$77777×99999=7777622223$$
$$777777×999999=777776222223$$
$$7777777×9999999=77777762222223$$

图5-8 算式

我们常说数学源于生活又应用于生活。数学的美是可以回归自然的,用数学来表达大自然的美,体现了数学的奇异美。比如,斐波那契数列,也称为黄金分割数列。在自然界中有很多事物的数量都与斐波那契数列相吻合。向日葵、松果种子、菜花的表面都有类似的规律。人体的大多数身体部位也遵循了数字1、2、3和5。我们有一个鼻子,两只眼睛,每个肢体都有三段,每只手有5根手指。人体的比例和测量值也可以按照黄金分割比例进行划分。人教版小学数学四年级教材中的"神奇的莫比乌斯带",就是一个数学奇异美的典型,很多名家进行了精彩的演绎。

① 张昆.数学解题教学设计的创新实践研究——基于"美学"的视点[J].数学教育学报,2015,24(5):41-45

【案例】《在"玩"中揭开"神带"的奥秘》①（节选）

师：孩子们，小纸条是我们身边最普通的物品了。（出示一张纸条）这张小小的纸条，将会在我们的数学课堂上发生神奇而有趣的变化，猜一猜，它会有多神奇？

生：小纸条会变魔术吗？

师：今天，我们一起去玩一玩，开启小纸条的神奇之旅吧！（教师示范做一个普通纸环，学生动手操作，模仿做纸环）

师：今天，淘气和笑笑遇到了一个有趣的问题：纸环的内侧有一点面包屑，外侧有一只蚂蚁，小蚂蚁能吃到面包屑吗？（师组织全班讨论）

生：小蚂蚁爬到面包屑附近，翻越纸环边缘就可以吃到面包屑了。

师：如果不翻越纸环的边缘，小蚂蚁能吃到面包屑吗？为什么？

生1：如果不翻越纸环边缘，可能就吃不到面包屑了。

生2：可以把纸环戳个小洞，蚂蚁穿过小洞，也可以吃到面包屑。

生3：如果在纸环上戳个洞，那就跟翻越没什么区别了！

师：孩子们对"不翻越"的理解真到位！那小蚂蚁不翻越纸环的边缘，到底能否吃到面包屑呢？你有什么好办法验证一下吗？

生1：动手画一画。

生2：沿着蚂蚁爬的路线去比画一下。（学生动手操作，亲身体验，找结论，然后汇报结论：在普通纸环中，小蚂蚁不翻越纸环的边缘，不能吃到面包屑）

师：为什么在普通纸环里，小蚂蚁不翻越纸环的边缘就不能吃到面包屑？请你看一看、摸一摸手中的纸环，有什么发现？并把你的发现在小组里跟同学分享一下。（小组讨论，全班分享汇报）

生1：这个纸环，它有两个面，有两条边。

生2：小蚂蚁跟面包屑不在同一个面上，所以小蚂蚁不翻越纸环的边缘是无法吃到面包屑的。

在上述案例中，教师利用平凡的、学生熟悉的小纸条发问，激发学生的兴趣和好奇心，使学生以高涨的情绪进入课堂。在课堂上，教师通过开放式问题"如果不翻越纸环的边缘，小蚂蚁能吃到面包屑吗？"引发学生大胆思考，使其在

---

① 何丽琴.在"玩"中揭开"神带"的奥秘——"神奇的莫比乌斯带"教学片段与思考[J].小学教学（数学版）,2019(5):46-47.

讨论中产生思维碰撞,通过讨论加深对"不翻越"的理解,初步感知普通纸环有两个面。学生动手操作制作普通纸环,通过看一看、摸一摸的方式,感受普通纸环的特点,为下一步探究莫比乌斯带的神奇奥秘做好铺垫。

一方面,数学的奇异美令人叹为观止,给人出乎意料、又在意料之中的奇妙感,具有令人着迷的数学魅力。在教学时,应该注重引导学生时刻感受生活中所蕴含的数学美,让学生能够充分意识到数学领域的美学能够渗透到日常生活中。另一方面,教师还需要引导学生用数学的眼光观察现实世界,从生活中充分挖掘出数学之美的素材,并且能够运用课堂中所学的数学知识解释生活中的一些现象,真实地体验感悟数学的"奇异美"。

又如,在三年级下册"两位数乘两位数"单元学习时,教师可以引导学生发现乘法巧算的奥妙。当在课堂上引导学生发现"一个数乘以11"的算式与结果之后,大家总结出"两头一拉,中间相加,满十进位"的"拉面大法"速算方法,学生开心地大笑起来,直言"计算太有趣了"。正是这些奇异之趣,让学生更加体验到数学之美。

三 注重具身学习,感悟对称美

对称是一种典型的数学美,它既能给人以整齐、规范、匀称、和谐的美感,又能体现出数学思维简洁、解法奇妙之美,处处渗透着一种圆满和自然的美,可以说是展现数学之美的绝佳素材。著名的德国数学家和物理学家魏尔说"美和对称紧密相连。"数学家伯克霍夫还曾根据"对称性越多,美的程度就越多",提出了"美度"的概念,利用数字来表示图形美的程度,并用下列公式来定义:

$$美度 = \frac{秩序}{复杂度}$$

根据这个公式可以计算出:正方形的美度是1.50,正三角形的美度是1.16。由此可见,数学家将对称性视为美的重要特征,并将其作为数学发现与创造中的重要美学指导思想。

1.引导在生活情境中感悟对称美

对称是现实世界中极为常见的一种美学性质,没有对称性的世界是无序的、杂乱无章的,没有对称性的东西是孤寂的、呆板的,不具有生命力。其实,数学中也蕴含着对称美。自然界存在着许多美丽的图案,透视其数学本质都归为对称性。例如美丽的蝴蝶图案、平静湖面荡起的圆纹图案等。

生活中处处有对称,数学作为反映客观世界规律的工具,既有轴对称图形、中心对称图形等反映着空间中的对称,还有周期函数等展现了时间上的对称。其中,数学美的对称性最明显的例子就是圆,它既是轴对称图形又是中心对称图形,有着一个对称中心和无数条对称轴,连毕达哥拉斯都称赞道:一切立体图形中最美的是球体,而一切平面图形中最美的是圆形。

在小学数学的学习过程中,教师主要通过引导学生动手操作,使其感受对称美。例如,轴对称图形、回文数与回文式、加法交换律和乘法交换律等都包含了对称性,给人以简明、工整的体验感。(如图5-9)

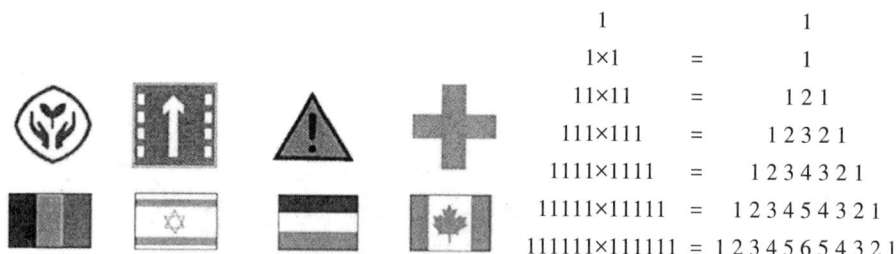

$$
\begin{aligned}
1 &= 1 \\
1 \times 1 &= 1 \\
11 \times 11 &= 121 \\
111 \times 111 &= 12321 \\
1111 \times 1111 &= 1234321 \\
11111 \times 11111 &= 123454321 \\
111111 \times 111111 &= 12345654321
\end{aligned}
$$

图5-9 轴对称图形及算式中的对称性

圆,被众多学者誉为最美的图形。圆的美,更多的是给人以匀称、平衡、有序的感受,使人体会到对称之美。在教学时,教师让学生初步认识圆形后,则可以带领他们从圆形的半径、直径、周长、面积以及对称轴等方面进行分析,共同寻找圆形的"对称美"。通过动手操作、合作交流等具体实践活动,学生充分感受到圆的不同层面的美。比如:圆本身是由一条曲线构成的,具有圆满的美;作为轴对称图形,圆形的直径就是其对称轴,是所有图形中拥有对称轴数量最多的图形,正是因为其独有的对称美才造就了这种特点;如果周长固定,圆形则是面积最大的图形等。从古至今,人们对于"对称之美"的追求从未停止。数学研究现实世界的空间形式和数量关系,因此,彰显数学美的显性表现离不开对称美。

2.引导在动手操作中感悟对称美

对称是物体或图形在某种变换条件(例如:绕直线的旋转、平面反映等)下,其相同部分间有规律重复的现象,亦即在一定变换条件下的不变现象。在实际教学中,我们可以通过动手操作的方式,让学生通过折一折、剪一剪等方式,动手制作一些生活中的对称图形(如图5-10),通过动手操作,让学生感受数学对称的美。

图5-10　对称的剪纸图样

数学的对称美,其实还能有助于学生问题的解决,比如,在一些几何图形的面积计算中,借用对称的方法,能很快找到解决的办法。

以典型的求"四叶草"图形的面积为例,这道题的解决方法有很多,利用对称来解答,也是一种非常奇妙的感觉。从图5-11中,可以把这个图形左右剪开,移动其中的一块,变成一种新的图形。最终阴影的面积就是圆形面积减去正方形的面积,其结果的两倍。由此可见,对称的方法,也能帮我们找到数学的本质,找到解决问题的办法。

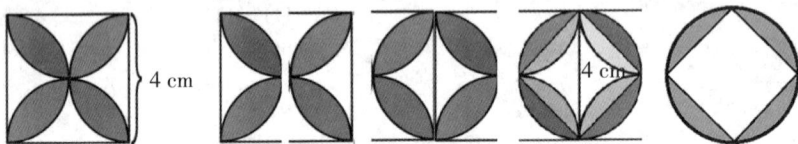

图5-11　"四叶草"的演变

数学中的对称美,既有图形的对称美,还有运算的对称美。具备对称美的几何图形广泛存在于小学数学中,如正方形、长方形、等腰三角形、等腰梯形、圆形等对称图形。在教学中,除了欣赏对称美,教师还可以借助实践操作,引导学生设计轴对称、旋转对称和中心对称图形。数学运算也体现着数学的对称美,如数学当中的互逆运算,加法和减法、乘法和除法都是数学对称美的一种形式。中国的对联是一种国粹,雅称"楹联",其文字简洁,意义深邃,对仗工整、平仄协调,堪称中华民族的文化瑰宝,从文字个数和寓意上看,对联也是一种对称。

除了以动手操作为主要形式引导学生体验对称之美外,很多教学设计的细节也能很好地体现这一点。比如在讲授"100以内的加法和减法"时,为了培养学生的计算能力,我们经常会设计"夺红旗"的游戏练习,如图5-12所示。图中不仅蕴含着学习需脚踏实地、逐步攀登才能抵达知识巅峰的深刻寓意,还巧妙地将学生分成了两组,通过竞赛的方式,让他们从图中的左右两侧同时"登山",看哪一组能率先登顶。这种方式把枯燥的计算变成了学生感兴趣的活动。在

"我要做,我要向上"的启示激励下,学生积极参与,从图中体会对称之美。

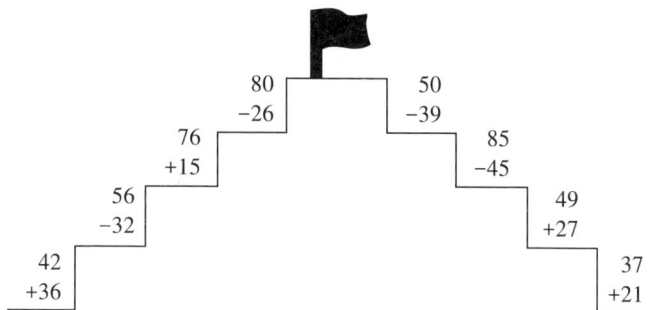

图5-12 "夺红旗"的游戏练习

四 沟通内在联系,感悟统一美

唯物辩证法告诉我们,客观世界是统一的物质世界,物质运动呈现多样性与规律,物质世界处在普遍联系与无限发展之中。作为研究客观世界空间形式和数量关系的数学学科,它反映了这一统一性,正如希尔伯特所指出的那样:"数学科学是一个不可分割的有机整体。它的生命力正是在于各个部分之间的联系,数学的有机的统一,是这门科学固有的特点,因为它是一切精确自然科学知识的基础。"希而伯特曾说统一的目的就是:"追求更有力的工具和更简单的方法"。可以说,数学的发展是逐步统一的过程。

统一美是指部分与部分、部分与整体之间的内在联系或共同规律所呈现出来的和谐一致。数学的统一性就是借助熟悉的知识去理解生疏的、未知的知识。对于难点或难以简单表述的数学知识,通过恰当的类比,建立数学模型,让学生的思维难度降低,理解不同数学知识之间的内在联系,达到对"数学统一性"的清晰认识。[①]数学的统一美是对数学现象共同特征的反映,更是数学魅力的充分展示。

1.统领核心概念,感悟内容统一性

2022课标将"数与代数"领域的"数的认识"与"数的运算"两个主题整合为"数与运算"一个主题,在课程标准中首次提出"一致性"概念,即数的概念本质

---

① 李春慧.对"数学统一性"的认识[J].数学之友,2020(4):9.

的一致性和数的运算本质的一致性。小学数学提出"数概念一致性""数运算一致性"是数学课程结构化、数学化的路径。国内外小学数学"数与运算"的教学内容大多是零散的,整数、分数与小数内容都各讲各的道理。小学生对于数学的理解是碎片化的,没有形成数学是系统的、结构化、一致性的认识。研究提出对于"数与运算"内容结构与教学流程进行改造是必要的,需要建立一个科学合理的"数与运算"教学流程,即实现数学化,因此实施"数概念一致性""数运算一致性"是必要的。[①]我认为,新课标提出的"一致性"与"统一性"有异曲相通之道。因此,可通过新课标理念的学习落实,在教学中统领核心概念,帮助学生感受内容的统一性。

2022课标提出"初步体会数是对数量的抽象,感悟数的概念本质上的一致性,形成数感和符号意识"和"理解整数、小数、分数基于计数单位表达的一致性"的教学要求。

一位教师围绕这一理念,设计了"分数的初步认识"一课,教学流程大致如下。

1. 在教学中先从分数的发展历史出发引入分数,激发学生的学习兴趣,帮助学生在头脑中初步建立分数由三部分组成的初步印象。

2. 重点建立 $\frac{1}{2}$ 的分数模型,在这个部分中,通过分物品复习平均分,引出:半个用哪个数字来表示的关键问题。感受学习分数的必要性,进而让学生折一折、涂一涂,用动作表征 $\frac{1}{2}$;再让学生说一说我们是怎样得到"一半"的,用语言表征 $\frac{1}{2}$;最后再引入符号表征 $\frac{1}{2}$,建立图形、语言和符号的对应关系,进而理解 $\frac{1}{2}$ 的含义及读写法。

3. 在掌握了 $\frac{1}{2}$ 的基础上,从度量的角度引出分数墙,进而认识更多的分数(如 $\frac{1}{3}$、$\frac{1}{4}$、$\frac{1}{5}$ 等)。通过实践,领悟平均分的整体意义,即每份就是整体的几分之一。在认识几分之一的基础上,通过数分数单位进一步认识几分之几,以此巩固分数单位的重要地位。同时,将认识几分之一和几分之几相结合,让学生领

---

① 赵莉.小学数学数的概念一致性与运算一致性研究[D].长春:东北师范大学,2023:摘要1.

略分数世界的广阔,进一步激发学生的学习兴趣。在这个过程中,通过"估一估用几分之一表示"和"将分数叫到数线上站队"的方式,发展学生的数感。运用分数墙引导学生深刻领悟分数单位的模型及其作用,进而培养学生对分数的数感。

$\frac{1}{2}$			$\frac{1}{2}$		

（分数墙图，从 $\frac{1}{2}$ 到 $\frac{1}{12}$）

4.最后,通过三位小朋友都喝了 $\frac{1}{2}$ 杯饮料,"谁喝的饮料多?"这个问题从认知冲突的角度引导学生关注分的整体,即分数的"单位1",理解平均分"谁"决定分数的大小。平均分"谁"就是"谁"的几分之几。教学中,组织针对每一个学生的活动,让学生通过折一折、涂一涂的方式来表示"一半";还设计了小组活动估一估、量一量。让学生经历度量、均分的过程体验均分,感悟分数单位。

又如,学生能较好地理解"整数—小数—分数"乘法运算的一致性,但对于用这样的逻辑来理解除法运算的一致性却稍显困难。对于"分数除法的运算",先呈现利用分数与除法的关系、商不变的性质、改变四则混合运算顺序等,将分数除法转化为整数除法或分数乘法,发现不具有一般性。再出示"根据分数和除法的意义采用画图法理解'一个数除以一个分数等于乘上这个分数的倒数'"的过程,印证了教材的结论。最后展示"运用分数的基本性质先把两个分数的分子统一,再用两个分数的分数单位相除来计算",引发学生思考并联想到"分数除法也是计数单位与计数单位相除,计数单位上的数字与计数单位上的数字相除""这是为什么呢?""这一本质与教材结论具有一致性吗?"教师乘胜追击抛出问题,师生共同推理得到了教材结论与运算本质间的同理性。

$$\frac{c}{a} \div \frac{d}{b} = \boxed{(c \div d) \times \left(\frac{1}{a} \div \frac{1}{b}\right)} = (c \times \frac{1}{d}) \times (\frac{1}{a} \times b) = (c \times \frac{1}{a}) \times (\frac{1}{d} \times b) = \boxed{\frac{c}{a} \times \frac{b}{d}}$$

学生顺利建立了分数除法运算法则与计数单位的关联在这一过程中,学生自主建构、主动联结,将"计数单位"核心概念根植于心,一致性、关联性思维得以显现。[①]

2.沟通内在联系,感受方法统一性

数学的统一美,是在多样性中寻找一致性,将另一些看似毫不相关的概念、定理、法则在一定条件下经过数学的转化,进行归纳统一。例如,在教学五年级下册"多边形的面积"单元,利用转化的思想,可以将正方形的面积、长方形的面积、平行四边形的面积和三角形的面积统一于梯形的面积公式。而在六年级下册复习平面图形的面积计算时,教师可以引导学生通过比较分析,发现平面图形面积计算公式可以统一成"无论是边长×边长,还是长×宽,底×高,都是在相互垂直的一组线段的乘积基础上进行变化"(图5-13)。这样两个统一的过程,让学生感受到知识之间的紧密联系,形成知识网络,体验到统一性带来的数学之美。

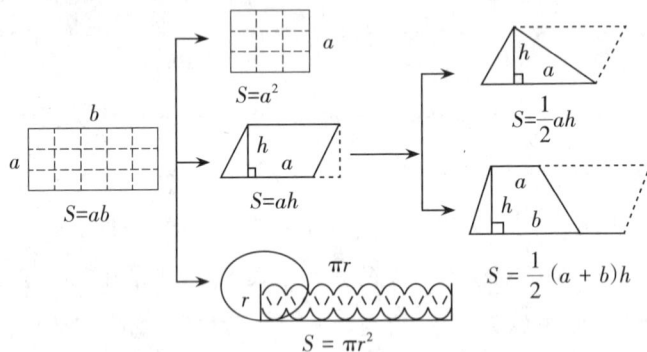

图5-13平面图形的面积计算

"如果 a、b 都不为'0',算式 $(a + b) \div c$ 与 $a \div c + b \div c$ 的结果相等吗? 说明相等或不相等。不论任何判断,请说明你判断的理由。"

① 袁懿,何袁静,陈丽娜.数的运算及数量关系的一致性研究——以小学数学六年级上册数与代数整体教学为例[J].重庆第二师范学院学报,2023,36(5):82.

从这道题可以看出,这两个算式的结果都是相等的。但是,理由在哪里?学生并不容易回答,我们教学就应该引导孩子关注本质,这里的两个算式,其实如果应用乘法分配律,是能实现转化的。也就是说,即便没有一个明确乘号的算式,其本质上应用了乘法分配律,展现了数学的统一美,帮助学生更直观地理解数学的本质。

又如"植树问题",帮助学生建立不同情况下"植树问题"模型。通过解决植树问题,我们可以有效促进学生数学思维的发展和解题能力的提高,使其逐步认识到敲钟问题、锯木头问题等实际上都可以归纳为不同情形的"植树问题",从而达到举一反三的学习效果。同样的例子还有很多,如"鸡兔同笼""鸽巢问题"等。像这样将同类的知识进行归纳统一,是数学统一美的重要体现。

在数学中,解决一类问题时,我们强调采用行之有效的方法,通过数学方法的和谐与统一,达到以一法通一类的效果。这就是统一美的价值所在,它有利于引导学生的思维从发散走向创新,以富有个性的方式解决数学问题。

再如,面积计量的一个基本方法是单位面积度量法,在小学数学中通常也叫作"数方格"法。该方法是将一张方格纸当作一把"面积尺"(其中每个方格代表一个面积单位),通过将平面图形平铺于方格纸上,数出图形含有多少个方格(面积单位的个数),以此计算图形的面积。在有关面积内容(包括平行四边形的面积)的教学中,初始时一般都会采用"数方格"的方法来进行。但在部分"平行四边形的面积"的教学设计中,教师认为"数方格"的方法既不好操作,又很烦琐,与之相比,剪拼的方法易于操作且方便,因此直接摒弃"数方格"的方法,强调引导学生将平行四边形通过剪拼的活动转化为长方形来计算面积。从统一性的角度出发,"数方格"方法有其独特的价值。

3.凝练数学本质,感受思想统一性

数学本质核心是研究两个方面的内容:一是"数";二是"形"。这两个方面既保持独立属性,又存在一种完美结合,数依赖于形而直观,形依赖于数而微观。正如我国著名数学家华罗庚曾说过:"数缺形时少直观,形少数时难入微;数形结合百般好,隔离分家万事休。"这句话很好地体现了数形结合的统一美。例如,可用点阵中的规律揭示出平方数的奇偶性和对称性(如图5-14)。

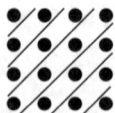

$$1+3+5+7=4^2 \qquad 1+2+3+4+3+2+1=4^2$$

图5-14　点阵图

如人教版小学数学六年级上册"数与形"一课就是很好的素材,特级教师刘延革曾进行精彩的课堂演绎。

刘延革老师在上课后引导学生体会"形中有数,数中有形,数形相关",引发学生联想出"数学是数字、图形、运算符号、小数……"然后引导进行分类,一类可称为"数",另一类是"形","数"和"形"是数学中两类最主要的研究对象。那么,数与形之间有没有关系呢?(个别学生点头,大多数学生沉默)有的同学凭着感觉认为有,有的同学从来没有思考过这个问题,看看通过今天这节课的学习,你们有没有新的认识。(板书:数、形)

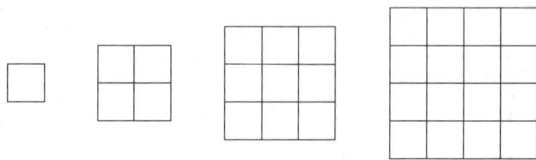

学生对上图说出了几种规律。

【板书规律一】　1　4　9　16

生:"1"表示第一幅图有1个小正方形,"4"表示第二幅图有4个小正方形,"9"表示第三幅图有9个小正方形,"16"表示第四幅图有16个小正方形。

【板书规律二】　1×1　2×2　3×3　4×4

生:第一个图形的边长是1,所以用1×1;第二个图形的边长是2,所以用2×2;第三个图形的边长是3,所以用3×3;接下来是4×4。

【板书规律三】　1　1+3　1+3+5　1+3+5+7

生:"1"是指第一个图形有1个小正方形;"1+3"表示在第一个图形的基础上增加了3个;"1+3+5"表示在第二个图形的基础上增加了5个……

师:谁能在图上指一指1、3、5、7分别在哪里?

教师在学生指的地方对应写数。

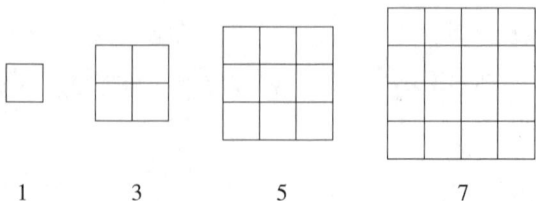

1　　　　3　　　　5　　　　7

师：这位同学观察的角度比较特别，我们用不同颜色把他发现的规律表示出来。（教师用彩色磁条在图形上分别表示出3、5、7的位置）

师：这几种观察规律的角度有什么不一样？

生：规律一是从小正方形的数量来观察的，规律二是从图形边长相等的特点来观察和表示的，规律三是从图形外围增加的小正方形个数来观察的。

师：尽管观察的角度不同，但同学们都能用数来表达它的规律，对吗？

生（齐声）：对！

师：如果沿着1+3+5+7这个规律继续往下想，1+3+5+7+9+11+13这个式子对应的图形是什么样子的？

生：我认为是边长为7的正方形。

师：给大家讲讲，为什么是边长为7的正方形？

生：（上黑板前演示）因为图形右上角的小正方形是重叠的（学生的意思是，这个小正方形既包含在最上边的横行中，也包含在最右边的竖列中），应该用13加1等于14，再用14除以2等于7，所以边长是7。

师：还有不同的方法吗？

生：我是用数的方法。一共有1、2、3、4、5、6、7，7步。这个已经是4步了，再加3等于7。

师：你给大家再数一下，7在哪儿？

生：1、2、3、4、5、6、7，一共7个数相加，所以边长是7。

师：同学们真棒！你们通过算或数的方法，都找到了这个算式对应的图形，它是边长为7的正方形，也就是$1+3+5+7+9+11+13=7^2$。那么，1+3+5+7+9+11+13+15+17+19这个算式对应的图形又是什么样子的？等于几的平方呢？

生（齐声）：边长为10的正方形，等于10的平方。

师：为什么？

生：因为算式中有10个加数。

师：也就是1+3+5+7+9+11+13+15+17+19=102。回顾研究这个问题的过程，同学们在图形中看到数的影子，在数中想到图形的样子。你们觉得数和形之间有没有关系？

生（齐声）：有！

师：对，数中有形、形中有数，数形之间有关系。

数与形是数学研究的两个重要方面。华罗庚先生曾提出"数缺形时少直观，形少数时难入微"，形象地阐释了两者之间的关系。在上述片段中，刘老师通过数形结合的数学方法渗透，进一步让学生体验到数学的统一美。

问题引领,结构教学,实现深度之美

融美数学课堂所追求的深度之美,对应的是深度学习,是一种基于理解的学习,是学习者以高阶思维的发展和实际问题的解决为目标,以整合的知识为内容,积极主动地、批判性地学习新的知识和思想,并将它们融入原有的认知结构中,且能将已有的知识迁移到新的情境中的一种学习。虽然学界对深度学习的理解各不相同,但大家认可的几个关键词分别是:理解、迁移、知识系统性、高阶思维、批判性、挑战学习。所以,只要课堂上围绕这几个关键词开展教学活动,就比较容易体验到深度之美。

一 精心设置问题,培养高阶思维

1987年,Resnick首次提出高阶思维概念,明确了"非算法的、复杂的、有多重解,需要应用多种标准和学习者的自我调节,通常涉及不确定性"是高阶思维的主要特征。也有学者从思维水平来定义高阶思维,比如将高阶思维与布卢姆的认知目标分类建立对应关系,将思维过程具体化为六种水平,由低到高包括记忆、理解、应用、分析、综合、评价。其中,前三种对应低阶思维,后三种对应高阶思维。杜威是最早研究高阶思维的学者之一,他认为学习者思维发生的过程可以归结为"反思—问题生成—探究批判—解决问题"这四个步骤。融美数学认为,"问题"是激发高阶思维的最大动力。

1.以核心问题引领深度思考

小学数学"核心问题"是直指数学本质,涵盖教学重点,激发学生深入思考,驱动学生实施自主探究的一个或两个问题。核心问题是在每节课、每个单元、每个知识板块、每个知识领域中学生需要研究、学习的中心问题。核心问题是一节课的课眼,也是一节课的核心任务,它指向学习内容的重难点,指向学生理解学习的困惑点。它是教师钻研教材的落脚点,也是数学思想方法的激发点,聚焦核心问题既是面对混乱局面的自然选择过程,也是课堂集体学习的价值体现。数学教学要根据每节课的学习目标找准"核心问题",设计本节课学习的核心任务,通过核心任务的解决让学生思考、操作、表达、交流等,经历知识的探索和形成过程,促进学生对所学内容的深刻理解和掌握。

例如,在讲解三角形的内角和这一内容时,教师先提出问题:"三角形的内角和是多少?"鼓励学生积极思考、发言,这时学生会提出很多的不同意见。然后,师生共同探究、总结,最终得出三角形的内角和为180°。接着,教师又提出问题:"那么如何验证三角形的内角和为180°呢?"把学生按照一定的规律分成几个小组,让他们以小组的形式对三角形的内角和进行验证,并积极地动手操作。最后,教师让小组代表发言,总结出大概三种验证方式:拼一拼、撕一撕、量一量。这样,以问题驱动的方式引发学生探索、分析,并让学生积极地动手实践,可以有效地培养学生的高阶思维能力。

又如,吴正宪老师在上"面积的认识"一课时,直接出示两张纸片,分别命名为1号和2号,让学生比较大小。由于目测就可以看出结果,学生便直接说出哪张纸片大。而吴老师话锋一转"说出谁大谁小,是幼儿园小朋友都会的事情。我们这节课的重要任务,就是把'1号纸片比2号纸片大多少'这个事想明白、说清楚。这个任务可不简单,今天这节课我们就做这一件事。"接着,吴老师为每个小组都准备有1号和2号两张卡片以及不同的小方格,让学生小组合作研究"这两张纸片谁比谁大? 大多少?"并设计了以下几个活动。(1)折一折,得到"1号比2号多了一小条"。(2)摆方格,不同组的学生选用不同的方格,两张纸片铺满后得出1号和2号分别有12个方格和18个方格。"18个比12个多,但2号纸片比1号纸片小。"这样的认知冲突,引发学生提出"要用同样的方格来铺满",得出"1号纸片比2号纸片多4个方格"。(3)统一面积单位。教师出示3号纸片,学生用同样大小的方格摆,发现没铺满。"有空隙怎么办?""2号比3号多多少?"让学生带着问题进行小组讨论。"因为用大方格来铺时有缝隙。"学生采用了小方格。"小方格的不够用了,怎么办?"学生提出"可以摆满一排,竖着摆3个就可以。"在吴老师的问题启发下,学生经历数学思考过程,同时感受统一面积单位的必要性,认识了1平方分米的标准单位,量感得到了培养。这节课中,吴老师以"1号纸片比2号纸片大多少? 怎么比?"这一核心问题为引领,不仅让学生充分了解了本课的学习目标,还明确了课堂的教学方向,从而使学生的学习效果评测更有针对性。"一节课就做一件事",吴老师在这节课上深刻地诠释了"少即是多"的道理。作为我国小学数学教育的顶级专家,吴正宪老师坚守课堂,用实践诠释理念,给一线老师树立了课堂教学的标杆。同时,在"面积的认识"这节课中,我们领略了吴老师常上常新的课堂风格,这种学到老、研究到老的精神,更是值得我们学习。

图形与几何领域涉及公式教学的内容较多,如果只是停留在记忆公式和理解公式推导显然不能满足学生培养高阶思维的需求。变式对比,在不同中寻找相同,更能在体验中发展深度学习。比如,在"圆柱的体积"教学时,当学生通过猜想、验证,发现"长方体的底面积等于圆柱的底面积,长方体的高等于圆柱的高"之间的联系,从而推导出圆柱的体积公式是"$V = Sh = \pi r^2 h$"后。教师顺手把拼好的近似的长方体一碰,使其后面着地(见图5-15)。询问学生:"现在你还有办法求圆柱的体积吗?"

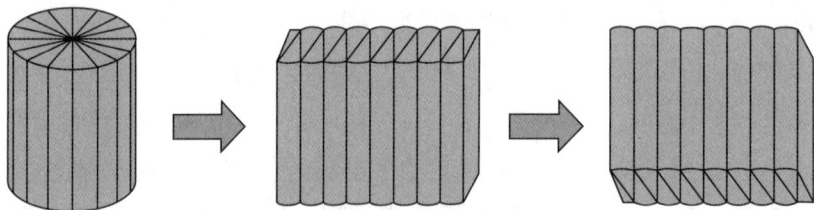

图5-15　演示图(一)

观察后,沉默许久的学生发现长方体的体积可以用"长方体后面的面积×高"来求。长方体后面的面积等于圆柱侧面积的一半,高等于圆柱的底面半径。所以,圆柱的体积也可以用"侧面积的一半×半径"来计算。学生在交流中,板书公式"$V = \frac{1}{2} S \times r$",学生领着老师进行化简,得出"$V = \frac{1}{2} \times 2\pi rh \times r = \pi r^2 h = Sh$"。

至此,学生的求知热情被彻底点燃,他们开始进一步思考,如果长方体的右侧面着地会怎样。(如图5-16)同时,找到推导圆柱体积的方法"$V = r \times h \times \frac{1}{2} C = r \times h \times \pi r = \pi r^2 h = Sh$"。教师顺势发问:"你们推导的这个公式有意义吗? 表示什么?"学生通过再次观察、思考,发现长方体的体积还可以用"切块面的面积×底面周长的一半"来求。在这个过程中,教师围绕核心问题展开教学,带领学生借助实物,经历分析、演算与推导的全过程。学生在亲身体验中创造性地认识到三种方法虽然各有不同,但最终都指向了体积计算的本质,即"底面积×高"。学生对公式推导的过程不可谓不深刻。

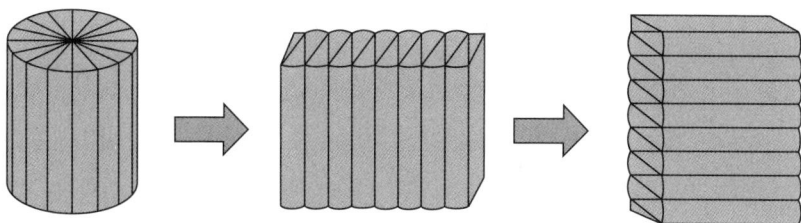

图5-16 演示图(二)

2.设计"问题串",突显思维张力

"问题串"顾名思义就是指围绕着数学知识开展的探究性目标,依据数学内容而进行的逻辑关系与学生逻辑思维结构建立,设计出的序列问题,即问题群、问题链等。"问题串"的合理运用可以有助于营造思维场景,同时把反思、批判等高阶思维元素融入其中,激发学生自主进行类比、归纳、演绎,从而有助于发展学生的分析、综合与创造能力。因此,我们可以说"问题串"是激发学生高阶思维的重要帮手。在小学数学教学过程中,合理设计"问题串"可以将问题把握在一个有效的坡度上,并将问题间的关联性、匹配度融合成一个整体,进而形成一个递进式、并列式及总分式体系。因此,"问题串"的建立不仅能充分帮助学生形成缜密的思维,还能进一步激发他们的问题求解能力与思维决策能力。

以六年级下册"平面图形的周长和面积"复习课为例,这部分内容是小学阶段非常重要的,涉及平面图形的大小、方圆等量态的理性认识。复习"图形与几何"领域中常见平面图形的周长与面积计算公式(参考图5-17),引导学生在通过观察、比较、推理、分析等多层次的思维活动中,加深他们对物体"长度"和物体表面"大小"的理解和感知,通过转化思想明晰图形间的内在联系,最终帮助学生逐步建立量感。课堂教学侧重让学生厘清图形间的关系,掌握转化的思想方法而非计算。

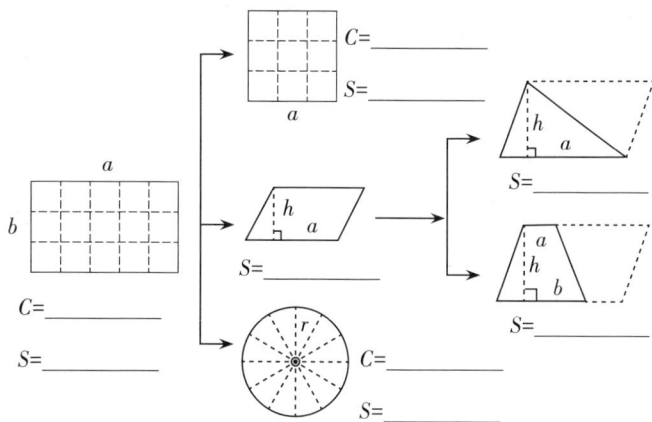

图5-17 常见平面图形的周长与面积计算公式

通过对教材的整体分析,我们可以看出编者的意图在于引导学生感悟到常见的平面图形面积计算公式的起点都是长方形。为了培养学生的度量意识,使其掌握转化的思想方法,我们鼓励学生通过自主建构,将对平面图形的感性认识上升到理性认知。本课围绕"为什么常见的平面图形面积推导都要转化成长方形?"这一核心问题展开教学和探索。

探究活动:学生同桌合作探究平面图形间的联系,并用自己喜欢的方式表示。

学生经历合作探究后汇报自己的想法。

问题1:为什么要将三角形和梯形分一组?

生:因为计算它们的面积时需要乘二分之一。

师追问:为什么都要这么算?

生:通过复制同样大小的图形并将其转化成平行四边形,再运用平行四边形的面积公式进行计算,但图形的实际面积需要把复制出来的部分去掉。

问题2:图形之间有什么联系?

生:所有的平面图形面积推导其实都是通过转化的方法,把形状转化成同面积的长方形来计算的,像比较特殊的圆形,是靠分割拼成一个近似于长方形的图形来计算面积的。

问题3:为什么平面图形的面积计算都要转化成长方形呢?

生:长方形规则方便测量。

本环节设计了三个不同层次的问题:层次一,要求会用公式算。这是大部分学生的理解水平,知道图形面积的推导过程。层次二,梳理平面图形知识体系,在层次一的基础上把各种平面图形的面积计算整合到一起,培养学生不仅仅会算,而且能在大概念上整体把握面积计算的核心方法,使"图形与几何"的知识结构化、整体化。层次三,聚焦度量本质,形成量感,通过问题"为什么平面图形的面积计算都要转化成长方形呢",让学生感受度量面积其实就是标准单位的累加,把其他图形转化成长方形的意义就在于长方形的面积最容易数清楚标准单位的累加数。[1]

---

① 陈宇翔,赖智君.基于人教数字教材,实现复习通性通法——以"平面图形周长和面积的总复习"为例[C]//人民教育出版社人教数字教育研究院.深化技术融合应用·助力教育数字化转型——第七届中小学数字化教学研讨会论文案例集.北京:人教数字出版有限公司,2022:320-322.

在上述案例中,教师将每节课的核心问题与学习任务整合,精心设计逻辑关联、层层深入的问题串,并一次性呈现给学生。这样的设计旨在引导学生独立思考、主动探究,同时促进他们相互协同、交流反馈。通过这一过程,学生得出结论,进而形成较为深刻的认识,实现深度学习。"问题串"是有效发展小学阶段学生高阶思维模式的关键性手段。在小学数学的教学过程中,合理地进行"问题串"的设计可以将每一个问题间的联系度与匹配度进行一个融合,确保它们构成一个整体。

二　重视内在关联,开展结构化教学

2022课标提出:设计体现结构化特征的课程内容。重点是对内容进行结构化整合,探索发展学生核心素养的路径。布鲁纳也指出:"掌握事物的结构,就是以允许许多别的东西与它有意义地联系起来的方法去理解它。简单地说,学习结构就是学习事物是怎样相互关联的。"华东师范大学叶澜教授认为:"教会学生掌握包括知识的、方法的和过程的结构,是最有效地教会学生学习的途径。"[①] 可以说,"结构化教学"是一种教学方法,也是一种教学理念。结构化教学包括知识的结构化、学习方法的结构化以及思想方法的结构化。

1.精研教材,促进知识结构化。

数学教材中一些点状分布的知识可以通过分析其本质属性,根据关联知识间的要素进行维度划分,这样就可以把知识按照一定的维度归类分组,连接成串。要科学地划分维度就必须对分类对象的基本属性进行提炼,对概念之间的逻辑关系进行梳理。在此过程中,数学知识从零散逐步整合为一个整体,逻辑结构由混沌变得明晰,思维方式由无序走向有序。

数学知识并非孤立存在的,而是呈现出一定的整体性和系统性。这在教材编写中体现得尤为突出,编者强调知识之间的逻辑关联与结构。如"乘法分配律",虽然学生是从四年级才开始正式学习,但其实该部分内容在三年级到六年级的教学内容中都有渗透,它不仅存在于简便运算中,还存在于口算、解决问题、图形与几何知识的相关教学内容中。

---

① 叶澜.更新教育观念,创建面向21世纪的新基础教育[J].中国教育学刊,1998(2):9.

【三年级】两位数乘一位数，如12×3的口算，先算2×3=6，再算10×3=30，最后算30+6=36。又如长方形周长的计算，列式：(长+宽)×2或长×2+宽×2。

【四年级】四(1)班女生每人要购置一套制服，其中上衣120元，裙子80元，若订购25套需要多少钱？

列式：120×25+80×25=5 000（元）或（120+80)×25=5 000(元)。

【五年级】在校门口，王明和林红分手回家，7.5分钟后同时到家。王明每分钟平均走45 m，林红每分钟平均走35 m，两家相距多少米？

列式：45×7.5+35×7.5=600(m)或(45+35)×7.5=600(m)。

【六年级】一个圆环，内圆半径是2 cm，外圆半径是6 cm，圆环的面积是多少？

列式：$3.14×6^2-3.14×2^2=125.60（cm^2）$或者$3.14×(6^2-2^2)=125.60(cm^2)$。

教学中，教师应有意识地梳理教材中学生已有的知识经验，把过去、现在和未来的知识联系起来。这样能让学生认识到，无论处于何种情境，这些知识的本质是相同的、相关的，只是表现形式不同。通过这种方式，可以培养学生的联系意识，教会他们用联系的眼光去观察、分析学过或正在学的数学内容，进而获得更丰富和深刻的理解。这有助于逐步培养学生自发地把所学的知识进行整理联结的能力，完善、稳固建立属于自己的数学认知结构，使之融合成一个有机整体。

以"多边形的面积"的教学为例，长方形、正方形、平行四边形、三角形、梯形等平面图形的面积计算公式，看似相互独立，实则相互关联。(图5-18)如果以梯形的面积计算公式"$S=(a+b)×h÷2$"为"轴"，可以形成以下关联：把梯形的上底缩小为0（$b=0$），就成为一个三角形，所以三角形面积$S=a×h÷2$；如果上下底一样长，就变成了平行四边形（长方形或正方形），所以面积$S=a×h$。

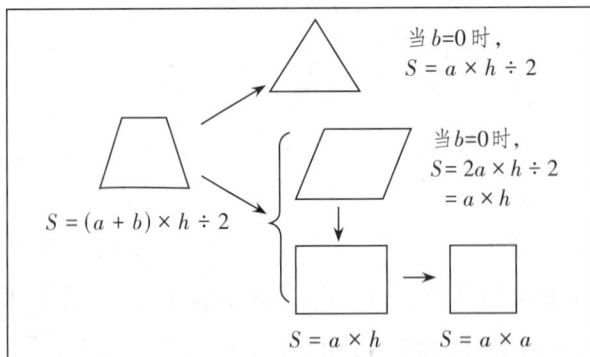

注：S—面积；a、b—分别代表梯形的下边长和上边长；h—梯形高

图5-18 常见图形的面积计算

2.找准有效策略,积累数学活动经验

达尔文说:"最有价值的知识是方法的知识。"数学学习离不开探究方法的提炼和总结。2022课程标准强调:学生应当有足够的时间和空间经历观察、实验、猜测、计算、推理、验证等活动过程,积累活动经验。在教学中,教师要善于找准有效策略,搭建学习支架,帮助学生积累数学活动经验,促进方法结构化。随着新课标理念的落实,广大一线教师对"基本活动经验"的表述已不陌生,但仍存在部分内涵理解不清、课堂落实困难的现象。我认为,在帮助学生积累和提升数学活动经验方面,教师既要有长远的培养目标,更要注重在每一节课中找准有效策略。下面以人教版小学数学五年级上册"平行四边形的面积"为例,谈谈如何找准有效策略,帮助学生积累数学活动经验。

(1)重视"数格"策略,积累直观经验。

在教学本课时,用"数方格"求面积的方法常被忽略,甚至会被认为是多此一举的。其实,"数方格"的方法本身就是求面积的一种策略,更重要的是运用这种策略能加深学生对"面积"概念的理解。学生在三年级学习长方形的面积时,就是以"在长方形里填放面积单位",也就是"数方格"的方法作为讨论基础的。但部分老师未能意识到这一活动的价值,往往直接引导学生观察长与宽与面积的关系,使得学生过早地发现了计算的方法,仅仅记住了长方形面积的计算公式。而"在图形里正好能填放面积单位的个数",这个直观而又本质的认识从学生的头脑中就逐渐淡出了。在学完"面积单位""长方形的面积"后,如果未有相应的内容进一步帮助学生巩固所学方法,再加上学生的年龄特征与认知水平的限制,要求他们深刻认识面积的本质意义是不现实的。所以,教师应在后继教学中不断强化学生对这方面的认识。

从积累直观经验的角度来看,这节课加强对"数方格"方法的教学是很有必要的。因此,我在提供给学生课前自学的微视频中介绍了"数方格"的方法,在完成导学单时再次强化了"数方格"方法的运用。

在课的开始,我出示一个平行四边形,问:"可以怎样求它的面积?"学生回答:"可以用数方格的方法""可以测量出底和高的数据,再计算"。然后,我引导学生用数方格的方法求出面积(如图5-19)。当学生汇报出数

方格的边长是1 cm,不满一格的都按半格计算。

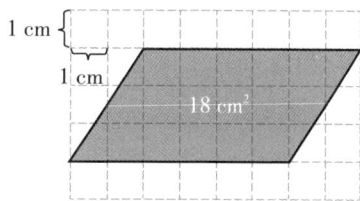

图5-19

方格的结果是18 cm²后，我组织他们交流是怎样数的。学生回答："先一个一个数出整格的，然后两个半格的再凑成一格，最后算出总数""数出所有整格的，再数出所有半格的，然后算出总数""把左边的三角形移到右边，看成长方形然后再数"。我总结："数方格是求面积的一般方法，今后遇到不懂计算的图形或者不规则图形时，我们都可以用它来试一试。"

"直观能力的存在是先天的，但一个好的直观能力的养成却是依赖于经验的积累。"(孔凡哲)有了课前的学习，再经过课堂上教师的引导，学生在"数方格"方法的运用过程中积累了直观的经验。

(2)重视动手实践，积累转化经验。

"听过的忘记了，看过的记住了，做过的理解了。"学生的动手操作是再精美的课件都替代不了的。在学习长方形面积的计算时，学生运用"转化"的方法来求平行四边形的面积是第一次。

为了解学生关于"转化"的经验基础，我对部分学生进行了访谈。我先出示一个平行四边形，让学生说说可以怎样求它的面积。待学生回答后我再问：你能把这个平行四边形转化成长方形吗？简单说说你的方法，也可以在图上画一画。访谈结果显示，在第一个"说说"环节，很少有学生会想到转化成长方形再求面积，大部分学生认为应该量出两条相邻边的长度，再用边长乘边长来求面积，有的甚至说不出方法。在第二个"说说"环节，当明确要求学生把平行四边形转化成长方形时，大部分学生都能想到剪拼的方法。可见，用转化的方法求未知图形的面积对学生来说是个需要给予指导的数学活动经验。

于是，基于前测的了解，我给学生布置了学习任务：如何把平行四边形转化成其他图形求面积，并独立完成动手操作。随后，我组织学生进行小组交流。(1)互相说说：我把平行四边形转化成了什么图形？我是怎样转化的？(2)交流后请各组推荐一名同学分享他们的作品，请大家注意观察并学习被推荐同学的方法，尽量避免后续分享中重复。(本课采用平板电脑进行上课，学生可以拍照上传。)

师：请看这些同学已上传的作品，你有什么话想说吗？

生(指着一份把平行四边形剪拼成了三角形的作品)：我觉得这作品有问题，他把平行四边形转化成了三角形，而我们还没学过三角形的面积计算，这样还是没办法求出面积。

师：说得好。我们转化的目的是什么呢？

生：是要求面积。

师：对。我们转化的目的就是要把未知的问题转化成已知的能解决的问题。……

（如果操作前直接要求把平行四边形转化为长方形，就不会有如此的质疑，而学生对于"为什么转化"的思考可能就没有这样深刻。）

师指着学生作品（如右图）：这两份作品有什么相同的地方吗？

生1：都是转化成长方形。

生2：都是沿着高剪。

师：为什么要沿着高剪呢？（这个问题出示后，出现了冷场……）

师（顺手拿起一个平行四边形纸片，在上面顺手比画不按高随意剪的动作，剪纸方式如右图所示）：这样随便剪，可以一次就转化成长方形吗？

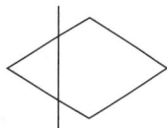

生（恍然大悟）：哦，沿着高剪，才能剪出直角，才能很快就转化成长方形。

在这个过程中，学生首先独立思考"应该转化成什么图形"，再进行动手实践来加深理解。教师进一步引导学生思考"为什么转化成长方形""为什么沿着高剪"的原因，这样的教学方式不仅促进了学生对转化目的的理解、转化技能的掌握，还让他们更加深刻地体会转化的价值，从而积累转化的经验。

（3）重视引导整理，积累反思经验。

"如果没有了反思，他们就错过了解题的重要而有效益的方面。"（波利亚）由此可见，反思对于提升学生的数学学习质量是非常重要的。但在现实教学中，学生的"反思学习"往往还未受到充分重视。在本课教学中，我引导学生经历了三次整理反思。

第一，当学生对自己的转化过程表述得不够规范或准确时，我再次组织他们观看多媒体播放的动态转化过程。播放时，我有意在剪、平移和拼的动作呈现时均进行了适当的停顿，旨在帮助学生重新梳理转化的过程。之后，我引导学生"想一想，刚才是怎样转化的"，并让他们用数学语言来描述。大部分学生都能用比较规范的数学语言来表述，比如：先沿平行四边形的高剪开，把三角形向右平移，再拼成长方形。

第二，在推导出平行四边形的面积计算公式后，我不急于让学生进行巩固练习，而是停下来引导学生开始整理："请你回顾一下，我们是怎样推导出平行四边形的面积计算公式的。"因为学生是第一次运用转化策略求面积,为了让学生表述得更完整,我出示了提示语:我们先把( )转化成( ),然后发现它们的面积( ),转化后的长方形的( )相当于平行四边形的( ),长方形的( )等于平行四边形的( )。因为长方形的面积等于( ),所以平行四边形的面积等于( )。我让学生边演示学具,边结合提示语再次回顾转化的过程,学会有根据地思考与表达,这对于培养学生的推理能力是有帮助的。

第三,在全课任务结束之后,我引导学生反思:自己有哪些收获? 有哪些需要注意的? 还有什么不明白的问题? 学生回答:"可以用数方格和公式计算来求平行四边形面积""用转化的方法来推导出平行四边形的面积计算公式""转化可以帮助我们解决未知问题""计算面积时最好先写上公式,不要忘记写单位"等。可以看出,学生已经能够从所学知识、方法以及遇到的错误中进行反思。

在数学课堂教学中,教师要能找准有效策略,帮助学生积累和提升数学活动经验。只有这样,"让学生享受良好的数学教育"才不会成为一句空话。

3.注重联结,促进思维结构化。

数学就像是思维的体操。通过思维训练,让学生学会用数学思维的方式去思考,从而构建起富有逻辑性和结构化的思维方式。教师应通过问题导学逐步揭示问题的本质,引导学生建立结构化的思维方式。在教学中,仅仅提出问题是不够的,如果没有深入的追问,学生的认知就会浅尝辄止,这不利于学生思维结构化的形成。

一位老师在教学"多边形的内角和"一课时,有这样的片段。

师:四边形的内角和是多少度?

生1:360°。

师追问:为什么?

生1:把四边形分成2个三角形,1个三角形的内角和是180°,所以四边形的内角和是180°×2=360°。

师追问:五边形的内角和怎样算?

生2:把五边形分成3个三角形,1个三角形的内角和是180°,所以五边形的内角和是180°×3=540°。

师追问:能将求四边形内角和与求五边形内角和的方法应用到求六边形、

八边形等更多边形的内角和上吗？把表格填完整。(见样表1)

样表1　多边形的内角和

图形					
名称	三角形	四边形	五边形	六边形	n边形
边数	3	4	5		
内角和	180°	180°×2	180°×3		

这样的"串式教学"方法有效地让学生实现了新旧知识的迁移。从已知的三角形的内角和出发,引导学生探索并得出求解四边形内角和的方法,再应用到求五边形的内角和。最后,学生的思维能力得到了显著提升,悟出求解 n 边形内角和的一般公式——180°×(n−2)。这一过程使学生的思维逐步抽象。在逐步抽象中,教师要重点让学生体验学习的过程,使学生的思维结构化。[①]

另外,以不同表征方式的横向联结,也是促进思维结构化的途径之一。比如,用来说明、解释乘法分配律的方式有很多,但其作用和论证方式各有不同。如通过算式验证,是运用不完全归纳推理;举生活实例和画矩阵图说明,是运用类比推理;用乘法的意义进行算理解释,则运用了演绎推理。在小学阶段,这些方式都可以用来说明和解释乘法分配律,也都存在各自的片面和局限,而把这些表征方式联系起来,形成网状结构图谱(如图5-20),不同表征之间就可以互相映衬、互相解释,融为一个整体。[②]

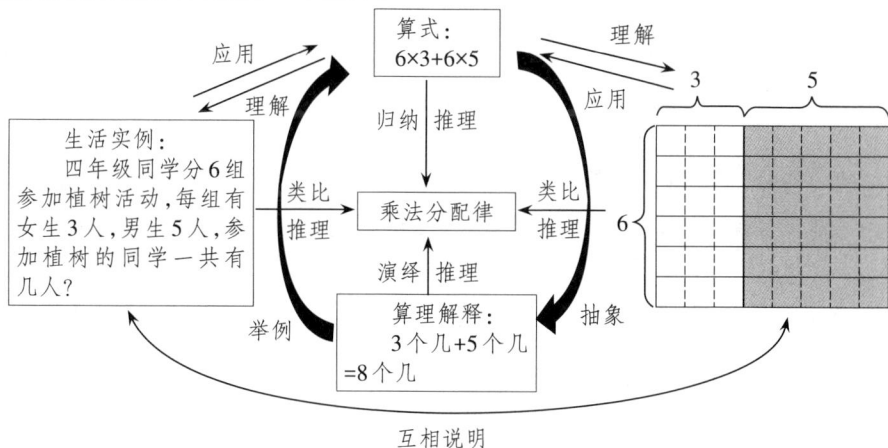

图5-20　网状结构图谱

---

① 陈娟.小学生数学思维结构化的培养依据与现实举措[J].江苏教育(小学教学),2011(31):36.

② 杨熠.基于结构图谱的小学数学计算教学新范式[J].教学与管理,2022(35):39.

实践证明,思维结构化教学,促使教师用更全面、连续的视角解读教材,合理把握知识体系的整体框架。同时,通过对学生的思维结构化训练,可以让他们的学习从零碎走向系统,从单一走向整体,从表面深入本质,从而提升其终身学习的能力。

如厦门市李玲玲名师工作室的郑慧跃老师在教学"同分母分数加、减法"一课时,十分注意整体把握知识的前后联系。其教学片段如下。

教师出示问题:"爸爸吃了 $\frac{3}{8}$ 个比萨,妈妈吃了 $\frac{1}{8}$ 个比萨,爸爸和妈妈一共吃了多少个比萨?"

学生都能计算: $\frac{3}{8}+\frac{1}{8}=\frac{4}{8}=\frac{1}{2}$(个)

在教师引导下学生达成共识,计算理由:同分母分数的加法就是分母不变,分子相加。接着,教师引导学生开展以下活动。

(一)动手操作,理解算理

1.利用学具,合作研究。

使同学直观、清楚地了解:为什么计算同分母分数加法时分母不变,分子相加?

2.展示作品,交流道理。

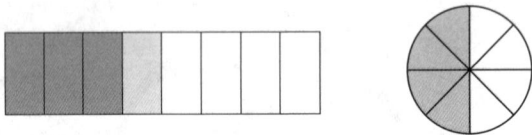

3.师生小结,明确算理。

老师黑板演示比萨块合并过程:把它平均分成8块,每一块就是 $\frac{1}{8}$。爸爸吃了 $\frac{3}{8}$,表示3个 $\frac{1}{8}$,就是3块(拖动3块),妈妈吃了 $\frac{1}{8}$,表示1个 $\frac{1}{8}$,也就是1块。吃的这4块,就是4个 $\frac{1}{8}$,也就是这个比萨的 $\frac{4}{8}$。(板书:3个 $\frac{1}{8}$+1个 $\frac{1}{8}$=4个 $\frac{1}{8}$=$\frac{1}{2}$)

(二)挖掘本质,辨析明理

师:通过大家的验证, $\frac{3}{8}$ 和 $\frac{1}{8}$ 相加,确实是分母不变。大家有没有想过,分母为什么不变呢?

生1:都是在这个比萨里分成8份,所以分母还是8。

生2：从图上看来，$\frac{3}{8}$和$\frac{1}{8}$都是平均分成8份，3份和1份一共占8份中的4份。

师小结：同学们讲得都很有道理，$\frac{3}{8}$和$\frac{1}{8}$的分数单位都是$\frac{1}{8}$，3个单位与1个单位相加，分母不变，实质就是分数单位不变，所以和的分母与加数的分母相同。

(三)课末谈话，沟通算理

师：还记得一开始的口算吗？

3	+	1	=	4
3个1	+	1个1	=	4个1
300	+	100	=	400
3个100	+	1个100	=	4个100

整数

⬇

0.3	+	0.1	=	0.4
3个0.1	+	1个0.1	=	4个0.1

小数

⬇

$\frac{3}{8}$	+	$\frac{1}{8}$	=	$\frac{4}{8}$
3个$\frac{1}{8}$	+	1个$\frac{1}{8}$	=	4个$\frac{1}{8}$

分数

总结：同分母分数加减法与上面这些整数、小数的计算方法，道理相同，都是几个相同单位相加或相减。

看似简单的"同分母分数加、减法"教学，平常往往浅尝辄止。这种做法往往忽视了其中算理的深刻性，割裂了算理间的联系。加法的合并本质是几个相同单位的叠加，在沟通旧知的同时，使学生恍然大悟，同时引发学生批判性思考"异分母分数加、减法"还能这么算吗？如果不能这么计算，怎么才能变成相同单位的叠加。学生在批判、重构、迁移、应用中数学思维得到发展。

三　关注课程统整，开展项目式学习

项目式学习（Project-based learning，简称PBL），是一种以问题为导向、融合真课题的教学模式，它本身就是一种统整教育，在探究知识的过程中融合不同知识与先前经验。项目式学习于1969年由美国的神经病学教授巴罗斯（Barrows)在加拿大的麦克马斯特大学首创,先后在60多所医科学校中推广、修正。该模式因其注重实践性和参与性,强调以问题解决为中心、多种学习途径相整合,实现了向"学习者为中心"和"能力中心型"教育的转变。因此,该模式在高等教育、高职高专教育、中小学教育甚至企业、政府、军事等各个领域蓬勃发展,并且在理论和实践方面产生了大量的研究成果。所罗门(Solomon)认为在项目式学习中,学习者以小组的形式解决基于课程的跨学科具有一定挑战性的真实难题。学习者决定解决问题的方法以及需要采取的活动——收集大量的信息,综合、分析、进而衍生出知识。这样的学习因为与真实事物相连而具有实际价值——掌握例如合作及反思这类的成熟技巧。最后,学生阐述自己习得的知识,评价者对其习得的量以及交流的程度进行评估。整个过程中,教师承担指导者与建议者的角色,而非只是管理学生的学习。[①]项目式学习是一种教学方法,给学生提供基于挑战性问题或难题的复杂任务。在这个过程中,学生在教师的推动下而非指示下,发展问题解决能力、决策能力、调查技能以及反思能力。

2020年,上海市教委颁布的《义务教育项目化学习三年行动计划(2020—2022年)》这样定义:项目化学习是以校长为核心的教育教学团队,在学校活动领域、学科领域和跨学科领域,设计真实、富有挑战性的问题,引导和指导学生在一段时间内持续探究,尝试创造性地解决问题,形成相关项目成果。北京海淀教师进修学校的罗滨老师认为:"项目式学习是一种以学生为主体,连接真实世界的事件,在一段时间内,团队共同解决一个复杂问题或完成一项综合性任务,学生经历全过程,通过亲身体验、深刻理解来获得核心素养发展的一种学习方式。"刘景福等人认为,项目学习是以学科的概念和原理为中心,以制作作品并将作品推销给客户为目的,在真实世界中借助多种资源开展探究活动,并在一定时间内解决一系列相互关联着的问题的一种新型的探究性学习模式。还有的学者使用过程式定义,认为项目学习,就是学习过程围绕某个具体的学习项目充分选择和利用最优化的学习资源,在实践体验、内化、吸收、探索创新中获得较为完整和具体的知识,形成专门的技能和得到充分发展的学习。虽然表述方式各有不同,但其核心要义却是相同的。

---

① 黄明燕 赵建华.项目学习研究综述 ——基于与学科教学融合的视角[J].远程教育杂志,2014(2):90.

融美数学在推进过程中,积极探索学科课程统整项目式学习方式,主要从以下两个方面入手。

1. 学科内统整——融通学科教材,形成知识脉络

所谓"结构化整合",是指在原有教材的基础上,依据学科逻辑,抓住具有种子能量的、最基本、起决定作用的核心概念,作为知识网络的结,规划知识网络图,进行合理的调整、删除、合并、增加、改进。即在学科内通过抓概念、抓联系、抓结构,统率其整个知识系统,统筹调节课程内容。

如"一位小数的意义"的教学,可以先借助没有刻度的整1米尺的丈量问题,与计数器相联结,引导儿童直观体验当整数分不足时出现分数或小数。然后,借助现实问题情境——有分米刻度的1米尺,体会十进分数与一位小数的关联,感悟十分之几米(或十分之几元)与零点几米(或零点几元)的关系,发展程序思维。接着,借助竖起来的直尺、计数器上的小数点以及正方形里的小数,突破 $10 \div 10 = 1.0, 11 \div 10 = 1.1$……并体会由纯小数到带小数,十进分数、计数单位和进率之间的关联,发展抽象思维,建立模型 $X \div 10 = 0.1X$。最后,借助计数器上的数位顺序表,我们可以从米与分米、元与角对应的一位小数概念出发,逐步拓展到厘米、毫米等更细分单位所对应的两位小数、三位小数。这一过程不仅加深了学生对小数表达方式的理解,还连接了整数知识,有助于其发展数学思维。

在数学教学中,可以将小学数学教材中相似或相近的课时内容都进行融通,包括一年级上册"有趣的搭配——分与合"、三年级上册"我们身体上的尺"、三年级上册"分数的初步认识"、三年级下册"小数的初步认识"、五年级上册"小数的意义和性质"、五年级下册"分数的意义和性质",达到"学一点,见一片"的目标,帮助学生提升从由外而内的结构理解,到由内而外的创生发展。这样的教学,既体现了由重视学科到重视儿童认知心理结构的学习的本质,又体现了由重视课时目标到重视经历完整数学学习思维过程的价值,还体现了由重视显性数学课程到重视隐性课程的整合融通。

例如,厦门市音乐学校一位五年级的数学老师在"多边形的面积"单元学习结束后,组织学生开展了"我们学校的绿地面积有多大"的课程统整项目式学习。根据驱动问题将学生分成若干小组,让其分工合作,测量并计算学校操场的面积、小树林的面积,统计全校学生总数,计算人均绿地面积。在这个学习过

程中,学生综合应用了平行四边形、三角形、梯形、组合图形、不规则图形等平面图形的面积计算方法,以及公顷、平方千米等面积单位。学生根据测量数据和世界绿地标准,给校长写信提建议。学生从儿童的视角对学校的绿化美化提了不少好建议,比如可以设计卡通式花坛,开展立体种植,设立劳动种植基地,等等。

又如,下面是我在一年级下册数学复习课开展"统整,让复习课更'美'一些"的教学片段。

师:小朋友,我们生活的城市——厦门是一座花园城市,一年四季都有鲜花盛开。我们每天都可以看到很多花。你喜欢什么花呢?为什么?(三四个孩子回答)看来,大家喜欢的花各不一样,确实,不同的花有不同的美丽。其实,李老师想告诉大家,在花儿中也藏着有趣的数学问题。这就是我们今天研究的话题——花儿与数学。(板书课题)。

1.出示红掌的图片。

师:这叫作红掌,学校里也经常摆放它。它只有一片花瓣。板书:1。

2.出示了2片花瓣的虎刺梅的图片。

师:这种花叫虎刺梅,身上长满刺,开的花却很美丽。它的花瓣数量是多少呢? 板书:2。

3.我们再来看,3片花瓣的有谁呢? 出示三角梅的图片。这是厦门的市花,我们都非常熟悉的花。板书:3。

4.接下来,我们再看凤凰花、蝴蝶兰,(出示苹果花、勿忘我、长春花图片)它们有几片花瓣呢?

师:花瓣数量是5的花是最常见的。板书:5。

5.师:(指着)1、2、3、5,你们猜,接下来,老师出示的图片里的花会有几片花瓣?(6、7、8)学生猜后,出示答案。

师:同学们大胆猜想,很好,我们来验证一下。(出示8片花瓣的花)

果然是8。

6.接下来,会是几片花瓣的花呢? 你是怎么想的? 把你的想法跟同桌说一说。

预设:13,因为前面的数,都是前两个数加起来等于后一个数。

出示13片花瓣的瓜叶菊。

(到这里,以找规律为主。)

7.梳理规律。

看来啊,同学们已经发现了这几个数的规律,那么,按照这样的规律,接下来要出现什么数呢? 请同学们动手算一算。

拿出学习单,完成第一题。找规律,填一填。

1、2、3、5、8、13、( )、( )、( )、( )

生在学习单上填完汇报。课件上要出示计算过程(字小点)。

提问:8+13怎么算? 21+34怎么算?

看来同学们不仅善于发现规律,加法计算也掌握得特别棒!

那么,到底有没有花瓣数量是这些数字的花呢? 请看。

师出示21、34、55、89的花图。

师:怎么样,很神奇吧! 其实这列数字和一个著名的数学问题有关,叫"斐波那契数列",这是一个叫斐波那契的人发现的。以后小朋友在观赏花的时候,除了看它的美,也可以数一数它有几片花瓣,检验一下是否符合"斐波那契数列"。说不定,你也会有神奇的发现。

在上述片段中,通过了解各种花的花瓣数量,发现其规律,并在应用规律填数的过程中复习加法与减法的计算,孩子们感受到了数学在自然中的巧妙存在。这一过程激发他们对学习的兴趣与热情。

综观人教版小学数学一年级下册的教材,共有7个单元,到了期末总复习阶段,如果按照每单元知识进行线性的复习,则会有"炒冷饭"之感。我与教研组伙伴一起备课时,提出统整教材进行复习的思路,把认识人民币、100以内加法与减法、找规律,这三个单元的相关内容进行有机结合,通过"花儿与数学"的情境,设计了学习活动。如果单纯从知识点来说,这三单元之间并没有特别紧密的联系,但通过"花儿与数学"情境的创设,每个数学学习活动均与花产生了联系,让学生感受到数学学习并不是孤立割裂的,而是有机联系的。花的图片本身很美,每出示一张图片学生都不由自主地发出"哇"的赞叹声,发现规律时经常出现"啊,怎么会这样?"的感叹,介绍数学史料时还会发出惊叹声。这样的复习过程,确实很"美"。

2.学科间统整——跨学科整合教材

课程是无边界的,学科与学科之间有着不可分割的联系。学科间的跨界融合项目化教学,可以由一名任教多门学科的教师,根据教学内容和儿童需要,将不同学科的内容进行整合,形成"大课程"。比如,人大附小在五育融合方面做了很多有意义的探索,提供了可借鉴的先进经验。如在四年级的"长城"课上,一堂课三个老师,把语文、数学、科学课融合在一起上。这种课程在人大附小被称为多人、多学科协同教学,是寻找同一年级各学科内容的交叉融合点,围绕同一主题,将几个学科的内容统整教学。对语文课来说,"长城"是一篇说明文,而其中又涉及了数学知识,比如长度单位和重量单位的转换,涉及了科学知识如摩擦问题等。三个科目的知识融合在一起可以把一些冰冷的语言文字转换成一种形象的感知,更易于小学生接受。具体而言,语文课偏重对长城这个事物的说明和描述。涉及数学知识时,比如重量、长度等,数学老师会引用数学概念和知识,让孩子通过日常能看见或接触的事物来对比,效果会更好。在模拟古代劳动人民用滚木搬运条石的实践活动环节中,科学老师会上台,让学生体会当把滑动摩擦变为滚动摩擦时,就会大大节省力量,提高劳动效率。语文、数学和科学三门学科的知识融合在一起,有助于培养学生形成整体多向的思维,让孩子学会从多角度去思考,其实是对孩子综合能力的培养。"长城"结课后学校曾做过后测统计检验,数据显示,在准确记忆课堂或阅读中的事实观点和方法方面,协同教学明显优于普通教学。另外,以四年级多学科融合课"可爱的小豆豆"为主题,语文、数学教师落实国家课程,分别指导学生撰写小豆子观察日记,运用统计图表示豆子生长情况;科学教师落实地方课程,为学生讲解豆子的构造;美术、体育教师落实校本课程,启发学生进行小豆子畅想,带领学生做起了"小豆豆快长大"课间韵律操。多学科背景的复杂信息没有破坏孩子对文章的记忆与理解,反而因为学科知识的综合而强化了文章的记忆与理解。

在上海市卢湾中学的一节名为"培尔金特遇上笛卡尔"的音乐课上,音乐老师选取了挪威作曲家格里格《培尔金特组曲》中的两段旋律,请学生们赏析;数学老师则引导学生在坐标轴上,根据每个音的时值和音高找到坐标,将耳边的旋律变成直观的图像。"这条线各个点分布密集,节奏很明快。""这段旋律很平缓,但也有点伤感。"在"无边界课程"上,通过两位老师的引导,学生们的感受渐渐丰富起来。在卢湾中学,物理老师不仅可以和化学老师一起指导学生上实验课,还能走进语文课堂讲解唐诗,这种跨学科教师合作上课的方式,可以更好地激发学生的想象思维。例如,语文老师为学生讲解唐代诗人张继的《枫桥夜泊》时,物理教师则担任助教。当赏析到"夜半钟声到客船"一句时,语文老师突然发问:"为何夜里山上的钟声会传到水面上?"在经过学生们讨论之后,物理老解释道:"其实,这涉及声音传播的原理。在夜晚,地面温度比空气温度高,温度高,声音传递得快,于是山上的钟声就能传播到客船上。"卢湾中学校长介绍,"无边界课程推行的是'串门式教学',学科之间不再是'互不往来'的关系,老师们需要开展头脑风暴,研究不同学科'跨界合作'的可能性,开出系列拓展课,引导学生打破学科疆。学生们也有了尝试综合思维的机会,从不同的学科融合中全面整体地认识事物。"

又如,厦门市音乐学校一位数学老师在教学"认识时间"一课时,借助时间绘本《我的一天》展开教学,该绘本主要讲述消防员的一天是怎样度过的。课前教师让学生观看绘本视频,可以帮助其认识钟面上的针和数字,结合生活经验学会看整时和记录整时的方法。课堂上教师再通过绘本阅读和拨表活动,增强学生的探究意识和数学思考力,使其感悟学习时间在生活中的作用,帮助其初步建立时间观念,养成守时和合理安排时间的好习惯。课后,布置学生以"我的一天"为主题进行数学绘本创作(学生作品如图5-21所示)。从绘本阅读引入,以绘本创作结束,这个学习过程,有效地实现了语文阅读、数学理解、美术设计、消防教育等方面的知识统整,是个有价值的课程统整项目式学习探索案例。

图5-21 绘本创作(学生作品)

又如,厦门市音乐学校开展跨学科阅读活动,陈鑫老师带领学生进行《西游记》的数学解读,并完成了统计表(表5-2),挖掘故事中蕴含的数学元素,激发学生的阅读兴趣,帮助学生更好地理解人物、理解作品主旨。例如,孙悟空这个核心人物,本领高强,能翻筋斗云,会七十二变。书中写道:"悟空听了,心里暗笑:'这如来竟然这样愚笨!我老孙一筋斗就要去十万八千里。他那手掌,方圆不满一尺,如何能跳不出去?'"学生读到这里的时候,一般对"十万八千里"没有什么概念,很容易忽略过去。但通过数学的计算,我们可以得出"十万八千里"等于 108 000 里,相当于 54 000 km。比较一下,地球赤道一圈也才约 40 075 km,也就是说孙悟空一筋斗能绕地球约 1.35 圈。这样的对比之下,孙悟空筋斗云的厉害之处就显现出来了。

表5-2　　孙悟空对战记录表(学生统计结果)

对手＼结果	胜	负	平手	求助	对手＼结果	胜	负	平手	求助
托塔李天王	√				黑水河妖				√
哪吒	√				虎力大仙 鹿力大仙 羊力大仙	√			
四大天王	√								
二郎真君			√						
佛祖		√			假悟空				√
白龙马				√	牛魔王				√
猪八戒	√				獬豸	√			
沙和尚				√	盘丝洞女妖	√			
白骨精	√				百眼魔君				√
奎木狼				√	白鹿精	√			
金角大王 银角大王	√				金鼻白毛老鼠精				√
红孩儿		√			连环洞妖怪	√			

　　再如,孩子们常说,孙悟空是战无不胜的"斗战胜佛"。但在阅读中通过统计,学生发现孙悟空与各路神仙妖怪共对战 22 场,有胜有负,无法克敌时还得向高人求助,也就是说,孙悟空靠单打独斗取胜的概率只有 50% 左右。用数据说话,学生才更能切实感受到取经的困难重重,成功的来之不易。这也告诉我们:即使强如孙悟空,遇到自己确实解决不了的困难也要主动向他人寻求帮助!

　　有了以上思路,教师在课程计划之下开展了"数说西游"的教学设计和课堂实践。在课堂上,通过了解、比较书中各种数据,孩子们能进一步感受到孙悟空的神通,从数学的视角了解孙悟空的形象特点;经历数据分析、统计,孩子们认识到孙悟空虽厉害,但也不是无敌的,从数学的视角更加客观、全面地认识孙悟空;在书中数字的收集中,孩子们发现了数字的规律,从数学的视角体会文学著作的"数学味"和严谨性。

当然,学科间的课程统整项目也要注意三点:首先,课程统整项目不是课程内容的简单删减或者叠加,而是立足于学生视角,对课程内容进行整体性、系统性、结构性的梳理过程;其次,课程统整项目式学习也不是建立在"虚无"基础上的,不是将原来课程内容推倒另起炉灶,而是立足于学科视角,对原有课程内容进行整合的过程;最后,课程统整项目式学习更不只是简单地开发校本课程,而是将国家、地方与校本课程进行优化融合的过程。学科间的统整,要彰显学科本质,也要能体现出儿童特质。

第四节

读懂学生，尊重差异，实现生长之美

2022课标提出的基本理念之一"不同的人在数学上得到不同的发展"，数学课程内容呈现要"根据学生的年龄特征和认知规律，适当采取螺旋式的方式，适当体现选择性，逐渐拓展和加深课程内容，适应学生的发展需求"等。无论是认知规律、年龄特征，还是学生已有的经验，这些表述说明读懂学生在数学教学中的价值被进一步凸显。而"不同的人在数学上得到不同的发展"，则强调的是要读懂学生，尊重差异，让每一位学生都能体验到生长之美。融美数学认为，读懂学生主要从以下几个方面进行。

一 读懂起点，以学定教

美国著名心理学家奥苏贝尔说过："影响学习的最重要因素是学生已经知道了什么。根据学生的原有知识状况进行教学。"前测，能帮助教师把握教学起点，实施有效教学。前测的一般程序为：(1)确定调研目标。是要了解学生的有关知识基础、生活经验和学习经验、存在的难点等。(2)选择调研对象。一般情况下，教师调研的对象应是本班学生，可以全班进行，也可以不同层次的学生进行抽样调研。(3)设计调研题目，选择调研方式。明确调研目标和调研对象之后，就可以设计相应的调研题目，并选择合适的调研方式。(4)分析调研结果。

比如，为了了解学生对平行四边形面积的知识、经验基础，我在本校五年级某班(48人)进行了前测，测查以随堂练习的形式进行，不提示任何信息，不对学生作结果反馈。

前测题目：

1.指出平行四边形(右图)对应的底边上的高。8 cm这条边上的高为( )，6 cm这条边上的高为( )。

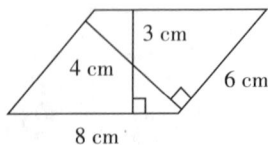

2.下面的平行四边形,你能求出它的面积吗?简要说说你的想法。(图略)

3.你能把下面的平行四边形转化成长方形吗?简单说说你的方法,也可以在图上画画。(图略)

在测查中,第1道题,能写出正确答案的有38人(约占79%)。大部分的学生对平行四边形相对应的底和高的基础知识的掌握还是比较扎实的。第2题,只有8人(约占17%)说可以转成长方形再求面积,而33人则(约占69%)认为应该量出边的长度,再用边乘边来求面积,另外7人为其他想法。大部分的学生选择了"边乘边"的方法,可以看出长方形的面积计算方法对学生产生的定势思维比较牢固。相比之下,用转化的方法来求未知图形的面积对学生来说是个相对陌生的过程,这需要教师给予针对性的指导,以丰富他们的数学活动经验。在第3题的解答中,有31名(约占65%)学生能想到先剪再拼,并在图上画出来。当明确要求学生把平行四边形转化成长方形时,学生就能想到剪拼的方法。这说明只要给了方向,学生还是能知道怎样走的。没有学生提出用数方格求面积的方法,说明这种经验在学生的印象中几乎空白。"数方格"的方法不仅是求面积的一种有效策略,但更重要的是,它能够帮助学生深入理解"面积"的概念。因此,在学习平行四边形的面积时,加强对"数方格(面积单位)"的教学是很有必要的。由本例可以看出,通过对调研结果的分析,教师能够把教材的编排意图和学生的发展目标结合起来,根据学生真实的起点来制定教学目标,为提升课堂教学效率奠定了基础。

又如,在教学"混合运算"一课前,我用10分钟的时间对学生进行了课前测试,题目及结果如下。(表5-1)

表5-1　课前测试结果

混合运算	正确率	解决问题	正确率
500−350÷7+346	81%	春节期间,游乐场3天共接待游客1 200人。照这样计算,6天预计接待游客多少人?	96%
72−4×6÷3	69%	春节期间,游乐场票价如下:成人22元,儿童半价。爸爸妈妈带着小红到游乐场游玩,购买门票需要花多少钱?	98%

续表

混合运算	正确率	解决问题	正确率
34+6×(48−28)	60%	公园里上午有游人180位,下午有游人270位。如果每30位游人需要一名保洁员,那么下午要比上午多派几名保洁员?	90%
(72−4)×(6÷3)	90%		

这些前测题大部分来自教材中的例题或习题,从结果来看,学生对于本单元已有了比较好的学习基础,大部分学生的学习能力较强,能顺利完成解决问题部分,但对列综合算式来解决问题的经验还比较薄弱,一般采取分步列式的方法。由正确率可知,学生学习的困难不在解决问题,而在混合运算。由于学生之前未接触过三步计算的混合运算题目,因此在解题时缺乏先思考运算顺序再进行计算的策略意识,这导致计算的错误较多。教学时,教师应加强对学生运算顺序的专项训练,强调画顺序线,想清先算什么,再算什么。通过此类调查,我们可以深入了解学生原有的知识基础与新学知识之间的"潜在差距"。这有助于教师准确定位学生的学习难点,并将教学内容定位在他们的最近发展区内,同时思考怎样的教学方式能让他们得到更大程度的发展。

二 读懂思维,有效提升

美籍匈牙利数学教育家G.波利亚认为:"教师在课堂上讲什么当然重要,然而学生想什么更是千百倍的重要。"多元智能理论认为,由于学生的学习风格、生活背景、学习能力等方面存在不同,在教学中要"淡化差,尊重异",既要面向全体,也要关注个性。深入访谈,是了解学生个性思维的一项措施。这里所用的访谈,又称为"半诊断式面谈""临床面谈",是一种临床研究的方法与手段,旨在解释被访谈者的真实思维过程。

例如,在关于"乘法分配律"的练习中,学生计算错误率明显较高。

典型错例:28×99+28=28×(100−1);18×101=18×100×1=1 800;125×48=125×(40+8)=125×40+8=5 008;125×48=125×(40+8)=125×40×125×8=5 000 000;等等。

为了解学生的真实想法,我访谈了几位学生,下面是与第一道运算题错误的学生的对话。

　　师(指着算式28×99+28):这里有几个28呢?

　　生:两个。

　　师(惊讶):……再想想,有几个28?

　　生:……(回答不出)

　　师:28×99表示几个28呢?

　　生:99个28,我知道了,一共有100个28,我算成了99个28了。

　　师:28×99+28,你能不能根据这个算式编数学问题。

　　生:一件衣服28元,王阿姨先买了99件,又买了1件,一共要花多少钱?

　　师(笑着):王阿姨怎么一下子买这么多衣服呀?

　　生(也不好意思地笑了):王阿姨是卖衣服的,这是她在进货。

　　师:可以简便计算吗?

　　生:可以,一共买了100件衣服,等于28×100。

　　师:请你根据其他算式再举举例子,然后想想分别可以怎样简算。

　　28×99+28是属于乘法分配律运用的变式练习。即便是那些对乘法分配律的字母公式背得滚瓜烂熟的孩子,在做运算时也可能只看到"2个28"。"我们之所以知道正确答案,那是因为我们已有了相关的知识水平。"在老师眼里,那么明显的"100个28",在学生眼里却只能看到"2个28",这是学生思维水平发展的局限,还停留在只看到具体数字的阶段。而这个时候,当老师要求孩子举例说说算式的意义时,孩子便能根据自己熟悉的例子悟出运算的方法。这说明,当学生的"知识"还没转化成"能力"时,适当地"退回生活"是个理智的选择,而"退"是为了更好地"进",这可以让学生更好地掌握定律。当学生出现困难时,不妨慢下来,帮助他们寻找算式背后的意义。也许,困难就在这慢下来的工夫中迎刃而解了。

　　深入访谈,能帮助我们读懂学生间的差异并将其作为教学资源。这不仅能实现因材施教,还能确保每个学生都能在其最近发展区内获得最大限度的发展。在访谈过程中我们也应注意,既要关注那些错误答案,也要适当关注正确答案背后的思维。访谈需要注意营造信任的氛围,尽量选择在安静且轻松的环境中进行交流,让孩子感受到老师的关怀,从而更愿意敞开心扉。

三 读懂困难，精准指导

作品分析法也是读懂学生的主要策略之一。这种方法常见于对学生的各种作品中，如笔记、作业、日记、文章等。通过对这些作品的分析研究，教师能深入了解学生情况，及时发现存在的问题，并揭示学生的思维逻辑和思考过程。进一步地，这种方法有助于教师解读学生的认知水平、思维方式和学习习惯，从而更好地把握学生学习的特点和规律。从数学学科的特点来看，对学生作业的分析是读懂学生的一个切入点。教师在作业批改中，对学生的作业情况作出具体的分析，以便了解不同学生的掌握情况，包括每道题目的正确率、错误情况等，通过与学生进行文本交流，有利于发现存在的问题。基于这些反馈，教师才能够更好地改进教学设计。

例如，"作高"是人教版小学数学教材四年级上册"平行四边形和梯形"单元的教学内容。在"作高"上，学生的错误率非常高，比较典型的错误有以下几种。

（1）画错或者不标准、不规范。比如过中线画，凭感觉画，近似垂直等。（图5-22）

图5-22　学生作业展示(1)

（2）图形变换位置后，学生对"非标准图形"（学生生活经验中的底是水平的）找不准相应的"高"，或画不出正确的"高"。（图5-23）

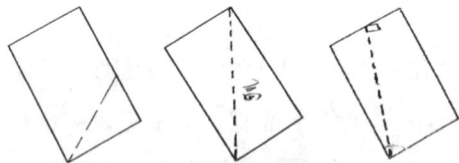

图5-23　学生作业展示(2)

（3）在需要运用画高的知识来解决问题时，题目中"高"的名称没出现，学生就容易出现错误。例如，在一个平行四边形的草坪对边修一条最短的路。

学生认识并会正确画出相关平面图形的"高"，是学生空间观念上的一次重要飞跃。要真正理解平面图形的"高"，必须包括以下几个方面的含义：其一，要认识到它与生活经验中的"高"不同；其二，要认识到它与相应的边是相互依存的关系；其三，要认识到它不受图形旋转、位置变化的限制；其四，要认识到它是一条垂直线段，是有长度的。只有具备上述的认识，学生才能真正理解图形的高。可以说，简单的"高"，其实并不简单。本单元是学生第一次认识"高"这个数学概念，他们对"高"的正面感知还不够。成人拿到一个图形很快就知道"高"应该怎么画，那是因为我们在没有画之前就已经知道了"高"在哪里。而学生因为对"高"的表象积累得还不够，面对着图形，没办法在头脑里反映出正确的"高"，因此便无从下手。

再综观人教版数学教材，本单元有两个特点。（1）概念多。本单元比较重要的概念有平行、垂直、垂足、距离、平行四边形、梯形、高、底，概念多且集中，再加上课时的限制，学生往往没办法学深、学透。（2）难点集中。在本单元的学习中，学生比较容易理解"垂直与平行"的概念，但要让学生掌握垂线与平行线的画法，则是需要一定的时间来巩固与纠正的。

基于以上分析，再结合学生在学习过程中存在的实际问题，我认为，在教学这一单元的内容时，可以借鉴其他版本教材的编排思路，适当分散难点，给学生提供经验积淀、能力形成的时间和空间，从而更好地帮助他们解决困难。例如，北师版的动手操作感悟"高"、苏教版的非标准图形练习都是值得借鉴的做法。

通过作业分析，不断反思教学，优化作业设计，使作业成为推动学生成长的生长点，让完成作业的过程变成学生体验幸福快乐的一种生活方式，让作业成为教师与学生共同进步的桥梁。

四　读懂生成，增进情感

在"读懂学生"的过程中，观察法是最经常运用的方法之一。这里的观察，不同于作为一种科学研究方法的课堂观察，区别在于观察者不是旁观者或局外人，而是教师自己。在课堂上教师还需要用心观察学生的学习状况，及时捕捉有助于教学的机会并及时回应。

例如，学习了通分以后，学生在比较异分母分数时一般会先通分再比较，有时在课堂上会出现了一些令人惊喜的巧妙方法。经过师生间的交流与分享，最后总结出了以下的方法。

（1）逆向比较法。在比较 $\frac{3}{4}$、$\frac{4}{5}$、$\frac{8}{9}$ 这三个分数时，有学生这样想：一件东西拿走了 $\frac{3}{4}$，还剩 $\frac{1}{4}$；拿走了 $\frac{4}{5}$，还剩 $\frac{1}{5}$；剩下的越多，拿走的就越少，所以是 $\frac{8}{9}$ 最大。这样的转化，巧妙地把分数的比较简化成了分子都是 1 的分数比较大小，化难为易，这确实是非常实用的好方法。

（2）"一半"比较法。在比较 $\frac{5}{7}$、$\frac{1}{2}$、$\frac{2}{9}$ 这三个分数时，有一个孩子说："我们可以这样比较：以 $\frac{1}{2}$ 做标准，如果平均分成 7 份的话，一半是要 3.5 份，而这边已有了 5 份了，说明 $\frac{5}{7}$ 比 $\frac{1}{2}$ 大；如果平均分成 9 份，一半就要拿 4.5 份，而这里才拿了 2 份，说明比 $\frac{1}{2}$ 小，这样就能比较出三个分数的大小了。"她回答后，我让能理解这种想法的学生举手，大约有一半的学生举手。这时，我再在黑板上用数轴进行讲解，让学生明白 $\frac{5}{7}$ 是在 $\frac{1}{2}$ 的右边，而 $\frac{2}{9}$ 是在左边。讲解后，教室里就多了一些"哦"的恍然大悟的声音。由于学生对"$\frac{1}{2}$ 就是一半"具有非常深刻的表象，因此，在分数比较时他们能自动调取生活经验进行思考，这也是值得赞赏的好方法。

（3）"余氏比较法"。（这是以我班余同学的名字命名的一种方法，而在许多练习过程中也表明这是学生非常喜欢的一种方法。）这个方法是这样的：把两个分数的分子与分母分别对角相乘，得到的积写在分子上面，乘积大的那个数大（如图5-24）。其实这就是通分后再比较大小的一种方法，只是余同学省略了其中的一些步骤。只要把两个分

图 5-24　比较大小

母的乘积作为公分母（比如图中的公分母是77），这样通分后的分子就是原分子与另一个分数的原分母的乘积（比如图中的44与42）。而余同学把公分母省略未写，只是用分子与分母简单相乘就能比较，实在巧妙！于是，我们把这种方法叫作"余氏比较法"。

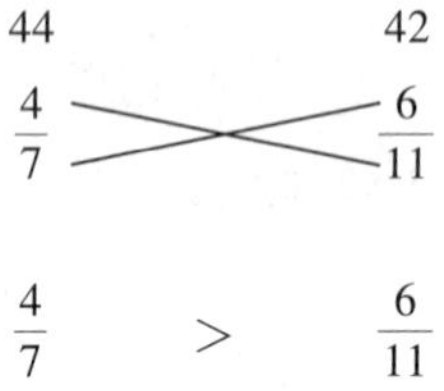

情感和情绪等非智力因素直接影响一个人的学业成绩和智力发展。因此，教师要创设宽松、民主的和谐学习环境，要有关注学生思想与情感的意识和智

慧,要善于从学生的情绪变化等来捕捉学生的内心世界与认知情况,适时调整教学方案以适应学生的需要,努力让学生"亲其师,信其道"。比如,我与学生约定,开辟"纸上QQ",在作业本上可以随时对话。有一次批改作业,发现一位学生作业质量明显下降,我在上面写上"这是为什么呢?"隔天又改作业,发现旁边多了一则"消息"——"老师,这是我之前记错作业,还没布置就写的,后来没检查就交了,当时还没学这些,所以写得很差。对不起,我太着急了,应该先检查再交。"于是,我又给她回复"明白了! 能从事情中学会反思,找到改进措施,你会更棒的。"有时,学生会留言告知自己的生日,而回上一句"祝你生日快乐",能让这个孩子翻开作业本时偷偷地笑,整节课都特别地积极。多了这样的交流,师生间的距离也会近许多,学生有话敢说,老师也可以从中了解孩子的情感并进行更好的沟通。

在平时的教研中,我发现一些教师对"读懂学生"的重要性认识不足,存在认识偏差且缺乏具体分析的方法支撑和相关经验积累。有些教师开始尝试"学情研究",但是在研究过程中依然存在一些问题。学情分析时,教师往往容易忽视学生的生活经验,只重视他们已学过的知识点和掌握的技能;忽视学生发展的各种可能,进而限制他们潜能的发挥;忽视学生间的个体差异,采用统一的教学目标和教学安排。学生的情况确实复杂,这给教师"读懂学生"带来了困难,常常出现对学生的误解和误读,从而产生学情分析的偏差。

融美数学教学主张认为,"以生为本,以学定教"已成为数学教育的主流趋势,把学生置于教学的出发点和核心地位,充分了解自己的学生对教师的课堂教学是非常必要的。只有读懂学生,教学才有引的方向,才有导的重点;只有读懂学生,教学才有相应对策,才有具体方法。读懂学生,尊重差异,让"不同的学生在数学上得到不同的发展",让生长之美在数学课堂上绽放。

第五节

重视实践,引导反思,
实现创造之美

苏霍姆林斯基曾说过,美育的终极目标是创造,孩子们在创造美的过程中,也会变得更美好、更纯洁和更可爱。融美数学的最终目的是实现课堂的创造之美,培育学生的创造性思维。具体可从以下几个方面入手。

一 加强动手操作,促进自主发现

融美数学教学主张认为,要加强数学学科实践,注重"做中学",引导学生经历发现问题、提出问题、分析问题、解决问题的全过程,体会学科思想方法。课堂中要设计有助于学生具身交互的体验活动,调动学生的视觉、听觉、触觉等感官参与,让学生以积极的学习状态参与到高质量的探究中,使数学学科实践成为看得见、摸得着的成长和创造之旅。

1.在动手操作中加深理解

"做中学"为学生创设了一个活动体验平台,学生可以在做的过程中,调动多种感官参与其中,经历实践过程。这种体验不仅加深了他们对知识背景的理解,还让他们体会到了学习的必要性和重要性;同时,通过动手操作、细心观察、用脑思考等系列活动,学生能不断积累活动经验,这有助于他们建立知识表征,并探究、理解知识的本质。

例如,在教学"认识长方形和正方形"一课时,在学生初步学习了长方形和正方形的特征后,教师可以这样设计"做中学"的活动:让学生在10个小正方形中任选几个拼成一个长方形或者正方形。活动前,先引导学生思考问题"你准备用其中的几块,想拼成什么图形?"让学生在思考的基础上动手操作。活动时,通过问题"你用几个小正方形拼成长方形?看看你拼成的长方形(中小正方形)有几排,每排几个?"启发学生拼出大小不同的长方形和正方形。活动后,通过问题"最少几个小正方形能拼成一个正方形？你拼成的正方形（中小正方形）有几排，每排几个？如果要拼成一个更大的正方形，需要几个小正方形？"这些问题促使学生不断回顾长方形与正方形的特征等相关知识，在体验中加深对知识的理解。

2.在动手操作中发现规律

在三年级学习了"倍的认识""分数的认识"之后，我们经常会遇到"把一条绳子对折3次后剪开，每一份是2分米，原来这条绳子多少分米？""把一条绳子对折3次后剪开，每一份是原来绳子的几分之几？"这样的题，学生的错误率非常高，产生根源是学生对"把一条绳子对折3次后平均分成了多少份"产生了误解。由于三年级学生的空间想象能力有限，容易理解成"对折1次平均分成2份，对折2次平均分成4份，对折3次平均分成6份。"为了帮助学生突破这个理解障碍，我准备了若干条绳子放在教室，除了上课时进行演示教学，还让产生过错误的同学拿绳子进行实践活动。通过亲身实践，学生对"对折3次平均分成8份"有了深刻的认识，同时，也进一步对"对折规律"产生了新的认识，这为进一步开展研究活动奠定了良好的基础。

3.在动手操作中拓展思维

厦门市音乐学校林颖琦老师组织学生开展了"古人对分数的表达"的数学实践活动。围绕主题，展开讨论，生成以下研究问题并归纳指导。①生活中哪里藏着分数？②古人对分数的表达。③分数的表达方式如何演变。学生按照兴趣、特长，以小组为单位进行实践活动。

教学中教师指出，我们的先人用他们的智慧直观而又感性地表达出了分数的概念。出示《周髀算经》中的内容，以及关于"春分""夏至""秋分""冬至"的内容解释（图5-25），让学生明白古人是如何确定四季的。

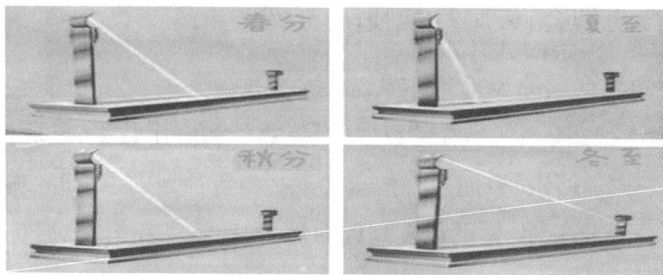

图5-25　四季的确定

在借助活动来理解分数的时候,实践可以让学生感受中国古代音乐的诞生也和分数有关。古人将一段长度平均分成3份,减去一份得到$\frac{2}{3}$,加上一份得到$\frac{4}{3}$,最后根据这样的比例关系来给乐器打孔。中国古代五个音阶"宫商角徵羽"就是这样来的。这里的分数就是线段的比例关系。课的最后,教师引导学生根据自己的生活经验设置一种关于分数记录的方法。在这个过程中,教师引导学生学习古人记录分数的方法,让其充分领悟在学习过程中数学学科所展现的数学之美,进而促使他们感知创新之美,这也为自己在以后的教学创新提供了借鉴和可能性。

数学实验是数学学科育人的创新实践,充分体现了动手操作的教育价值。数学实验让学生在"疑"中思、"做"中思、"推"中思、"创"中思,绽放着思维的过程之美;数学实验的重复性、规范性、实证性,更是焕发着科学的理性之光。[①]

例如,在教学"升和毫升的认识"时,教师可以布置数学演讲作业"我眼中的1升"。(1)想办法取出1升水并验证其准确性;(2)将验证得到的1升水倒入不同的容器,借助不同的容器描述1升水的多少;(3)将操作过程及结果呈现于数学小报上,依托绘制的数学小报进行现场演讲。这一数学实践作业的设计目标为丰富学生对1升容量概念的理解和感知,以不同的容器来描述1升的容量更是体现了参照单位的累加,丰富了估测参照物的直观模型。学生借助烧水壶、饮料瓶、水杯、自制量杯等进行操作与验证,回顾梳理操作体验的过程与感受后再进行现场演讲。这种方式不仅有利于丰富自身量感的体验,还能促进班级群体量感的发展。在这个过程中,动手操作是打破学生量感发展困境,帮助学生强化量感体验的有效路径。

二　注重学思结合,鼓励"再创造"

著名数学教育家弗赖登塔尔认为,数学教学方法的核心是学生的"再创造"。引导学生经历数学、"创造"数学、交流数学和应用数学,已成为当今数学教育改革的方向。所谓"再创造",指教师不必将各种规则、定律灌输给学生,而是应该创造合适的条件,提供很多具体的例子,让学生在实践参与探究的过程

---

① 陈美华.小学数学实验育人价值转化的"三重意蕴"[J].教学与管理,2020(32):40.

中,自己"再创造"出各种运算法则,或是发现有关的规律。对学生来说,学习过程更多的是"再创造",即"自我实现的创造性",具体指基于已有知识基础、生活经验的学习再创造,其结果只是对学生而言是新的。弗赖登塔尔的三个观点对再创造的教学落实很重要:教材是教学法的颠倒;用数学化方法组织一个领域;发现和提出问题也是再创造。[①]因此,在数学课堂中,教师要积极提供机会,注重学思结合,引导学生实现数学学习中的"再创造"。

1.问题驱动,学思结合

学生的数学学习"再创造",是一种积极的尝试、探索过程。在这个过程中,学生难免会发生错误。教师的主导作用,体现在为学生的数学"再创造"纠偏航向。教学中,教师要引导学生将自我的直觉思维与演绎思维等结合起来,引导学生进行合理性、合情性的猜测,对猜想等进行验证、检验。

例如,在教学人教版小学数学三年级上册"分数的初步认识"时,许多教师都会引导学生动手操作,将一张纸对折,平均分成两份,说明将其中的一份称之为"一半",进而揭示分数"二分之一"的来历。这样的教学,学生对"二分之一"的认识,停留在浅层次的理解。教师还可以让学生根据实践操作的结果,通过自己的"再创造"来表示分数,就能深化学生对"分数形式(包括分数线、分子、分母等)"的认知。比如,一位教师在教学中,让学生用自己的方式表征"半个"。学生创造性地提出了自己的建议,如将一个图形平均分成 2 份,涂色表示其中的一份,如用小数 0.5(沟通了分数小数的关联)表示,可用 $\frac{1}{2}$、$\frac{2}{1}$(只是将分数的分子、分母颠倒,却表征着相同的意义)表示,等等。这样的"再创造"过程,是学生真实的学习呈现。再通过师生的交流讨论,形成规范的表达方式,这一过程有助于学生对分数形成更为深刻的理解。

2.鼓励学生个性化表达

课堂的魅力,很大程度来源于教师能否提供讨论空间,读懂学生的精彩"再创造",并捕捉到那些不期而遇的精彩生成。有些生成是可遇而不可求的,但只要我们努力营造民主的教学氛围,鼓励学生勇于发表自己的见解,并用心

---

① 刘加霞.通过"再创造"学习数学:"为何"与"何为"——《作为教育任务的数学》一书观点评述之二[J].教育研究与评论,2022(6):115.

观察，在课堂上经常能捕捉到令自己惊喜的镜头。例如，下面是我在教学实践中的一个案例"我们班的'开元格言'"。

"做朋友要像垂线，互相交流；做对手要像平行线，虽然不来往，但是你追我赶，互相超越。"这两句话，很巧妙地把垂线与平行线的特征描述出来，又对孩子的与人相处有着引导作用。于是，我在"垂直与平行"一课的结尾时跟孩子们进行了分享。我把这段文字投影到屏幕上，让孩子们齐读，边读边体会其中的意思。第一遍读的时候，很多孩子都笑了，大概他们觉得冰冷的数学概念怎么也会有这样温情的表述。但让他们再读第二遍时，明显感觉到他们的态度变得郑重许多。

读完，我正准备开始进入新课，看到开元同学举了手，知道他有话想说。"老师，我有补充。我觉得做朋友要像垂线，要做到那样正正直直的。""太好了！"我不由自主地为孩子喝彩！确实，仅仅用"互相交流"还不足够概括出垂线的特征，"正正直直"更能体现垂线所形成的直角在孩子脑子中印象。这也是垂直的最本质的特征"两条直线相交成直角时，我们说这两条直线互相垂直。"

"开元同学补充得太好了。确实，做朋友要像垂线一样，正直诚信，互相交流，互相帮助。今天，我们又有了一条开元格言了！"孩子们赞许的眼光投向了这个可爱的孩子——开元。"做朋友要像垂线一样，正直诚信，互相交流，互相帮助。"这就是我们班的"开元格言"。

当然，要想经常享受到这种喜悦，教师应做到：首先，课堂上多提供一些机会（事实），留出一些时间与空间让学生自己发现规律。不要急着给学生总结规律，而应尽可能地让他们自己发现，这是培养学生数学思维的有效途径。虽然在短期里难以见到效果，但对学生的思维发展肯定有好处。其次，课堂上讲解练习时，不要只局限于学生是否做对了，还应该问问学生是否有不同的想法？这也是培养学生思维的时机。苏霍姆林斯基在《给教师的建议》中极力主张：教师在讲课过程中要慷慨地提供事实而吝啬地给予概括，为学生让出练习概括的机会。在实际教学过程中，我们应该"慷慨"给予空间，然后用心地观察，对于一些结论的形成，则应"吝啬"一些。如此，课堂的精彩就能经常不期而遇。

三　引导质疑反思，培养创新意识

创新意识是2022课标提出的数学核心素养之一，其内涵是指"主动尝试从日常生活、自然现象或科学情境中发现和提出有意义的数学问题。初步学会通过具体的实例，运用归纳和类比发现数学关系与规律，提出数学命题与猜想，并加以验证；勇于探索一些开放性的、非常规的实际问题与数学问题。创新意识有助于形成独立思考、敢于质疑的科学态度与理性精神。"创新的基础在质疑问难。[①]融美数学致力于引导学生质疑问难，以开展反思性学习作为抓手，旨在发展学生创造性思维，进而培养他们的创新意识。

1.让质疑问难成为一种习惯

融美数学课堂，鼓励营造质疑问难的课堂氛围，教给质疑问难的学习方法，创造质疑问难的学习活动。在团队成员的课堂上，学生汇报完都会自觉询问"请问有什么问题吗？"这是长期形成的课堂文化，学生已做到"质疑问难成为一种习惯"。

（1）鼓励质疑问难，深化知识理解。

比如，在"3的倍数的特征"一课学习时，教师引导学生借助百数表找到3的倍数，通过验证，知道了"各个数位上数的和是3的倍数，这个数就是3的倍数"这个猜想是正确的。这时，有一位学生提问："为什么3和2、5的倍数特征很不一样，必须是各个数位上的数相加的和是3的倍数，这个数才是3的倍数？"接着，教师引导学生研究"各位上的数"和"剩余的数"之间的规律。

出示问题：从12和48中任选一个数，观察个位上的数之和与剩余的数有什么关系？教师出示PPT，引导学生思考"剩余的数有什么特点？"学生回答出"剩余的数都是几个9。"

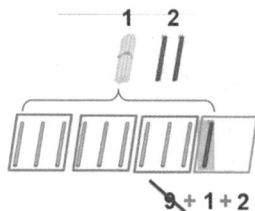

$12=10+2=9+1+2$

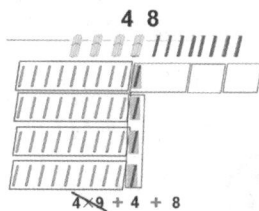

$48=40+8=4×9+4+8$

---

① 丘成桐.创新的基础在质疑问难[J].中国教育学刊,2021(4):7.

小结:将数分成两个部分12=9+1+2,48=36+4+8。不管十位上是几个十,都可以分成几个9和几个1,9是3的倍数,那几个9也一定是3的倍数,所以就只要看各位上数的和了。

接着,再让学生思考"142是3的倍数吗?"请学生也像这样用算式判断并解释一下。

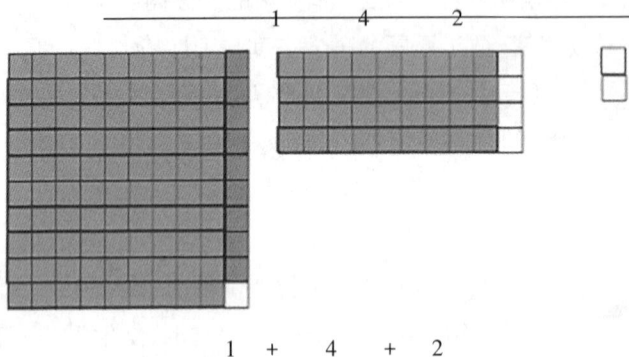

学生经过思考交流后得出:142=99+1+4×9+4+2,1+4+2=7,所以142不是3的倍数。

在这个过程中,由于学生有了质疑问难的良好习惯,不满足于"知其然",而追求"知其所以然"。通过师生的教学互动,学生对3的倍数的特征有了深刻的理解,并积累了借助数形结合方法进行数学学习的活动经验。

(2)鼓励质疑问难,发展发散思维。

小学数学的创造性思维以发散思维为核心,综合小学生聚合整合思维和横向思维的思维方式。在教学中,教师应注意通过激发学生好奇心、构建完整知识结构、加强数学问题变式、巧用问题情境、让学生经历问题解决全过程、活用信息技术变革知识呈现形式等途径培养学生创造性思维。发散思维是创造性思维的核心,指学生在解决数学问题过程中思考解决问题的多种方法,提出新的解决方案,并在不同背景下以不同方式应用数学思想。一般而言,思维流畅性、灵活性和独创性是小学数学发散思维的主要特征。①在融美数学学习中,教师应重视并引导学生通过质疑问难,经历一题多变、一题多问、一题多解的问题解决过程,这有助于发展发散思维。

---

① 杨莉荪,王利,杨新荣.小学数学创造性思维:内涵、特征与培养策略[J].小学数学教师,2022(3):23.

例如，人教版小学数学三年级下册练习五的第13题"3位老师带50名学生参观植物园。怎样买票最划算？"（具体票价见图5-26），这是综合应用所学知识解决稍复杂的实际问题，具有一定的开放性，要求学生找到不同的买票方案，并对几种不同的买票方案进行比较，再找出答案。在此节练习课上，教师引导学生独立思考后进行交流。大部分同学写了两种方

票价	
成人	10元/人
学生	5元/人
团体 （10人及以上）	6元/人

图5-26　票价

法，思路如下。①分开买，教师按成人票，学生按学生票，分别进行购票，10×3+5×50=280（元）；②团体买，将师生合为一个团体，购买团体票，6×（50+3）=318（元）。根据两个数据进行判断，大家认为分开买最划算。这时，有学生质疑，还有更省钱的方案，提出"将3位老师和7名学生合为一个团体，其余的43名学生购买学生票，那么10×6+43×5=275（元）。"该学生的发言获得了其他同学的掌声。通过对比，我们得出"混合买最划算"的结论。接着，教师又提出问题"是不是所有情况下，都采用混合买票的方式最划算呢？"学生进行小组交流后，认为最划算方案应该根据实际情况而定，不一定都是混合买最划算。理由如下：一位老师买团体票可以少花4元，一名学生买团体票要多花1元。2个老师和8个学生合为一个团体，或者各自按成人、学生购买都是60元。如果是1个老师带队，就没必要和学生合为团体购买团体票。在教师的引导下，学生理解了只有当设计方案中老师少花的钱数超过学生多花的钱数时，混合买才划算。可以说，经历这样的思考、分析和讨论过程，学生对购票问题有了深度的理解。同时，不断经历"怎样购买更划算"的反思学习，也是培养发散思维的良好契机。

2.重视引导学生开展反思性学习

2022课标指出："采用多元的评价主体和多样的评价方式，鼓励学生自我监控学习的过程和结果。""初步养成独立思考、探究质疑、合作交流等学习习惯，初步形成自我反思的意识。"郑毓信教授曾提出："对弗赖登塔尔数学教育思想的介绍与评论，我们不应过分地强调'再创造'，而也应当明确地提及他的其他一些论点，特别是其对于'反思'的强调：'只要儿童没能对自己的活动进行反思，他就达不到高一级的层次。''数学化一个重要的方面就是反思自己的活动。从而促使改变看问题的角度。''数学化和反思是互相紧密联系的。事实上我认

为反思存在于数学化的各个方面。'"①崔允漷教授指出:"学后反思是'双基②'到'素养'的唯一路径。"核心素养只有通过知识转化为有结构的经验才可能形成。而反思性学习,则可以帮助学生形成结构化的学习经验,建立起知识脉络,积淀数学核心素养。通过反思性学习,可以正向引导学生反省自己的认识过程,多在学习方法上找原因、寻对策,提升自我效能感,从而提高学习学业水平。融美数学教学主张认为,反思性学习的目的不仅仅是为了巩固知识,或培养元认知能力,更重要的是指向培养未来人才的学习活动设计。在当今培养创新人才成为时代需求的背景下,我们更应该重视引导和激励学生进行反思性学习,这有助于培养学生的创新思维。

(1)留足反思性学习的课堂时空。

反思性学习可在学习前、学习中和学习后进行,但以学后反思为多。学后反思不是简单的课堂小结,其具有独特的教育功能与价值,能促进深度学习的发生。因此,教师在进行教学设计时要重视学后反思环节,并在课堂上留足学后反思的时空。

例如,全国著名特级教师罗鸣亮老师在"长方体的体积"一课教学中,在新课内容学习后指导学生进行反思。他引导学生回顾之前学过的"测量面积和长度"的过程,那都是用"摆的方法"求出来的。接着罗老师抛出问题:"有人说'长度、面积和体积的测量道理是一样的,对不对呢?"学生认为是对的,因为"道理是一样的,都是用相对的单位去测量,看看有多少个这样的单位。"最后,罗老师表扬学生"相对单位"这个词用得真好,并用课件出示"测量,就是数一数、量一量有多少个这样的测量单位。"

从引导回顾到出示结语,罗老师用了5分钟,他对学生学后反思的重视和力行,给我们做了很好的示范。"量感"是2022年版课标增加的核心素养,主要指"对事物的可测量属性及大小关系的直观感知",培养学生的量感是本课重要的教学目标之一。"'量感'是量出来的。"在学后反思的过程中,学生对这句话会有更深刻的体悟。长度、面积、体积的测量,均以单位测量为核心,培养度量意识,三者拥有共同的本质特征。罗老师引导学生进行的学后反思,有助于他们实现一维、二维逐步过渡到三维空间的学习建构。这种方式体现了在单元整体

---

① 郑毓信.数学学习中的"再创造"和"再认识"[J].教育视界,2023(5):9.
② 双基指基础知识和基本技能。

教学视域下,有效指导学生把握三者之间的内在关系,变点状学习为系统认识,最终形成完整的知识结构。正是因为罗老师智慧的"隐退",为学生留足了反思的时空,才使得本课的素养目标"量感的培养"得以落实。

(2)循序培养反思性学习的能力水平。

崔允漷教授提出,反思分为三阶六级水平。一阶水平主要是复述,比如很多老师会问:"今天我们学了些什么内容?"二阶水平是关联,首先是把知识结构化,然后再把今天所学的知识跟"我"建立关联。三阶水平是转化,把认知变成情感,通过反思把学到的东西形成自己的观点,解决真实情境下的数学问题。比如,在教学"植树问题"后,教师可以引导学生进行反思,问题设计如:今天学习了什么内容? 学会了哪些知识? 在解决这种问题时,要注意哪些方面? 生活中还有哪些类似的问题? 学生的回答则体现了不同的反思水平(具体如表5-2)。

表5-2　"植树问题"学后反思表

阶别	级别	主要特征	"植树问题"的学后反思对应水平
一阶 (复述)	1级	回忆出有价值的信息。	今天我们学习了植树问题。
	2级	陈述的内容有一定的结构。	植树问题有"两端都种""一端种一端不种""两端都不种"三种情况。
二阶 (关联)	3级	能在新旧知识之间建立关联。	"环形封闭"情况和"一端种一端不种"类似,段数等于棵数。
	4级	在所学与自我间建立联系。	解决植树问题,根据具体情况确定间隔数与树的棵数之间的规律,符合"一样多""加1""减1"的哪种情况。
三阶 (转化)	5级	形成正确的观点或观念。	植树问题与"手指间隔""锯木头""敲钟""上楼梯"等问题有联系。以"锯木头问题"为例,棵数指被锯了几处,相当于两端都没植树,所以"段数=棵数+1。"
	6级	解决问题或具有自知之明。	以"植树问题"的模型为基础,将经验方法迁移到类似问题,并能根据实际情况灵活运用。

由于学生的学习水平存在客观差异,教师应该引导不同层次的学生呈现出不同的反思水平,逐渐让不同层次的学生在反思水平上都得到不同的发展。另

外,从纵向发展的角度,各年级培养学生的反思能力也要围绕不同的培养重点。比如,在第一阶指导学后反思可以围绕复述水平,每节课让学生说说:"今天学了什么内容?掌握了什么方法?"第二阶可以围绕关联水平进行指导,让学生在学后反思时可以结合新旧知识,联系生活实际。第三阶则可以围绕转化水平,指导学生形成自己的观念,并能解决真实情境下的数学问题。通过"关联"与"转化",梳理已学知识,分享经验,诊断自身问题,寻求帮助,这有助于学生将所学知识转化为学习能力,转化为价值观念,进而有助于学生核心素养的养成。

(3)借助工具提高反思性学习的参与度。

反思性学习要有方法、有技术,才能更好落地。2019年,我到德国进行短期研修,一次课堂观察的情景至今印象深刻。在一节数学课的尾声,任课老师组织学生围坐在地毯上,地上摆着三盘物品,分别是羽毛、核桃、石头。老师让每个孩子从三盘物品中选取一样,代表自己在这节课的学习感受。羽毛代表很轻松,核桃代表有挑战但能理解,石头代表困难。每个孩子都选择物品表达了自己的感受,有几个孩子还被指定发言。整个过程大概用了5分钟,每个孩子都有发言。从学生的参与状态可以感受到,这样的学习活动,已是熟悉的课堂环节。借助了简易的物品表达学习体验,顾全了所有学生的学后反思,有助于老师观照到个体孩子的差异,进行针对性的辅导。

类似的学后反思方法和表现方式,还有拇指法、标签法、等级法、交通灯法等方法。比如,用拇指法的三个手势分别表示"不懂、求助、懂了"。教师根据学生的手势,可以大概了解他们对本节课内容的掌握程度,随后根据情况进行教学的调整。又如,标签法,设计四个图标,分别写上不同的问题:今天学会了什么?你对哪个内容印象深刻?今天所学的东西有哪些用途?今天所学的内容跟以前学过的哪些有联系?不同的问题,对应的是不同的反思水平,学生可以根据自身情况自主选择问题进行回答。

我在教学中比较常用的是"三得三问反思法",具体指"学生学习完,说出本课的'三点收获',提出三个问题。如果没有问题,则可以出三道与本课学习内容相关的考题。"由于方法简易步骤简单,学生容易上手,乐于运用。

(4)巧用错题资源引导反思性学习。

在数学学习过程中,由于学生的知识基础、思维水平、习惯养成等方面存在差异,在作业中出现错题是正常现象。如果没有反思性学习,学生就失去了一次重要的深度学习经历。作为教师,要善用错题资源,指导学生做好错题管理,使错题成为学生进行反思性学习的素材。错题管理实质上是一种学习自我监控、调整的过程,有助于帮助学生实现知识内化,避免"一错再错"。运用错题资源的方式多种多样,包括但不限于指导错题订正、整理错题本、撰写数学日记、进行错题讲评等。

我校数学教师把指导学生做好错题订正工作,当成培养学生反思性学习能力的一项重要举措。低年级,要求学生在作业错题订正时不擦掉错误答案,直接订正在题目旁边,中高年级则要求错题订正后还需要写上简要的思路分析。同时,利用周末的"我是数学小讲师"实践活动,把错题讲解作为一项重要内容。错题讲解是学生主动进行反思性学习、重构认知的一种学习历程。研究表明,在日常教学中,重视培养学生对待错题订正的积极态度,掌握错题订正及分析的有效方法,能促进学生反思性学习能力的发展。

总之,引导学生进行反思性学习是一件需要重视并长期坚持的工作,这需要师生的合力才能有效推动。教师应充分重视反思性学习的意义和价值,在实践中积极引导,帮助学生从被动转变为主动,使反思成为一种自然而然的习惯。通过这样的方式,学生自觉进行反思性学习,从而提高学习效率和质量。

第六章

融美数学的支持体系

融美数学教学主张课堂实践的落地是一项系统工程,需要建立相应的支持体系。

第一节 借助信息技术提升融美课堂实效

《国家中长期教育改革和发展规划纲要（2010—2020年）》提出的战略目标"到2020年，基本实现教育现代化，基本形成学习型社会，进入人力资源强国行列。"从中可以看出，国家对加快教育信息化建设的决心。2022课标提出："促进信息技术与数学课程融合。合理利用现代信息技术，提供丰富的学习资源，设计生动的教学活动，促进数学教学方式方法的变革。在实际问题解决中，创设合理的信息化学习环境，提升学生的探究热情，开阔学生的视野，激发学生的想象力，提高学生的信息素养。"融美数学认为，借助信息技术手段，是顺应时代发展与未来社会的需求，营造新技术环境下的学习生态，充分发挥信息技术的辅助作用，让学习与生活联结，在开放的学习环境中培养学生面向未来的关键能力。本节主要介绍信息技术在融美数学课堂教学中的应用。

一 实现即时反馈，提高课堂效率

IBM 公司曾经登过这样一则广告：Stop selling what you have, start selling what they need。（不再兜售你所拥有，开始销售顾客所需。）在融美数学课堂上，教师借助信息技术工具的反馈功能，能实现基于不同学习需求的学习指导。

1.精准分析，了解学生的学习需求

这主要体现在借助信息技术可实现智能学情分析与学习测评功能，了解学生的学习起点和生活经验，以便教师明确教学难点。比如，在教学"平行四边形的面积计算"一课时，上课伊始，我出示了一个平行四边形（如图6-1所示），然后让学生思考如何计算这个平行四边形的面积。接着，利用云平台让学生在A、B、C、D4个选项中进行选择，"A.$S = ab$；B.$S = ah$；C.$S = bh$；D.不知道"。即时反馈结果显示（如图6-2），选A，认为应该是邻边相乘的有30人，约占68%。

231

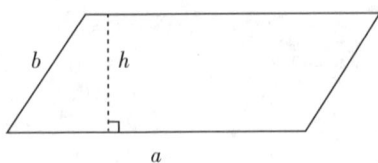

图6-1 示意图

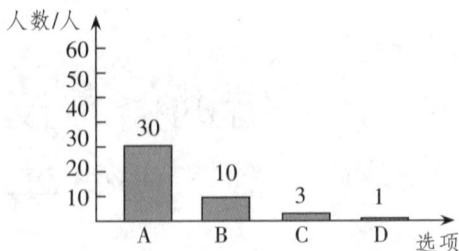

图6-2 反馈结果

借助即时反馈系统,教师了解到学生选择"邻边相乘"的居多,说明长方形的面积计算公式对学生造成了定势思维的困扰。我们在教学中必须直面这个难点,引导学生通过辨析"为什么不能是邻边相乘",使学生真正理解平行四边形的面积计算公式及其原理。

了解学生掌握情况进行及时指导。在实施"电子书包"项目的学校,可以利用在"一对一"环境下的智慧课堂,通过电子书包将题目发送至学生端,学生在电子书包平台完成练习后,后台会自动整合错题记录到该生的学生端中,构建大数据。教师可将学生学习过程的大数据进行分类,针对班级正确率、学生提交时间、高频错误点、累计错题量等几大方面,以图表的形式呈现在教师端。教师根据学生学习的掌握情况进行有针对性的讲解和补偿练习。对于大部分没有条件实施"电子书包"或其他移动终端进课堂的老师来说,可利用问卷星设计练习题,利用课后时间或者到学校信息技术教室去完成。

比如,在三年级上册"长方形与正方形"单元学习结束后,我利用问卷星设计了在线练习,以便了解学生的掌握情况。其中有两道题的正确率较低。一个正方形的周长是64 cm,把它分成两个完全相同的长方形,每个长方形的周长是( )cm? 该题的正确率为35%;一个正方形的边长扩大到原来的2倍,则它的周长扩大到原来的( )倍。该题的正确率为45%。测试的结果反映出学生综合运用知识解决问题的能力还比较弱,因此,我在练习课中注重引导学生借助画图帮助理解题意,培养他们的几何直观能力。

2.经历过程,培养学生的数据意识

2022年版数学课标提出:数据意识主要是指对数据的意义和随机性的感悟。知道在现实生活中,有许多问题应当先做调查研究,收集数据,感悟数据蕴

含的信息;知道同样的事情每次收集到的数据可能不同,而只要有足够的数据就可能从中发现规律;知道同一组数据可以用不同方式表达,需要根据问题的背景选择合适的方式。形成数据意识有助于理解生活中的随机现象,逐步养成用数据说话的习惯。

"兴趣是最好的老师。"这句话在课程统整项目式学习过程中,仍然适用。驱动问题是项目式学习的重要元素之一,让学生选择自己感兴趣的主题开展学习,将有效提升学习效果。在每一个课程统整项目式学习实施前,教师都会让学生对项目内容有一个较为深入的了解,向所有学习者介绍本次学习的特点,并通过多样化的方式吸引学生。然后,向学生发起问卷调查,从中了解学生感兴趣的问题,再对学习方案进行调整。比如,在四年级"走进五缘湿地公园"课程统整项目式学习的过程中,我们拟定了八个主题供学生选择,然后根据学生的填报结果,再将选报人数的小组进行重新整合。从数据分析中,我们可以了解学习者的兴趣,也可以让课程设计得更具针对性。

调查结果显示,孩子和家长对此活动是充分肯定的,也给学习活动效果的提升提出了很好的建议和意见。借助网络的便捷,我们可以了解到更多元的信息。

又如,厦门实验小学叶琼辉老师带领学生开展"如何科学看待零食?"的项目式学习。一上课,教师就出示学生围观零食摊购买零食场景图片,展开讨论后让学生运用平板电脑(PAD)现场投票调查"你赞成这种行为吗?"。学生投票完成后,现场投票结果显示绝大多数的同学不赞成这样的行为,但其中大部分的同学又有过这样的行为。通过现场调查,我们发现课堂上出现了两种不同的看法和学生纠结的心理:一方面担心零食吃了不安全,影响身心健康;另一方面,不吃又很诱人,看到别人购买,自控能力差的学生就会忍不住买了吃。当然,也有不少学生深知吃零食的危害。针对这两种情况,教师为了更清楚地了解班级学生吃零食与不零吃食的比例,从问题入手:你有(在路边摊)买过零食吗?你赞成小学生买零食吗?教师借助PAD进行现场投票调查,学生运用PAD进行投票。当场生成的问卷调查数据和学生投票结果,如图6-3所示。

第1题:你有(在路边摊)买过零食吗? [单选题]

选项	小计	比例
有	31	77.5%
没有	9	22.5%
本题有效填写人次	40	

表格 ●饼状图 ○圆环图 柱状图 条形图

第2题:你赞成小学生买零食吗? [单选题]

选项	小计	比例
赞成	7	17.5%
不赞成	33	82.5%
本题有效填写人次	40	

表格 ●饼状图 ○圆环图 柱状图 条形图

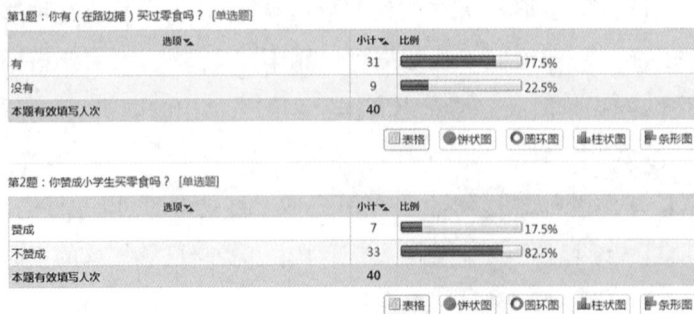

图6-3 问卷调查数据和学生投票结果

以往的纸质调查问卷,统计结果无法实现实时统计,因此无法立即应用于课堂教学中。本环节的调查问卷,教师借助PAD开展以上两个问题的调查,学生则根据自己的实际情况进行自我检测、动手操作并推送答案,电脑马上自动生成数据,统计结果瞬间呈现在师生和听课者的眼前。通过平台演示,全班学生答题情况一目了然。接着,教师依据统计数据引导学生就买与不买零食的情况进行分析、讨论,及时纠正学生的不当行为,旨在提高学生准确的判断能力和理性的购物意识,教育他们拒绝"三无"产品,注重食品安全与卫生,从而增强自我保护能力。这种教学方式体现了信息技术进课堂的特点:信息容量大,效率高。教师既能关注个别需要帮助的学生又能掌握所有学生购买零食的具体情况,快捷而方便的自我检测方法提升了教学效率,快速的统计反馈让师生互动得以迅速实现。信息技术与课程统整项目学科的完美整合,打破了学科的壁垒,实现了学科的跨界。学生是非观、价值观得以确立,判断思维等素养得到了很好培育。

针对某实验班级的学生进行"你遇到不懂的问题怎么办?"的调研,其结果如下(表6-1)。

表6-1 情况调查

方式	(1)在没有使用平板电脑前	(2)在使用平板电脑进行上课后
问家长	66.5%	36.8%
问同学	52.9%	35.5%
记下来问老师	50.3%	31.6%
等上课听老师讲	54.8%	38.7%
通过网络搜索等途径查找答案	59.4%	67.7%

从调研数据可以看出,学生在参与"云课堂"实验后,面对不懂的问题,"问家长""问同学""记下来问老师""等上课听老师讲"的人数均有较大幅度下降,这说明学生求助的渠道拓宽后,他们已不再仅仅将身边的人作为解答疑惑的对象。而"通过网络搜索等途径查找答案"的人数略有上升,这也进一步提醒我们需要对学生进行恰当的网络学习指导。

二　借助网络平台,拓宽互动时空

在融美数学的推进过程中,我们还借助福建中小学智慧教育平台和微信公众号,拓宽互动空间。

1.拓宽教师研修空间

福建中小学智慧教育平台开设"李玲玲小数工作室"网站(图6-4),供教师开展线上研修。疫情期间,工作室全体成员积极面对挑战,摸索出线上与线下"双线并行"的研修方式。大家除了按照计划认真组织好每个月一次的现场研讨,还通过网站资源进行线上研修,参与研修的有来自全省各地市的近千位成员。

图6-4　李玲玲工作室网站截图

针对教育热点问题,工作室网站特设专题研讨栏目。比如"'双减'背景下,您觉得在小学数学教学中,应该关注哪些问题?有何提升策略?欢迎交流分享!"此外,还特别开设了各年级教学问题咨询专栏(图6-5)。来自全省各地的老师积极参与讨论,贡献了他们宝贵的意见与思考。

话题研讨

二年级数学教学问题咨询专栏	李玲玲	1434/11835
一年级数学教学问题咨询专栏	李玲玲	1126/7032
六年级数学教学问题咨询专栏	李玲玲	1446/13564
五年级数学教学问题咨询专栏	李玲玲	1208/11815
四年级数学教学问题咨询专栏	李玲玲	913/6798
三年级数学教学问题咨询专栏	李玲玲	737/6386

图6-5 "李玲玲小数工作室"咨询专栏截图

以下是部分研讨摘录(部分表述有修改):

吴进仁:提高课堂教学质量,优化作业设计。比如设计预习单,把一些学生能自行掌握消化的知识放在课前,课中应更多关注跳一跳的知识生成应用。

许晓茜:作业是学校教育教学管理工作的重要环节,是课堂教学活动的必要补充。在"双减"背景之下,如何立足作业,轻负高质,助力学生健康全面发展,是广大数学教师需要面对的新课题。饶有兴趣的实践性作业可以让学生在获得基础知识和基本技能的同时,积累数学活动经验,感悟数学思想方法,从而促进学生的全面发展。"克和千克"与长度单位一样也是与生活经验密切相关的知识。质量概念的建立,不是语言所能够描述清楚的,也不是机械练习所能够达成的。正如在第一节课开始时,问学生一克究竟有多重,或者让学生估计一下一个物体的重量,很多孩子因为没有生活经验的支持,头脑中对于质量的概念是模糊的,这直接影响到后续学习质量单位的选择和应用。

马春梅:首先备好课了解学情,注意新旧知识联系,要抓好、抓实课堂,向课堂要效率、要质量,合理设计作业、布置作业。

刘倍光:在减负背景下,我们在设计习题时,可以根据学生实际和老师自身的思考方式去灵活地、创造性地进行变式处理,形成新鲜的、情境化的、学生熟悉的、感兴趣的习题。这些习题可以是优美的语言文字,也可以是图文并茂的形式,还可以变静态为动态。大部分老师认为创新题应该是专家去研究开发的习题,我们一线教师没必要去搞创新。其实不然,任课老师更了解自己学生的生活和基础。编制一些学生熟悉的感兴趣的习题,可以让学生觉得单调、枯燥、乏味、冷冰冰的习题变得有人情味。

吴盘水：教师可以以学生的兴趣爱好为基本出发点，选择有教育意义和一定趣味性的材料，让学生能够更好地去探索知识。"一亿有多大"一课是人教版小学数学四年级上册的内容，是一节数学实践活动课。从万以内数的认识到亿以内数、亿以上数的认识，是学生数概念的又一次扩充。但由于一亿这个数太大，学生很难结合具体的量获得直观感受。

胡明锋：提高课堂教学质量，优化作业设计。尽量把学习任务安排在课堂上，提高课堂效率，设计分层次的作业，优化作业设计，让不同层次的学生爱学、又都学得好。

2.拓宽家校沟通空间

在"李玲玲小数工作室"的微信公众号（如图6-6）上，开设了数学绘本、数学之美、数学故事、数学说理、数学游戏等专栏，共发布了400多条资源，得到家长和孩子的喜爱。目前微信公众号的关注用户接近4万，根据用户信息可知，使用英文等其他语言的用户仅有100多位。可见，关注此公众号的大部分为国内用户。该公众号经常收到一些来自家长和学生的留言。针对一些典型问题，我们会专门撰文回复，以此实现与更多家长的互动，帮助更多孩子学好数学。

图6-6　"李玲玲小数工作室"的微信公众号

以下是一段与家长交流的记录。

"老师，您好！才关注公众号不久，已经发现干货满满。小朋友刚上一年级，能不能出一期跟方向位置有关，特别是左右相关的文章？什么时候该用观察人的视角，什么时候该用被观察人的视角，老母亲都有点绕晕了……也不知道怎么梳理才会更清晰点？"

以上是家长"松鼠小娟"在公众号上的留言。我进行了以下的回复。题目为《孩子"左右不分"，不妨等一等——回复松鼠小娟家长的留言》。（选用时有改动）

昨天读到一位家长的留言，可能代表着一部分家长，甚至老师的情况。于是，趁着一点空余时间，简单梳理一下，谈谈自己的想法。下面是我从网上查找的一份大班数学公开课教案《区分左右》。

区分左右教育教学目标：

①感知"左""右"的空间方位,发展空间方位的知觉和判断力;

②激发幼儿与同伴交流的兴趣,能比较准确地说出物体所在的"左""右"方位;

③在以自身为中心区分左右的基础上,学会以客体为中心区分左右,进一步感知空间。

活动准备:从这个教案片段可以看出,认识上下前后左右的位置关系,是在幼儿园时期就开始涉及了。那么,为什么到了小学一年级,反而会变得"左右不分",让家长有点绕晕呢?我想问题的根源就在家长的留言信息里,是因为加了"观测者"和"被观测者"两样要求。因为家长没有提供具体题目,未能针对性讲解。

我想,先减轻家长的焦虑是首要任务。因为,这时的"左右不分"不是一年级孩子的错。请看下表。

年龄	发展阶段	特点
5~7岁(不含)	未分化	可以判断自己的左右方位,辨认自己的左右手和左右脚
7~8岁	具体分化	能认识到对面人的左右方位与自己的不同
10~11岁	充分分化	完全掌握"左右"概念的相对性。能指认物体的左右方位

注:表中仅列出部分年龄段的特点。

根据皮亚杰提出的儿童空间发展规律,一年级孩子如果未满7周岁,还处于"未分化"发展阶段,能以"观测者"的角度,判断自己的左右方位,就属于正常的水平。随着认知能力和生活经验的积累,到了二年级就能以"被观测者"的角度,认识到对面人的左右方位与自己的不同。

让我们再回头看看教材里面的内容。以人教版为例(如右图)。目前教材涉及的是观察者视角。注意,这里即使是老师的示范,小朋友拿筷子讲解,都是保持观察者视角,就是为了避免学生理解上的困难。

左、右

这是右手。

另一只手是……

左手和右手可以做什么?

我用右手写字。

我举右手发言。

再看习题,如果只是描述小动物排排队,可能会引起两者的混淆,但此题把题目的动物图加框了,表示这只是一张图片,也是避免增加师生的理解负担。

那么,如何提升孩子的方位感呢?我认为注意以下两点。

①用好"惯手"当参照。大部分人都习惯右手,可以强化孩子的理解,"拿筷子的是右手""招手的是右手",等等。反之"左撇子"同样道理。当孩子形成明确的认识后,遇到方位会自动对照手的方向,从而正确判断左右。

②联系生活多应用。人教版、苏教版、新世纪版在"左右"内容的学习中,都不约而同地选用了"靠右行"的情境。这既是引导孩子联系生活理解数学的好途径,也是进行文明交通宣传教育的好素材。

③适当拓展做游戏。

虽然教材都采用了观测者的角度来描述左右,但并不等于一年级小朋友不可以进行拓展。如果能在平时的亲子互动时间,多和孩子玩玩游戏,在寓教于乐中渗透数学知识也是不错的。比如,家长可以与孩子先同方向做左右游戏,再与孩子做镜面游戏,逐步帮助孩子积累数学活动经验。 当然,也可以阅读绘本,在听故事的过程中,帮助孩子更好地了解相关知识。比如,数学绘本《动物合唱团》就是与左右相关的。

上周到一所幼儿园开展幼小衔接专题研讨,现场观摩了幼儿园小朋友的生活、学习环境,旁观了一节大班建构课,深切地感受到小幼学习特点存在的鸿沟。只差一个两个月左右的暑假,儿童就必须从幼儿园"以玩为主"进入到小学"以学为主"的状态。孩子在这期间过渡阶段的种种不适应,都是可以理解的。

也因此,我非常认同各级文件一直倡导的入学适应期的工作,也将在此方面开展一些相关研究。

无意中看到网上的一则笑话:"我在医学院里考外科操作的时候就因为左右不分扣分了。还有我们医院里一个经典案例,手术前主刀医生怕自己记错了,在手术室里趁病人还没麻醉时反复问病人这是左腿还是右腿,最后病人不耐烦地说了一句:北边那条!"你看,连大人都会有混乱的知识的时候,一年级小朋友暂时没理解是正常的。不过,我们仍然要重视,做长远打算,让孩子平稳过渡幼小衔接,保护好孩子的学习兴趣是最重要的。匆匆答复,不知是否能解开家长的疑惑。欢迎继续交流!

回复发布当天,我再次收到家长的留言并进行了回复。

"感谢老师的耐心讲解!那天匆忙留言,忘记提供例题。我看到的例题是关于判断小朋友朗诵表演的位置。留言无法提供图片,我把它发到后台。我看了一些例题,也如您文中所说,是不是可以总结出:针对小学特别是小低年级,所用的视角都是观测者的视角,仅在被观测者为人且判断其左右手的时候才用到被观测者的视角?""是的,但要考虑到一年级小朋友的认知与理解水平,不宜讲得太复杂。方位感,需要借助生活经验的积累才能更好培养。"

三 借助数据分析,提升教研实效

在融美数学的研究过程中,我们尝试着引入智能分析系统,借助技术进行课例分析,这为提高教研实效提供了良好的切入口。以前要评价教师的一节课,常常要设计好几份量表,教师分组多维度观察,兴师动众、劳心劳力。现在的人工智能(AI)课堂教学行为分析系统,包揽了各种"活儿",教师上课后20分钟,AI自动生成诊断报告。从录像到课堂行为分析,从ST曲线到教学行为数据……各种统计图、雷达图一目了然,通过切片还原上课情景,还可以直观生动地描述师生在这节课中的优点与不足。报告还提供了课堂提问情况的分析,标注哪些是"识记性"问题,哪些是"分析性"问题。

以2024年3月在厦门市音乐学校开展的一次课例研讨为例,本次执教的许玉虹老师教龄未满3年,执教三年级"长方形的面积"一课,通过后台数据可以看出教师的教学行为时间分布。(表6-1)

表6-1 "长方形的面积"主要课堂教学行为时间分布

统计项	教师讲授	互动交流	独立学习	小组合作	随堂练习	其他	总计
时间	10:31	05:45	07:58	02:57	00:00	15:51	43:02
时间占比	24.44%	13.36%	18.51%	6.86%	0%	36.83%	100%

从给出的课堂数据可以看出,本次课堂的教学行为呈现了一定的特点。首先,教师讲授行为占比相对较高,达到了24.44%,这可能表明课堂上教师的讲解较为密集,学生在接收信息的过程中可能较少有主动思考的机会。其次,互动交流和小组合作的比例相对较低,分别为13.36%和6.86%,这可能会影响学生的参与度和合作学习能力的培养。另外,学生的独立学习占比18.51%,表明学生有一定的自主学习时间,但仍有提升的空间。值得注意的是,小组随堂练习占比为0%,这可能会影响到学生知识的巩固和应用。

在教学流程中,许老师安排了1场小组合作活动,这是值得肯定的,因为小组合作有助于培养学生的协作能力和沟通能力。此外,课堂上还有1次合作讨论,这有助于激发学生的思维碰撞和深入理解。但是,课堂上引发了22次学生思考,这可能会让学生感到压力较大,如果每次思考的时间不够充分,那么思考的质量可能会受到影响。根据提问统计结果(表6-2),本节课许老师一共提问30次,其中基础认知问题共23次,占76.66%;高级认知问题共5次,占16.67%;无认知水平问题共2次,占6.67%。数据显示本节课理解型问题出现频率最高(占比60%),其次为应用型问题(占比13.33%)。从数据中可以看出,本节课提问时比较侧重理解型问题,而分析型的问题提问数为0。

表6-2 "长方形的面积"教师提问类型统计

统计项	基础认知问题			高级认知问题			无认知问题	总次数
	识记型	理解型	应用型	分析型	评价型	创新型		
提问次数	1	18	4	0	3	2	2	30
次数占比	3.33%	60%	13.33%	0%	10%	6.67%	6.67%	100%
	76.66%			16.67%				

结果表明,在小学三年级的数学课堂上,教师更加注重学生的基础认知能力的培养。通过大量的记忆型、理解型和应用型问题,教师可以帮助学生建立

扎实的数学基础,为后续学习奠定坚实的基础。同时,虽然高级认知问题的数量较少,但仍然包含了评价型和创新型问题,这有助于激发学生的批判性思维和培养他们的创新能力。

然而,无认知问题的存在也需要引起教师的关注。这类问题不能引起学生的思维活动,可能会降低课堂的互动性和学生的参与度。因此,教师可以考虑对这部分问题进行优化。

基于这些数据,听课老师在教研过程中,给许老师提出如下优化建议。

(1)调整教学策略,增加学生活动时间。可以适当减少教师的讲授时间,增加学生的独立学习和小组合作的时间,让学生有更多的机会进行主动探索和合作学习。这样不仅可以提高学生的参与度,还能培养学生的自主学习能力和协作能力。

(2)优化教学流程,提高教学效率。在保证教学质量的前提下,可以优化教学流程,减少不必要的环节,提高教学效率。例如,可以适当减少引发学生思考的次数,但每次引发思考时要确保给予学生足够的时间和空间以便他们进行深入思考。同时,可以增加小组随堂练习的环节,让学生在实践中巩固和应用所学知识。

(3)注重学生的个体差异,因材施教。在教学过程中,要关注学生的学习情况和个体差异,因材施教。对于学习能力较弱的学生,可以给予更多的指导和帮助;对于学习能力较强的学生,可以提供更多的挑战和拓展。这样可以更好地满足学生的需求,促进他们的全面发展。

(4)增加分析型问题。在分析型问题方面,教师可以设计一些需要学生运用所学知识进行分析和推理的问题,以培养学生的逻辑思维能力和问题解决能力。例如,可以提出"为什么这个数学公式是这样的?"或"这个数学原理在实际生活中有哪些应用?"等问题,引导学生进行深入思考。

(5)减少无认知问题。对于无认知问题,教师可以重新审视课堂问题设计,尽量避免提出不能引起学生思考的问题。同时,也可以鼓励学生积极参与提问和讨论,激发学生的思维活力,提高课堂的互动性和学生的参与度。

从以上案例可以发现,借助信息技术手段介入教研,依托数据分析反思课堂,使听课者和执教者有更多的时间关注学生的个体学习,找到课堂改进的方向与措施。这种方式,正成为一种新的教研辅助手段,值得深入研究。

第二节

提升教师审美素养
促进融美相成

融美数学对教师的教育艺术及审美素养提出更高的要求。一般来说,具有较高审美素养的数学教师,能够更好地引导学生感受数学之美,激发学生的学习兴趣和创造力,从而提高教学质量。实践证明,只有提升教师的审美素养,融美数学的理念才能在课堂中真正落实。

一 AI时代,审美素养是教师重要的竞争力

随着生成式人工智能的发展,它正不断刷新我们对教育的理解与认识。科技的发展,未来依靠AI的知识传授或许比教师更清晰,AI的疑难对话或许比教师更精准,AI的效果反馈或许比教师更迅捷。大数据、云学习支撑下的未来教育,还有什么能力、什么素养是AI不能替代的? 教师的审美素养也许就是这最后的堡垒。AI时代,审美素养不仅是教师面向未来教育的最后竞争力,更是教师自我拯救、活出意义的最高生命力。①

教师的审美素养是教师素质的重要组成部分,它主要由审美观和审美能力(感受美、鉴赏美、创造美的能力)等构成。教师审美素养可以被认为是教师通过一系列感知、体验、鉴赏并创造美的活动,形成关于美的知识、能力、情感和意志的综合表现,关乎着教师最基本的情感能力、价值判断和人格健全。教师的审美素养不仅可以促进教师创造教育艺术和提高教育艺术水平,提高教育质量,促进学生的全面发展;还有助于教师自身的发展与完善以及生活质量的提升。教师审美素养不高,可能会加剧教育的异化现象,危害学生们的心智健康,也对教师群体本身的职业幸福感、生活幸福指数造成影响。在现实情况中,感觉教学工作"压力大,很辛苦"的教师不在少数。对于人工智能时代的教师来

---

① 王崧舟.审美素养:最后的竞争力[J].福建教育,2019(5):20.

说,审美素养更具有唯一性和不可替代性,是教师不断地摸索、自悟、磨砺而逐渐丰富、完善,最终内化为教师个人生命的一部分,从而实现教师作为"人"的完满统一。[1]

数学教师的审美素养是指其在数学教学过程中,对数学美、教育美以及自身形象美的感知、欣赏、表达和创造的能力。数学教师的审美素养,既有作为教师的共性素养,又有数学独特的学科素养。主要包括:①对教育美的理解和实践能力。数学教师能够遵循教育规律,运用美的教育手段和方法,营造和谐、愉悦的教学氛围,让学生在轻松、愉快的环境中学习数学。②对数学美的感知和欣赏能力。数学教师能够敏锐地发现数学中的美,如公式的简洁美、图形的对称美、逻辑的严谨美等,并能够将这些美展示给学生,让学生感受到数学的魅力。③对自身形象美的塑造和展示能力。数学教师应注重自身形象的塑造,包括仪表、言谈举止等方面,以良好的形象影响和感染学生,成为学生心目中的楷模。

正如吉林师范大学王艳老师所说:"学会了审美的教师,其目光中的学生没有不美的;反过来,被教师审美目光普照的学生,也会变得越来越美。"帕尔默在《教学勇气》一书中指出"真正好的教学不能降低到技术层面,真正好的教学来自教师的自身认同与完整。"融美数学教学主张认为,只有拥有"完整"生命的教师才能享受精神的"自由",才能在教育旅程中自主、自发、自觉地发现美、抵制丑,并引领学生追寻更美好、更有意义的生活,从而"诗意"地栖息在教育大地上。

二 数学教师审美素养的提升策略

2023年12月,《教育部关于全面实施学校美育浸润行动的通知》提出:"以美育浸润教师,发挥教师职业的美育功能,提升全员美育意识和美育素养,塑造人格魅力,涵养美育情怀。"美是教育的手段,也是教育的目的,数学课堂也应该是融美相成、师生共长的所在。提升数学教师的审美素养,可以采取以下措施。

---

[1] 罗婷婷,刘建."完整人"视角下教师审美素养及提升[J].中国教育学刊,2023(7):99.

1.解放和升华数学教师的感性,培养积极情感

著名数学教育家弗赖登塔尔曾经这样描述数学的表达形式:"没有一种数学的思想,以它被发现时的那个样子公开发表出来。一个问题被解决后,相应地发展为一种形式化技巧,结果把求解过程丢在一边,使得火热的发明变成了冰冷的美丽。"的确,纯粹的数学表现形式往往比较枯燥,给人一种冷艳的感觉,而不像音体美那样有太多的外显的美,容易被学生感受、认识、理解。在数学课堂上,如何点燃学生思维的火花,用他们"火热的思考"去感受数学"冰冷的美丽",这是我们数学教育工作者的任务,需要我们充分运用自己的智慧。

作为数学教师,首先要深入了解数学的美学特质。数学本身具有独特的美学特质,如简洁性、对称性、和谐性等。教师需要深入了解这些美学特质,并能够欣赏和体验到数学的美。第一,教师可以通过培养学生的审美意识,让学生能够发现和理解数学的美。例如,可以引导学生观察数学公式、定理的简洁性和对称性,让学生感受到数学的美学特质。第二,要善于观察和感受生活中的数学美。生活中的许多事物都与数学有关,如建筑、艺术、科技等。教师可以通过观察和感受生活中的数学美,培养自己的审美敏感力。第三,欣赏优秀的数学作品。优秀的数学作品往往具有很高的美学价值,如数学公式、定理、图形等。教师可以通过欣赏这些作品,深入了解数学的美学特质和价值。第四,要注意反思自己的审美体验,了解自己的审美偏好和局限,从而不断完善自己的审美敏感力。

加强数学教师的美学素养,也可以通过开设美学课程、组织美学讲座等方式,提高数学教师对美的认识和理解水平,培养其审美意识和审美能力。厦门市音乐学校是一所音乐特色学校,每年在校内有100场左右的音乐会,营造了浓厚的艺术氛围。数学老师在工作之余,可以多抽出时间来聆听音乐会,以此陶冶情操提升音乐欣赏水平。同时,学校鼓励数学教师积极参与数学美的研究和创作,如开展融美课堂研究,撰写发表数学美育论文、编写数学美学教材等,提高其数学美的感知和表达能力。厦门市音乐学校小学数学教研组集全组之力,编写了《数学之美》校本课程,供学生阅读使用,内容有趣,图文并茂,深受学生喜欢。理性是冷静、现实和理智的,而感性则是情感、直觉和想象的。同时,教师要善于发掘所在学科中的美育元素,将自然美、艺术美、科学美与社会美等内容有机融合,以期达到各美其美、美美与共。

2.激发和陶冶教师情感,让老师目中有"人"

"人"既是教育的对象,让其成为"人"也是教育的目的,因此,教育要目中有"人",数学教师亦然。真正的教育能手必有真正丰富的情感,这是教师审美素养的重要内涵。"彻底敞开、全然进入、活在当下、享受过程、率性而为、高峰体验"等生命的本体自觉,是教师提升审美素养的核心所在;复活感性,回到生命最原初、最本真的状态,是提升教师审美素养的必由之路;以审美之眼看待学生,真正看见每个学生的存在之美,与学生同心相应、同气相求,应该成为教师审美素养的职业化修炼。①那么,数学课堂如何做到眼中有"人"呢? 请看下面的两则案例。

【案例1】

一位老师在教学"中位数"一课时,有这样一个片段。

师出示:二年级(1)班第一小组7个同学口算成绩统计表。

成绩(分)	97	97	96	94	90	89	14

师:这次,我们二年级(1)班进行了一次口算比赛,这是第一小组的口算成绩,平均分是84分。圆圆是这一小组的同学,她在这次口算中考了89分,她告诉妈妈:"妈妈,我这次的口算成绩比小组的平均分多了5分,处于小组的'中上水平',你应该奖励奖励我。"圆圆应该奖励吗? 请同学们小组讨论讨论。

学生汇报时出现如下情况。

生1:不应该奖励。(接着又有三位学生站起来也认为不应该奖励)

师:有没有不同意见的。(没有学生举手)为什么你们都认为不应该奖励呢?

生2:因为他的成绩排在倒数第二名。

生3:中间是94或95,89是在后面了。

师(出示84分):应该跟谁比呢?

生:中间的数,94或95。

师:我不同意,因为中位数只有一个,你认为应该是多少?

学生出现不同意见,有认为是94,有认为是95的。

师:很可惜,你们跟科学只差了一点点。这道题的中位数是这样的:(94+95)÷2=94.5……

---

① 王崧舟.审美素养:最后的竞争力[J].福建教育,2019(5):22.

【案例2】

有一位老师上"比"一课时,引导学生联系生活感受比的广泛存在,出现了以下教学片段。

师(出示图片):在奥运会上,每当五星红旗冉冉升起时,一定会是每位中华儿女心潮澎湃的时候;在珠峰、在南极,都有我们的五星红旗在飘扬,这一切,都说明了我们伟大的祖国正日益强大,而她的明天,需要你们来建设。同学们,我们每天面对着国旗,你们有没有注意到其中有什么数学问题?(出示"形式为长方形,长宽三与二之比"),你们知道这句话是什么意思吗?

生1:我知道,就是五星红旗的长如果是3米,它的宽就应该是2米。

生2:我知道,不管是大的五星红旗还是小的五星红旗,它的长与宽的比都是3:2。……

师(出示图片):居里夫人用8吨沥青提炼了1克镭,沥青与镭的比是8 000 000:1。看到这个比,你有什么感受?

生:我感受到了居里夫人做实验的艰辛。

生:我感受到了居里夫人的伟大。

师:是的,居里夫人提炼镭付出了艰辛的努力,甚至为此影响了自己的健康,但她却无偿地把这项技术奉献给了社会,而没有申请专利保护。因此,居里夫人不仅成了历史上第一个两次获得诺贝尔奖的科学家,更以其高尚的人格和卓越的贡献,赢得了全世界的敬仰与尊重。

案例反思:在案例1的听课现场,我是多么想听到这位老师能多说几句话,比如:"虽然圆圆这次的成绩还不是很理想,但圆圆这次的进步很大,而且尽了自己最大的努力,所以妈妈还是奖励了她。"但是,我还是失望了,因为师生在"圆圆不应该得到奖励"的观点上是一致认同的。对学生的奖励不能仅仅看成绩多少,而应该结合她的实际水平与努力程度,该题的"圆圆要不要奖励"是一个值得引发学生讨论而且需要老师进行正面引导的问题,只可惜教师在教学中轻描淡写地收场了。我甚至想着这样一个问题:在场的同学有没有"圆圆"呢?难道就只让"分数"这两个字充斥着他们幼小的心灵吗?

在案例2中,我们可以看出,学生理解比的意义并不困难,但这两个比"3:2""8 000 000:1",因赋予了特殊的题材(五星红旗、居里夫人)而显得更加有价值。当三张壮观的带有五星红旗的图片出示出来时,我看到了学生脸上自豪的表情;当教师说出"五星红旗,我为你自豪,五星红旗,你的名字……"我听到了学生不约而同地唱出了"比我的生命更重要"的歌词;当教师说到居里夫人的事迹时,我感受到了学生眼中的敬佩之情。这些时候,我的心里都涌起了一阵阵的感动。

从以上两则案例来看,数学教学中能否做到眼中有"人",是落实学科育人目标的一个关键。案例1中,教师设计这道题目的意图是引导学生认识到"平均数"无法说明圆圆的成绩,从而让学生体会"中位数"在实际生活中的应用价值。如果单纯从知识技能目标来看,这道题目确实是一道有助于学生理解掌握知识的题目。但从培养关键能力、必备品格的目标落实来看,这道题目的设计就存在着欠妥的地方。素养目标是一个整体,在教学实践中不容割裂,是有机的整体,在整个课堂教学中,知识、能力、情感、态度、价值观是始终存在的,无时无刻不起着作用,并且,情感、态度、价值观还有积极和消极的问题,积极的态度、情感、价值观会促进学生的学习,相反,消极的态度、情感、价值观会影响学习。很显然,这位教师在教学过程中的引导是偏向消极的。教师在备课时只考虑到知识点的教学,而忽略了学生的情感体验。而在案例2中,由于教师眼中有"人",课堂的内涵便得以有效提升。

叶澜教授说:学生是构成教育活动复合主体的不可替代和缺失的一部分,不关注学生对教育活动的主动参与,不着力于教育过程中学生主动性的培养与发展,只把教育当作知识的记忆和技能技巧熟练的过程,那么,教育将类似于"驯兽"。在素养目标中,我们发现越是知识、技能的东西,越是可以通过讲授获得,而情感态度、价值观是不可完全通过讲授实现的,往往要通过创设情景,营造氛围,让学生在实际情境中去体会、体验,领悟,通过较长时间的熏陶、潜在的积累而获得。这也应该是"驯兽"与"育人"的区别吧。因此,融美数学教学主张教师在备课时要心中有"人",在教学中要眼中有"人",要抓住契机进行积极的情感、态度、价值观的渗透,培养核心素养才不会是一句空话,融美课堂才得以实现。

3.丰富和培植教师情趣,提升教学艺术

李如密将教学艺术定义为:"教学艺术乃是教师娴熟地运用综合的教学技

能技巧,按照美的规律而进行的创造性教学实践活动。"[①]教学语言美是教师教学艺术中最重要的组成部分,是教师必须具备的一项重要素质。教学语言美的水平,直接影响教育和教学效果。数学教师教学语言美的特征主要体现在:科学性、教育性、启发性、针对性、创造性和趣味性。

特级教师许贻亮曾以五年级上册"分数的再认识(一)"一课为例,以"有话,也得好好说"为题,分享了自己关于课堂教学语言的运用实践,提出了三条策略:"化简"策略,追求以简驭繁;"归一"策略,追求以小见大;"循环"策略,追求由浅入深。以下是许老师关于"循环"策略的具体运用。

循环,就是让教学语言变得反复、有序、统一。虽说文似看山不喜平,但适度的"循环",可以强化认知、增进理解,从量变引发质变。反复相同的语句或问题,移步换景,使人印象深刻,记忆犹新;有序地循环,推动的是思维递进;循环看似无穷,但基于循环节又可浓缩为统一的结构、统一的样式,达成简化。教学中,一个核心问题的设计,其实也就是"循环"策略的一种体现。

本节课是对分数的再认识,以分数为起点,可以串联起整数、小数。这三者都是"数",都具有数的本质特征"起源于数"。它们是在不同年级、相同内涵的一种重复,也是一种有序的递进。在课的结尾处,许老师设计了"循环"的教学环节,把整数、小数、分数整合在一起,凸显其中的同与不同:形式不同(整数、小数、分数),本质相同(都是由计数单位累积而成的)。

原先的教学语言,许老师是这样设计的。

师:分数,也是一种数。华罗庚先生说过,"数,起源于数。"你觉得分数也能数吗?

生:可以数的。

师:在数分数前,我们先来数一数整数(出示整数数轴,提供第一个计数单位1,让学生接着往下数),什么时候会的?

生:一年级。

师:看来,我们很早就会数整数了。下面,我们再来数一数小数(出示小数数轴,提供第一个计数单位0.1,让学生接着往下数),什么时候会的?

生:三年级。

① 转引自:张波.对小语课堂教学艺术的探讨[J].复印报刊资料(小学各科教与学),2009(11):39.

师:我们最后来数一数分数(出示分数数轴,提供第一个计数单位四分之一),下一个是几? 再下一个呢?(先从四分之一数到四分之四)下一个数是几?

生1:四分之五。

生2:五分之一。

生3:没有了,四分之四已经是最大的了。

师:四分之四往下还有分数? 如果有,是几分之几? 这个问题,同学们有兴趣可以课外继续研究。

以上教学中,许老师虽然采取"循环"教学语言策略,其"循环节"是"数一数",并用上时间性的关联词:先来、再来、最后。但是,"什么时候会的"让学生的思考分散了、拖沓了。整体感觉是有重复、有统一,但有序性不强、趣味度不浓。

基于这样的思考,许老师对"循环"的教学语言进行推敲,"循环节"改为"了不起",从情感态度的角度让学生共学之。教学中,许老师还对学生的情绪状态进行"迂回"的铺垫。

师:想问大家一个严肃的问题,你会数数吗?

生:会!(异口同声且响亮,个别还有笑声。)

师:数数,是一种了不起的本事,这不是老师说的,是数学家说的。 (点击出示华罗庚先生的话——"数,起源于数。")

师(出示整数数轴):会数吗? (让学生自主往下数。)

师:有点儿了不起了! 可以再了不起点儿吗?(出示小数数轴) 会数吗? (让学生再自主往下数。)

师:能不能更了不起点儿? 想数什么数?

生:分数。

师(出示分数数轴):下一个数是几?(先让学生从四分之一数到四分之四)再一个呢?(如上个片段一样,引发学生的认知冲突,再把学习的空间和思考引向课堂之外。)

找准"循环节"的"循环"处理,其中便洋溢着自主、参与、兴趣、思考,学习便欲罢而不能。在教学语言中作"循环"设计,教学便会有种"排比"之美,并在不知不觉中由浅入深。许老师的教学艺术造诣,令人赞叹,值得学习。

教师教学体态语言美是一种独特的教学语言美,它与学科之美融合,是教师内在美的流露,是师生互动生成之美。教师教学体态语言美不仅仅是一系列表达技巧之美,还是一种微妙而独特的教学美学现象,是一个师生共同经历的美的历程。①

朱光潜说:"话说得好就会如实地达意,使听者感到舒适,发生了美感,这样的说话,就成了艺术。"数学教师的教学语言美不仅体现了他们的专业素养和教育能力,也会对学生学习数学产生积极的影响。因此,数学教师应该注重教学语言的准确性和简洁性、逻辑性和条理性、形象性和生动性以及启发性和引导性,以提高自己的教学艺术水平和增强学生的学习效果。

① 谢圣英.教师教学体态语言美的意蕴探析——以数学教学为例[J].教育理论与实践,2012,32(14):41.

第三节

融美数学的阅读拓展课程

在融美数学课堂设计与实施过程中,数学阅读是一项重要的拓展课程内容。推广数学阅读,不仅可以帮助学生拓展数学知识,了解更多的数学文化、历史和人物,从而激发他们对数学的兴趣和热爱;还能培养学生的数学思维、提高数学素养,增强数学应用能力;此外,通过阅读书籍、查找资料等方式,学生能主动获取数学知识,构建自己的知识体系;更重要的是,这一过程可以帮助学生培养良好的阅读习惯,提高阅读能力和理解能力,为其他学科的学习打下基础。

一 挖掘教材资源,指导学会阅读

课改以来,各种版本的数学教材中,均设置了"数学万花筒""数学故事""你知道吗"等栏目,为学生提供与知识相关的拓展阅读材料。这些材料既有介绍数学知识方面的内容,又有介绍社会常识、生活常识、自然知识等方面的内容,呈现方式生动活泼、图文并茂,使学生能够了解数学知识的产生与发展,体会数学在人类发展历史中的作用,是激发学生学习兴趣、拓展知识面、提高学习能力、培养爱国主义思想情感的好材料。然而,因为这些不属于考试范围,许多教师把其当成学生自学的材料,甚至跳过不进行教学。实践证明,把这些阅读材料用足用透,可以有效地提升数学学科的育人价值。

1.借助阅读材料培养学生良好的思维品质。

苏联数学家辛钦曾经说过:"首先,数学教学可以培养人正直与诚实的品质,其次可以培养人的顽强和勇气。"学习数学不仅是为了获取知识,更是通过数学学习接受数学思想和数学方法的熏陶,提高思维能力,锻炼思维品质。

比如,北师大版教材(改版前)在"比的应用"一课后,呈现了一个数学故事,讲述的是《阿凡提分马》的故事。课堂上,我引导学生阅读这个数学故事,并思考其中的数学问题。于是,有了以下的片段。

师：请你们自学这个数学故事，看懂的请举手。（陆续有学生举起手了。）

师：谁能解释一下这个故事中的数学问题。（几生举手，请一生回答。）

学生阳：老人有11匹马，按$\frac{1}{2}$、$\frac{1}{4}$、$\frac{1}{6}$来分，没办法分到整数匹，而又不能把马杀了。于是阿凡提就拉来了一匹马，凑成12匹，这样12的$\frac{1}{2}$、$\frac{1}{4}$、$\frac{1}{6}$分别是6匹、3匹、2匹。这样分掉了11匹，还剩一匹，阿凡提又拉回去了。

师：是啊，阿凡提用智慧帮三个兄弟解决了一个大难题。

学生庄：老师，我有问题。我觉得这个结果是错误的，老人是让老大分得11匹马的$\frac{1}{2}$，应该是5.5匹，而他分了6匹，显然是不公平的。

师（故作惊奇）：那原因出在哪里呢？

学生轩：阿凡提偷换概念，原来是11匹马作为一个整体，他用12匹马作为一个整体，所以分出来的匹数是不符合老人的意愿的。（又有几个学生表示认同。）

师：看来阿凡提也有失算的时候。假如你是阿凡提，你可以怎么处理这件事呢？

学生远：可以先分整数匹，比如老大应该分得5.5，就先拉5匹，老二是2.75匹，就先拉3匹，老三约是2匹，就拉2匹，然后把剩下的一匹卖了，钱拿来平分。（听到这样的想法，学生们都笑了。）

学生苏：我认为可以用补偿的，比如老大应该分得5.5匹，他拉走6匹，就应该拿钱出来补偿老二和老三。……

师：同学们不仅读懂了这个数学故事，还能发现故事中的问题，你们比阿凡提更聪明。

《阿凡提分马》是个广为流传的故事，没想到在课堂上很快地被学生指出犯了严重的科学性错误，学生不唯书的批判精神值得赞赏，这是创新意识的萌芽。而这种精神的培养，需要借助有效载体，需要教师在教学过程中给予学生质疑的空间，这将有助于培养学生开放、深刻等良好的思维品质。这个案例是我在之前使用北师大版教材时遇到的课堂事件，至今印象深刻，撰写本书时再对照教材，发现此内容已不在现使用教材中，说明教材编排者也认为这个故事存在问题，也再次验证了培养学生批判性思维是可为与应为的。

2.借助阅读材料实现学科德育渗透功能

课堂教学是德育的重要途径,然而在小学数学教材中,大部分思想教育内容的要求并不明确,这就需要教师认真钻研教材,充分发掘教材中潜在的德育因素。教材中的阅读材料恰好蕴涵着德育教育功能,为教师实施学科德育渗透提供了很好的载体。

比如"恩格尔系数"是北师大版数学教材"百分数应用"中的一则小资料,目的是介绍恩格尔系数的意义和作用,让学生体会百分数在实际生活中的作用。因为课堂上的时间有限,平常遇到这样的资料,教师经常布置学生自学,而学习效果的检测也经常是可有可无的。其实这个小资料是个可以挖掘并充分利用的教学资源。在学习了百分数的应用后,我给学生布置了一道这样的作业:阅读"你知道吗"恩格尔系数相关内容,在作业纸上完成下面问题:(1)请计算你家现在的恩格尔系数;(2)访问你的家长(爸爸或妈妈),了解他们小时候的情况,计算出当时的恩格尔系数;(3)比较两个数据,请你写出自己的想法。从作业的完成情况来看,大部分学生都能正确地计算出自己家庭现在的恩格尔系数,能向家长了解其小时候的情况并计算出当时的恩格尔系数,最后再写出自己的感想。

以下摘录了一些学生写的感想:①我家现在的"恩格尔系数"是属于小康,而我爸爸妈妈小时候的"恩格尔系数"是属于贫困,简直是有天壤之别。当我们正在挥霍自己的零花钱的时候,又何曾想到这是父母辛辛苦苦赚来的血汗钱呢!②我家现在的"恩格尔系数"是属于小康的了。虽然不算富裕但是比起我妈妈像我这个年龄的时候,我还是太幸福了。妈妈10岁的时候家里只有我外公挣钱,每月36元。家里有4个孩子和一个不会赚钱的文盲(我外婆),全家一个月开销就是36元。也就是说恩格尔系数是100%,呵呵,应该算得上高级贫穷了!我们现在每月的恩格尔系数才45%,相比之下我们更加幸福,所以我们要更加珍惜现在的幸福生活。

这是一道综合性、实践性比较强的作业题,学生完成作业前必须自学这则小资料,理解恩格尔系数的计算方法,搜集整理有关的数据,算出食品支出总额与家庭消费支出总额,然后算出它们的比值。在完成作业的过程中必须有家长的支持,孩子们向家长了解有关家庭支出情况以及了解家长小时候的经历,这一互动过程成为了家庭教育的一部分。因此可以说,这道题目很好地体现了学科育人目标:从知识技能的角度来讲,学生计算恩格尔系数必须用到百分数的知识来解决问题,这正是本单元的知识重点,通过计算达到了巩固知识的作用;从过程与方法的角度来说,学生必须学会搜集整理有关的数据,寻找到自己需要的材料,这正符合了2022课标提出的"重视学生体验学习"的思想;从培养情感、态度、价值观角度来说,这道题目很好地拓展了数学学科的育人价值,使得学生在完成作业时受到一次润物细无声而又深刻的教育。这种水到渠成的教育,应该是纯粹的说教所不能比拟的。周彬认为,教育仅有爱是不够的,还要有爱的艺术,他认为设计学生喜欢而富有成长意义的作业就是师爱艺术的一种平实呈现。这一次"有心插柳柳成荫"的作业设计,让我进一步感受了这句话的内涵。

3.借助阅读材料引导学生体验数学文化

数学是人类的一种文化,它的内容、思想、方法和语言是现代文明的重要组成部分。教材中要注重体现数学的文化价值,在对数学内容的学习过程中,教材可以在适当的地方插入介绍一些有关数学发现与数学史的知识,丰富学生对数学发展的整体认识,对后续学习起到一定的激励作用。这应该成为教材编写与教师教学需要努力实现的目标。

如阅读材料《圆周率的历史》,在课前,布置学生自学并搜集有关圆周率的相关材料。在课堂上组织学生进行分享,有的学生介绍了蒲丰投针实验的详细资料,弥补了教材中简单说明导致学生不理解的缺陷,有的学生介绍了各国背诵圆周率的相关人物,引起了学生的极大兴趣。而我引导学生用谐音法来背圆周率,教室里响起了学生边读边笑的声音:"山巅一寺一壶酒(3.14159),尔乐苦煞吾(26535)把酒吃,酒杀尔(897932)杀不死,乐尔乐(384626)。"学生通过这些数学阅读,可以体会到数学模型的建立和完善是一个漫长的过程,数学家为此付出了辛勤的劳动,体验到科学家永不满足的研究精神。在圆的知识整单元学习后,我让学生以圆为主结合学过的平面图形设计美丽的图案,学生用圆规画"太极图""蜗牛线"及各种体现了自己创意的美丽图案,并在创作的过程中体验到了旋转、平移等变换形式带来的美感。在欣赏了许多优秀作品后,学生们由衷地发出"圆真不愧是最美丽的平面图形"的感叹。在这种开放式的学习过程中,学生体验到数学不是知识和方法的简单汇集,而应该是一个开放的文化体系,是人类智慧和创造的结晶。他们由衷地感受到数学的神奇,数学的伟大,并由此体验到数学学习的快乐与兴趣。

学校数学作为学校教育的内容和过程之一，其设立的根本依据是人的成长。学生的发展、与他人的真实交往，以及人在各种社会实践中的活动都需要数学的滋养。学校数学说到底是以育人为目的的，即使是为数学的发展，最终也还是要指向人，而不是直接指向数学本身的发展。实践证明，教材中的阅读材料不是可有可无的"装饰品"，而是丰富数学课堂内涵的"营养品"，能有效地提升数学课堂的育人价值，使我们的课堂离"良好的数学教育"更近一些！

二 推广数学绘本，培养阅读习惯

日本著名儿童图书作者松居直先生曾说"绘本是0~100岁都适合读的书。"数学绘本通过有趣的故事情节和生动的图画，将数学知识和概念以更直观、更有趣的方式呈现给儿童，有助于激发他们对数学的兴趣和好奇心；数学绘本中的故事情节和问题解决过程，可以引导儿童进行逻辑思考和推理，培养他们的逻辑思维能力和解决问题的能力；通过阅读数学绘本，儿童可以在轻松愉快的氛围中学习数学知识，同时也可以提高他们的阅读理解能力、想象力和创造力，促进全面发展；家长可以与孩子一起阅读数学绘本，通过共同学习和讨论，增强亲子之间的互动和沟通，增进亲子关系。融美数学把推广数学绘本阅读作为一项重要工作，主要通过以下途径推进。

1.开展课外阅读，提高学习兴趣

数学是一门抽象而严谨的学科，这与低年级学生以具体形象思维为主的思维特点构成了矛盾。而数学绘本则为学生创造了一个充满童趣的奇妙世界，学生愿意走进这个世界。推进数学绘本课外阅读，可以从以下几个方面进行。

（1）制定阅读计划。任课老师可以根据自己的任教年级，为学生制定一个合理的阅读计划，并且把数学绘本充实到班级图书角中。在校内可以利用课后延时服务时间引导学生进行阅读。也可以通过家校共育途径，引导家长购买或借阅数学绘本，鼓励家长参与孩子的数学绘本阅读活动，与孩子一起阅读、讨论，共同探索数学世界。家长的参与可以增强孩子的阅读兴趣和动力。引导孩子理解绘本内容：在孩子阅读绘本的过程中，引导他们理解数学概念和思想，鼓励他们提出问题，通过互动交流帮助孩子深入理解绘本内容。

（2）选择合适的绘本。选择适合孩子年龄和数学水平的绘本,可以是富有趣味性的故事,也可以是有针对性的学习资料。确保绘本内容能够吸引孩子,激发他们对数学的兴趣。厦门市李玲玲名师工作室,通过几年的努力,已制作100多个数学绘本视频资源,并通过"李玲玲小数工作室"平台进行分享,深受广大家长和孩子的喜爱。

2.融入课堂教学,丰盈数学学习

在课堂教学设计中融入数学绘本的元素,可以让数学课堂更生动有趣。绘本故事对于学生有很强的吸引力,所以在新课开始阶段以绘本故事情境引入,容易激起学生的数学学习兴趣。

比如,一位老师在一年级"分一分"一课的教学中,巧妙地借助数学绘本《外婆的纽扣宝箱》引入,边播放边讲故事:凯莉很想玩外婆藏在高处的宝箱,宝箱里藏着什么呢？ 于是凯莉趁外婆外出散步时偷偷爬上凳子,但凯莉没拿稳宝箱,箱子从高处掉了下来,箱子里掉出了一大堆五颜六色形状各异的扣子。当故事讲到宝箱掉下来,扣子散落一地时,学生们也跟着故事主人公凯莉"哎呀"一声叫了起来,不由自主地说:"这可怎么办？ 都撒了,外婆要生气了!"这时,教师顺势提出问题:"这可怎么办呀,这么多的扣子,怎样收拾才好呢?"于是,学生不知不觉进入了新知的学习情境。

当学生纷纷说出自己收拾的方法时,教师适时指导学生阅读绘本,引导他们探讨两个问题:"这些纽扣随意放到一起就行了吗？ 怎样分类呢?"在学生初步交流之后,教师拿出准备好的纽扣学具袋,让学生在四人小组里动手分一分,并让他们把自己的想法和同学进行交流,边分边说一说是怎样把这些纽扣分类的。学生通过动手操作和交流,明确了纽扣的多种分类方法。这时,教师再一次指导学生阅读绘本,思考凯莉遇到的难题:"外婆的宝箱有12个格子,凯莉到底要按哪一种分类才能把扣子都放到格子里呢?"学生刚才只关注分类的标准,而没有特别留意每种分类所得到的结果。在此基础上,他们进一步统计出了按照不同标准分类的结果,发现按颜色分刚好可以分成12类,从而顺利解决了问题。

又如,学生认识钟面上的几时几分就是个难点。由于手机、电子表等电子产品取代了钟表在原有生活中的位置,科技发展给人们生活带来便利的同时,也减少了学生接触、认识钟表的机会,影响了他们读取传统钟表这方面生活经验的积累。如果在学生学习这部分知识前,教师能带着学生阅读《我的一天》这一绘本,在扣人心弦的故事中,选取与教材相关的知识点进行挖掘开发,引导学生探索思考,这有利于达到助力教学的目的。无疑,这也为后续的课堂教学注入了"开胃剂"。《我的一天》主要根据几个关键的时间点,以消防员一天的工作生活为明线,以认识时间为暗线,通过故事的形式让学生在潜移默化中认识钟面上简单的时间,感受消防员工作的辛苦。在与学生的交流中,我及时挖掘绘本中蕴藏的数学元素"整时""几时半""大约几时",设计了一些简单的问题:"你是怎么看出8时的?""观察8时和9时指针的位置,你有什么发现?""观察这些几时半的钟面,有什么相同的地方?"让学生带着问题进行深度阅读,引导他们以数学的眼光捕捉生活中的数学现象,帮助学生初步了解辨认整时、几时半及大约几时的方法,为认识几时几分做好充分的准备,缓解他们接触新知时的压力,从而有效提升低年级数学课堂的教学效率。

数学绘本教学中最关键的两条线索,一条是故事线索,另一条是数学线索。故事线索就是此绘本所讲述的生动有趣的故事内容;数学线索主要是数学知识的学习与理解、数学思维、情感的培养等方面。两条线索相辅相成,才能使数学绘本教学达到完美的效果。在长期的数学绘本推广过程中,工作室团队整理出部分数学绘本的对应教材知识点,供教师在教学设计时参考。

3.师生共同领读,丰富绘本资源

2020年,面对"停课不停学"的现实需求,考虑到小学低年级学生不适合参与直播教学的实际情况,厦门市李玲玲名师工作室迎难而上,创新性地研发了数学绘本课程,推出了一系列数学绘本领读视频资源,并通过微信公众号分享给广大家长和学生,深受孩子们的喜爱。工作室邀请老师和同学共同参与领读,录制绘本视频,并写下推荐语。

《美术馆里遇到的数学》推荐语:

美术馆大家应该听说过吧,里面有好多好多美丽的图画。告诉你一个图画的秘密:图画里有数学!可图画里怎么会有数学呢?他们会碰撞出怎样的火花呢?

《美术馆里遇到的数学》这本书里一定有你想要的答案。首尔美术馆正在举行一次特别的展览"在绘画中寻找数学",让我们随着小主人公一边欣赏毕加索、马蒂斯、德加、达利的绘画作品,一边寻找其中的数学要素和数学原理吧。可能有的小读者会觉得数学和美术不可能会有什么关系,其实数学和美术的关系是非常密切的。美术作品中蕴含着几何透视法、对称、黄金比例、点、线、面等多种多样的数学概念。

……

故事讲完了,同学们还记得那幅由0到9这十个数字组成的画吗?(《从零到九》)还有《大碗岛星期天的下午》——它是由好多好多点点组成的;《四季——春/夏/秋/冬》——用蔬菜水果竟能组成人的脸;《生命的永恒》——钟表像水一样似乎在流淌,软绵绵地瘫在各个地方……好玩吧!这本书的目的不是要用数学的眼睛去分析美术作品,而是为了让大家知道,数学对我们的生活,以及其他艺术领域具有什么样的影响,希望大家能够重新认识数学的意义和价值。数学不仅仅是单纯的数数和计算,事实上,在一些意想不到的地方发现数学要素更会引起小朋友们对数学的兴趣。

《请帮帮我,X-man》推荐语:

大家好,我是来自厦门市音乐学校六年2班的陈子健同学。今天我很高兴向大家推荐这本绘本书《请帮帮我,X-man》。这本是韩国数学绘本书,由白丽娜老师和李舟妮老师一起翻译,由湖南少年儿童出版社出版的。

内容是以未知数为主题,用生活情境的方法,教我们把不知道的数值设为一个字母,用最简单的方法来求它。因为贴近生活,所以好理解。书里讲的是在一个小镇上生活的人,只要在数学方面遇到困难,总会大声呼喊"请帮帮我,X-man!"X-man是一位数学超人,只要有他在,关于数学的任何问题他都能顺利解决。这可不是吹牛的,瞧,蔬菜商店和面包店又遇到麻烦了。不过对X-man来说是小菜一碟,因为他这次带了助手X。

这本书的知识点——未知数,带我们认识了用字母来表示所有的数,以及式子,让我们知道字母原来和数字一样是可以进行各类运算的。

书的最后部分,还有"我想知道更多"栏目,带我们了解:字母能像数字一样运算吗? 等式的性质,为什么未知数要用 x 来表示? 如何计算未知数? 还通过"动动手、动动脑"栏目,学习未知数也能用算式来表示。让大家明白虽然我们并不知道未知数的具体数值,但只要它是一个数,它就能与其他数一起运算,而且遵从运算的所有规则。同学们,请和我一起来阅读这本能带领我们快乐学数学并解决生活实际问题的数学绘本吧!

由于绘本的设计符合低年级学生的年龄特征和思维特点,将绘本融入教学,能使"冰冷"的数学充满童趣,变得有温度,学生能够在阅读绘本的同时更好地理解数学。从一般的意义上说,绘本阅读不仅能够激发每一个学生对数学的兴趣,还能帮助他们从小养成良好的阅读习惯。

第四节

融美数学的游戏拓展课程

　　著名教育家苏霍姆林斯基曾说过:世界通过游戏展现在孩子眼前,没有游戏就没有儿童智力、儿童精神的发展。瑞士心理学家皮亚杰认为:游戏是儿童思维的表现,游戏为儿童提供了学习新事物、形成和扩大知识技能、思行结合的方式和机会。北京师范大学中国教育创新研究院院长刘坚教授一直提倡"玩做数学"的教育理念,他认为创新人才不是靠"刷题"刷出来的,孩子的"奇思妙想"是在"玩做"中诞生的。可见,游戏是儿童的天性与权利。将游戏融入数学教学,不仅能为学生带来愉悦和好奇,还能在自由活泼的学习氛围中,帮助他们理解数学知识的本质与核心,完成认知结构的系统建构,充分发挥其在数学教学中的优势。融美数学认为,游戏活动是数学原理、生活情境和儿童心理建构的完美结合,让数学从"严谨"变得"好玩"。数学游戏使学生的学习方式不再是被动接受,且参与数学游戏的过程本身就是智力、想象力与情趣的开发和培养过程。

　　数学游戏,在《简明不列颠百科全书》中被定义为"一种运用数学知识的大众化的娱乐活动"。数学游戏就是将数学问题蕴含在游戏形态中,从而让做游戏的人获得数学活动经验,潜移默化地掌握数学知识、思想与方法,同时获得生活的娱乐感和心灵的愉悦。从这个意义上说,数学游戏属于需要高级思维参与的智力活动,具有竞争性、娱乐性、益智性、开放性等特点,其中蕴含的数学问题具有规则性、探究性、思维性的特征。[1]与此同时,游戏课程本身的教育性也决定了其还应蕴含公平、求真等道德观念与品质。[2]

　　很多地区开展了益智玩具的趣味竞技活动,如福建省厦门市,2018年启动全市中小学创客大赛,其中智力挑战赛项目有玩转七巧板、数独、汉诺塔和华容道。类似的竞赛活动,使这些益智游戏得到学校和数学教师的重视。融美数学把游戏的研发与应用贯穿于学生的数学学习过程中,主要从以下几个方面入手。

---

① 吴恢銮.数学游戏:内涵、教育价值与实施策略[J].小学教学参考,2023(27):1.
② 余颖.数学游戏:基于校本的思考与探索[J].教育研究与评论(小学教育教学),2016(10):35.

一　立足教材设计,增进学习乐趣

数学游戏是数学文化的一种独特表现方式。将数学游戏应用于小学数学的教学中,不仅符合学生的认知特点,更符合学科人文素养培养的要求。目前,不同版本的小学数学教材,都很重视"指尖智慧"——益智玩具对数学思维的发展作用,将益智玩具引入数学教材,比如一年级的七巧板、二年级的数独游戏、四年级的数字华容通等内容。

数学课本中包含了许多有趣的学习内容,教师要对教材进行深入研究,结合学生的生活实际、年龄特点和认知特点寻找数学游戏的潜在资源。在数学课堂引入数学游戏,可以调动学生的多种感官参与学习,让学生的思维在互动交流中得到深度发展。如:学习"有余数的除法"时,组织"谁的尾巴短"游戏。过程如下:以同桌为单位,每位同学都能得到数字1~9的9张卡片,把这9张卡片充分洗牌后,每人各摸出3张,翻出卡片(如3、5、6)组成除法算式,可以是36÷5=7余数是1,也可以是35÷6=5余数是5,谁的余数小,谁就赢了这6张卡片。学生玩这个游戏时,要充分考虑哪个数当除数,哪个数当被除数,使得组成的除法算式所得的余数最小。玩游戏的过程,既提升了学习乐趣,又巩固了所学知识。

又如,在教学"乘法口诀"时,教师也可以设计多种数学游戏。以复习6的乘法口诀为例,可以给全体学生座位排序,从某一个学生开始,按照"S"形顺序报数。当报到6或者6的倍数时,不能直接说出数字,须以口诀的形式代替。说完之后,下一个学生继续报出下一个数字。如果答错了,就要唱一首歌以示提醒。在这样的游戏过程中,学生乐在其中。还有,"9的乘法口诀"是所有口诀教学中,句数最多,且数字较大的一组,对于部分学生来说有记忆难度。借助"手指操"游戏(图6-7),可以实现寓教于乐,让学生在乐趣中理解知识。

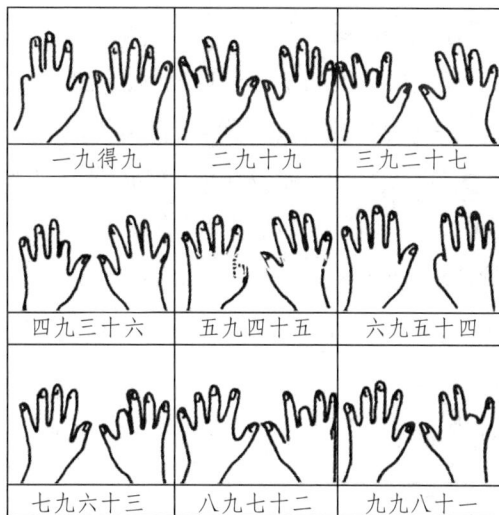

一九得九	二九十九	三九二十七
四九三十六	五九四十五	六九五十四
七九六十三	八九七十二	九九八十一

图6-7　手指操

特别是在低年级的数学课堂，由于学生的专注力比较低，课堂上常坐不住，设计一些活动性游戏，有利于提高学生的注意力。在学习凑十法时可组织数学游戏"找朋友"，方法如下：把孩子们分成几个小组，每组9人，老师把1到9的卡片分别贴在每个小朋友的胸前，一个同学在圈子中间，根据自己胸前的卡片数找朋友，可以是一个，也可以是几个凑成10（如2和8，也可以是2、3和5）。成功找到朋友时，其他同学鼓掌祝贺，课堂气氛非常活跃。如在教学"20以内的加法"这一内容时，可以介入数学游戏"纸盘加法游戏"。

如果说低年级的数学游戏，侧重于培养学生的数学学习兴趣；那么高年级的数学游戏，则更注重培养和发展儿童的数学思维能力。以《汉诺塔游戏》为例，该游戏通过解决圆盘的移动问题，成为培育儿童递归思维的典型素材。

探究汉诺塔中的数学问题，在圆盘的移动过程中发现规律，不仅仅是让学生掌握这个益智玩具的基本玩法，更重要的是挖掘游戏中蕴含的数学思想方法：化繁为简、倒推法、递归法，着眼于递归思维的培养，从而达成游戏益智、学科育人的目的。福建教育学院附属翔安第一小学陈毓雅老师巧妙地运用《汉诺塔游戏》这一教学素材，成功培养了五年级学生的递归思维能力。

课始以《猩球大战》片段为导入：实验室里大猩猩被注射药物，拥有超常智力，它挑战4个圆环的汉诺塔用了20步，令人惊呼，"太不可思议了，满分是15步！故事里的黑猩猩用了20步完成4阶挑战，而最少的移动步数是15步，你知道怎么操作吗？"

相较于传统的单一呈现玩具，给出探究任务而言，在熟悉的、静态的故事背景中添加动态的时代新元素，在情境中融入影视作品，通过影视作品的新鲜素材，关联古老传说，赋予情境更多的趣味性和鲜活的故事性，再结合多媒体信息技术，动态还原汉诺塔故事发生的场景，从古老传说中提取寺庙、圆盘、金刚柱等游戏场景主体元素，浸入式体验增强了游戏的真实感与吸引力。

在开展汉诺塔游戏过程中，学生经历猜测、操作、验证、观察、推理等环节，并总结出圆盘的移动规律。由于游戏规则规定小的圆盘必须置于大圆盘之上，随着圆盘个数的增加，这个问题呈现明显的递归特征，多层均可先视为2层，最大圆盘为一层，"其余圆盘"视为一个整体。最大圆盘移至目标杆之后，"其余圆盘"中最大盘与其他盘再次视为2层，移动呈现出明显的规律性，即n层汉诺塔最少操作步数$=2^n-1$。（表6-3）

表6-3 圆盘移动规律表

环数	步数	步数	规律	首环位置
1	1	1	2^1-1	C柱（目标）
2	3	3	2^2-1	B柱（中间）
3	3+1+3= 7	7	2^3-1	C柱（目标）
4	7+1+7=15	15	2^4-1	B柱（中间）
5	15+1+15=31	31	2^5-1	C柱（目标）
…	…	…	…	…
n	…	…	2^n-1	…
通关秘诀	单数首走目标柱（单数直走）		双数首走中间柱（双数绕道）	

数学的发展与游戏始终是不可分割的。在数学教育中,游戏起着非常重要的作用。以游戏的形式开展教学活动,不仅使得"数学好玩",还能够生动地揭示数学知识本质,让学生领略数学益智的美妙,使他们玩得有智慧,学得有质量,从而真正实现融美课堂的愿景。

二 研发游戏课程,提升数学思维

根据福建省颁布的课程设置方案,小学数学学科课时为4~5节,需要完成既定教材的教学任务,在课堂上引入数学游戏主要是激发学生的学习兴趣,提升教学质量。而要系统开设数学游戏课程,则可以利用课后延时服务的时间,这样既可以优化服务质量,又可以拓展学生的数学学习。在我校,参加课后延时服务的学生,可以选修数学游戏课程的其中一门。根据学生的年级特征,数学游戏课程主要包括益智类、活动类等模块。我所在的厦门市音乐学校小学数学教研组,集体研发了以下的游戏课程单(如表6-4)。

表6-4　　厦门市音乐学校小学数学游戏课程单

一年级	二年级	三年级	四年级	五年级	六年级
巧移火柴棒	口诀手指操	百变魔尺（24段）	巧算24点	百变磁力贴	博饼游戏的数学奥秘
乐拼七巧板	二阶魔方	三阶魔方	数字华容道	鲁班锁	六连方探秘
神奇一笔画	数独四宫格	数独六宫格	数独九宫格	二阶九连环	一阶九连环
玩好飞行棋	三柱汉诺塔	四柱汉诺塔	五柱汉诺塔	七柱汉诺塔	扑克魔术

以上每个项目为4~5课时,两周一节,分布在两个学期开展。数学游戏课程的设置,从横向来看,体现适切性,游戏内容与学生的身心发展和知识理解能力相符,有利于帮助学生在巩固所学知识的过程中提升数学思维;从纵向来看,体现进阶性,相似内容根据不同年级学生发展水平分别设计了循序渐进的游戏项目。

小学低年级的数学课程安排每周4个课时,拿出大段时间组织数学游戏不大现实,课后延时服务数学游戏课程便成了很好的拓展。例如,在一年级学完"数数"后,可在开展课后延时服务时组织学生玩"抢10游戏"。游戏规则如下:从1数到10,两个人轮流按顺序数。每次可以数1个数也可以数2个数,最后谁数到10就赢。这个数数游戏学生兴趣积极性非常高,都想跟老师挑战,老师分别请了3个学生一起比赛。三局都是老师赢了,这时老师让学生思考:"为什么老师都能赢,这数的过程中有什么秘诀吗?"通过独立思考和小组讨论,孩子们发现:"每次老师都有数到7,同时还发现只要数到7,对方数一个数8,老师数两个数9、10,对方数两个数8、9,老师数一个数10,都会抢到10。"老师肯定孩子的发现,并追问抢到7,先必须抢到几? 引导孩子找出规律——要抢到7必须抢到4和1,也就是说要抢1、4、7、10。通过让孩子们思考讨论,懂得1、4、7、10都相差3,也就是两个人数数的和是3,自己抢到1后,对方数1个数,自己就数2个数,对方数2个数时,自己就数1个数。通过这样的一个抢数游戏,极大地调动学生的学习积极性,并能把课堂的学习延伸到课外。在每次抢数的过程中,学生要分析、思考、推理等,有利于培养学生思维的灵活性。

在小学数学中,一些数学游戏本身就具有教学价值,七巧板就是这方面的一个典型例子。作为一种平面拼图游戏,它可用作儿童启蒙教育,可以增强学生的注意力,锻炼识别图形的能力。"七巧板"在二年级教材里安排了1课时的内容,无法满足学生的实践需要。我校研发的"七巧板"数学游戏课程,包含认识七巧板、拼摆图形、制作图形、创拼图形等系列内容,教师可利用课后延时服务时间开展活动。其中一节课是引导学生用七巧板进行拼三角形的游戏。教师首先提问学生,如果用两块七巧板,能拼出三角形吗?能够有几种拼法?等学生尝试用两块七巧板拼出三角形后,教师继续提问,那三块七巧板能拼出三角形吗?有几种拼法?当学生熟悉了这个游戏的流程,再让他们利用三块七巧板拼出三角形。之后便引导学生继续思考,如果是四块七巧板呢?可以拼出三角形吗?有几种拼法?教师这时可以让同学之间自主提问,自主探索拼三角形的方法。随着七巧板块数的增加,学生通过反复组合拼接,对七巧板的认识也更加深入。有一部分细心的学生会发现,只有一边具有相同长度的七巧板才能够进行拼接;如果相同长度的七巧板一下子无法拼接出来,也可以尝试着旋转七巧板的方向,便可以顺利拼接。学生玩得其乐融融,动手拼七巧板的过程,不仅可以提高学生的动手能力,还能拓展他们的想象空间。

当前,人工智能技术变革下,用编程语言实现像华容道、汉诺塔这样的古典智玩游戏已不鲜见,这也印证了传统数学文化与现代技术可以完美结合。现在的小学生接触网络的时间较多,适当结合益智游戏拓展他们的思维,对培养创新人才具有积极意义,其科学途径值得我们进一步深入探索。

三 设计亲子游戏,拓展学习空间

在孩子的成长过程中,家长的作用是不可替代的。教师可以精心设计亲子游戏,通过家长会、班级群等途径进行宣传,引导家长与孩子在家玩数学游戏。这不仅可以提升家庭陪伴质量,还可以拓展数学学习空间。以下介绍几种简易的家庭亲子游戏。

(1)掷沙包游戏。当一年级的小朋友学习完"100以内数的加减法"后,在家里可以进行这样一个亲子游戏,准备沙包和数字地垫,每块数字地垫包含一个一位数、整十数或两位数。把数字地垫摆成九宫格(如图6-8),孩子和家长在离数字九宫格一定距离的

10	16	8
24	30	43
21	50	72

图6-8 数字地垫示例

地方投掷沙包,每个人投掷两次。在游戏开始前规定得数高者或两次投掷数相差较大者获胜。通过将两次沙包投掷在数字九宫格上面的数进行相加或相减算出得数,这个游戏能帮助孩子巩固100以内数的加减法。因此,想要获得游戏的胜利,参与者每次都需要思考九宫格上各数的关系。两人投掷沙包后,由其他没参与游戏的人员帮忙记录,最后一起计算谁获得了胜利。这个游戏帮助孩子复习了100以内数的加减法,同时,教师也可以让学生自己制作沙包和数字九宫格,帮助其提高动手能力。

(2)扑克牌游戏。开展一系列扑克牌游戏:如数的认识、比大小、加减法、乘除法、算24点等。如在学习"20以内的进位加法"时,传统的练习方法可能会让他们感觉枯燥、乏味,这时如果采用玩扑克牌游戏便能很好地调动他们的积极性。方法是把一副扑克牌中数字是5到9的选出来,4种花色共20张扑克牌。两个同学一起玩,每人分10张牌,每次一人出一张牌,谁最先说出这两张牌上数字之和,谁就赢,这两张牌就归赢的人所有。到最后看谁手上的牌最多,谁就赢了。这样的活动,孩子的兴趣会更高,不知不觉地就在比赛中把进位加法练习了多次。

(3)骰子游戏"多1或多2"。家长和孩子共用一个骰子。每一局游戏,由任意一人投掷一次骰子,接下来便由两人轮流将骰子翻转90°,要求将骰子翻转90°后得到的数要比当前骰子数多1或者多2。例如,当前骰子数为3,需要将骰子翻到4或者5则游戏继续,否则游戏失败。这个游戏不但可以帮助一年级的学生巩固对数的认识,还可以帮助他们认识数与数之间的关系。

总之,在小学数学教学中,充分发挥数学游戏的教育价值,能够为学生营造愉悦的学习氛围,帮助他们获取知识,培养数学核心素养。一个好的数学游戏应该有"数学味",需要符合以下几个标准:清晰的目标和规则,科学有趣的内容和情境,公平自由的参与机会,适中的复杂性与挑战性,明确可行的教学目标,直接有效的教学效果,游戏之后学生的数学思维能有所改进。

第七章

融美数学的评价机制

　　评价是融美数学实施过程中的一个重要环节,它具有的导向、诊断、调控、激励等功能,对融美数学教学主张的落地具有很强的导向性。评价的主要目的是全面了解学生的学习实践情况和学习历程,激励学生的学习和改进教师的教学。2020年,《深化新时代教育评价改革总体方案》提出了"改进结果评价,强化过程评价,探索增值评价,健全综合评价"的评价方案。本章将详细介绍融美数学的评价机制,包括课堂观察和学生学业质量评价。

第一节

融美数学的课堂观察

《中共中央 国务院关于深化教育教学改革全面提高义务教育质量的意见》指出,要强化课堂主阵地作用,切实提高课堂教学质量。在优化教学方式方面,进一步指出要精准分析学情,注重差异化教学和个别化指导。教师要深刻地把握学生的学情,要能够通过课堂观察有效地收集学生的学习相关信息和证据,对学生身心状态、学习基础、学习过程、学习成果以及学习潜能进行分析与评估,进而了解学生的学习困境与需求,发现学生学习的规律,并有针对性地改进和调整课堂教学方法,以期提升教学效果。

课堂观察是一种教育科学研究方法,它指的是研究者或观察者带着明确的目的,凭借自身感官以及有关辅助工具,直接或间接从课堂情境中收集资料,并依据资料作相应研究的一种科学研究方法。课堂观察是促进教师专业发展,改善学生课堂学习,营造学校合作文化氛围的重要活动。它可以帮助教师了解学生的学习情况,评估教学效果,发现教学中存在的问题,以及提供改进教学的建议。通过课堂观察去理解学生、分析学情、改进教学,这是每一位教师所必备的专业能力之一,但目前我国教师这方面的能力还亟待提升。[1]

在融美数学教学主张的形成与推广过程中,主要运用焦点学生完整学习历程观察及关键事件分析法(即LOCA课堂观察范式)开展教学评估,本节将做重点介绍。

一　LOCA课堂观察范式的内涵及特点

随着课程改革的推进,课堂观察的研究和探索也受到重视,目前主要流行两种课堂观察范式。其一,是LICC课堂观察范式,它由华东师范大学崔允漷教授及其团队研制开发并实践推广,这是一种课堂观察的新范式,由学生学习

---

[1] 陈静静.揭开学习的奥秘:焦点学生学习历程的观察与分析[J].教育科学,2020,36(3):52.

(Learning)、教师教学(Instruction)、课程性质(Curriculum)与课堂文化(Culture)四个维度构成,包含20个视角、68个观测点。LICC范式的流程主要分为三个环节:课前会议、课中观察、课后会议,它们分别对应着"确定问题—收集信息—解决问题"。其二,是LOCA课堂观察范式,LOCA课堂观察范式是由学习共同体团队提出的。自2008年以来,学习共同体团队不断开展中国教育现场研究,并最终提出、界定了这一新的课堂观察范式。该范式"以焦点学生学习历程为中心的课堂观察及关键事件分析重构",也叫焦点学生完整学习历程观察与关键事件分析法,即选一两个学生作为观察对象,细致观察和收集学习证据,并对其学习过程中的关键事件进行分析。融美数学追求的是"学为中心"的课堂,关注具体学生的学习状态,采用焦点学生完整学习历程观察及关键事件分析法作为课例研讨的主要载体,可提高研究效果。

总体来说,LOCA课堂观察范式有以下特点:第一,它聚焦学生的学习历程,将观察焦点放在学生的学习历程上,强调对学生学习过程的理解和反思;第二,注重关键事件分析,这些关键事件可能涵盖学生的问题解决、互动交流、思维发展等;第三,关注形成性评估,通过及时了解学生的学习状况,为后续的教学提供反馈并作出相应调整;第四,该范式以学习为中心,要求教师将学生的学习置于课堂观察的中心位置,从学生的角度出发理解和反思课堂,这有助于促进学生的自主学习和合作学习;第五,具有开放性,不局限于特定的观察工具或方法,而是鼓励教师根据具体情境和需求进行灵活的观察和记录;第六,鼓励跨学科合作,通过共同观察和分析学生的学习历程,促进教师之间的交流与合作,推动学科之间的整合和优化。

传统的课堂观察范式注重教师的教学表现评估和学校的常规管理。而LOCA课堂观察范式更注重学生的学习历程,包括学生的学习行为、思维发展、情感态度等,采用质性观察和开放性观察,鼓励观察者深入了解学生的学习过程,并灵活记录关键事件和细节。同时,该范式更加注重根据具体情境和需求设计观察工具,鼓励观察者创造性地使用各种记录方式。这一范式旨在促进学生的学习和发展,为教师的专业发展和学生的学习改进提供反馈和建议。此外,LOCA课堂观察范式鼓励教师自主进行课堂观察,促进教师之间的合作与交流,从而增强教师对自身教学实践的反思和改进能力。

综上所述,LOCA课堂观察范式更加强调以学生学习为中心,注重对学习过程的深入理解和反思,强调教师的专业发展和合作交流,这一范式也成为了融美数学的主要教研方式。

二 以LOCA课堂观察范式推进融美数学理念落地

LOCA课堂观察范式的核心内容为"收集焦点学生学习的完整证据,并对学生学习过程中的关键事件进行分析"。它取代了"观摩—评价"取向的传统听评课研究机制,塑造了"观察—反思"取向的课例研究文化,帮助教师快速理解学生复杂的学习历程与学习需求,并找到与学生学习相适切的教学策略,使教师不断突破自身专业发展。通过LOCA课堂观察范式,观察教育现场的外在刺激、寻求自我突破的内在动机共同构成了教师反思的核心力量,帮助教师"从技术熟练者的专家转型为反思性实践者的专家"。

LOCA课堂观察范式的操作流程主要包括课前培训、课中观察、课后交流三个环节。课前培训主要是培训教师的专业评课技能,了解观课注意事项,提高课堂观察的深度;课中观察是从微观入手,主要集中观察特定学生的课堂学习历程,收集观察对象在课堂上的关键案例与具体证据;课后交流先是包括教师在内的小组交流,形成基本报告,再到大组分享,形成集体反思。由此可见,LOCA课堂观察范式主要以学习者为观察点,收集学习的事实案例,形成对学习的完整分析证据链,帮助教师深入了解学生学习的过程和逻辑,并对自己原有的教学设计进行深刻的反思。

课堂观察的最终目的不应该聚焦于评价教师的好坏,而在于真正理解课堂的生态,特别是理解学生到底是如何学习的,学生的学习规律和学习需求决定了教学活动的展开。

厦门市李玲玲名师工作室在推进融美数学教学主张的过程中,把LOCA课堂观察范式作为开展教学研讨的主要载体,为研修成员提供了丰富的研讨素材。下面以工作室核心成员李彩娟老师做的课堂观察记录表(表7-1)为例,来看看怎样运用LOCA课堂观察。

表7-1 一年级"小括号的认识"课堂观察记录表

观察者	李彩娟	观察时间	2022.5.20	观察对象	阿涛 莹莹
观察对象 总体印象	阿涛同学在课堂上能够专注倾听老师和同学的发言,能够认真思考并将自己的想法用文字或者语言表达来,能独立解决问题和乐于、大方地与同伴分享。但快下课时,其专注度有所下降,老师讲评时他在玩自己的东西。据原任老师评价,阿涛的学业水平为B,同桌莹莹的学业水平为A。				

续表

执教教师及班级	罗老师一年2班	执教课题	小括号的认识

课堂观察关键事件描述

　　本节课探究的问题是："有10颗星星先减掉2个,再减掉3个,还剩几个?"大部分学生已经会列出算式10-2-3=5这种方法。

　　环节一:

　　老师提出:"你还有其他方法吗?"接着放手让学生尝试。

　　阿涛最先写的是"10-2-3=5",发现跟黑板的方法一样,思考后就改成"3+2-10=5"。(图1)

　　莹莹写的是"10-5=5"。(图2)

　　接着两个人交流,每人都轮流说了自己的方法,阿涛说:"3加2减10等于5",莹莹说:"我是10-5=5。"两位同学都有倾听对方的发言,但是没有提出疑问,各自保留自己的做法。

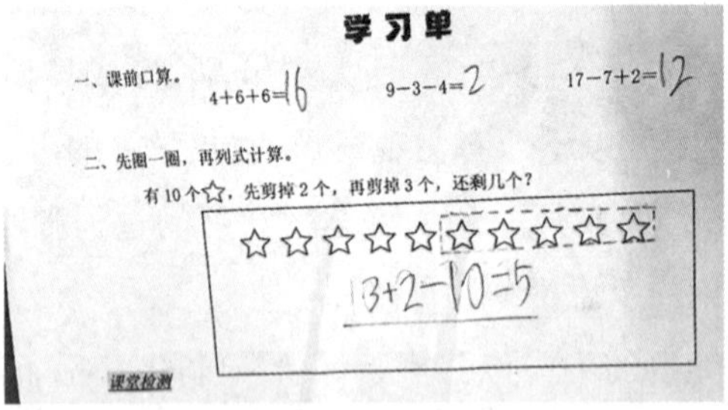

图1

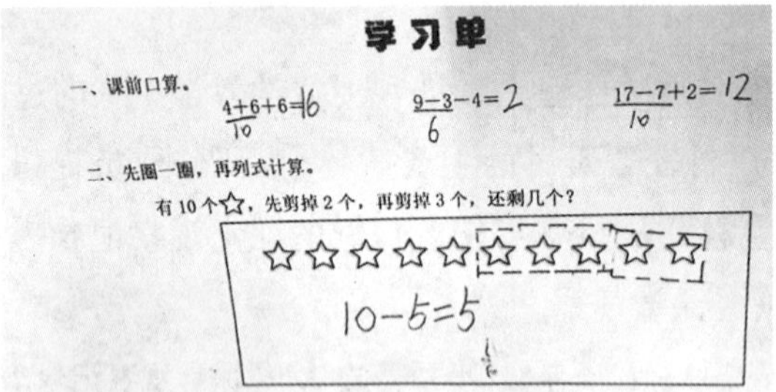

图2

　　环节二:老师在黑板上反馈了两种做法。

　　做法1:"10-5=5",并追问:"5是从哪里来的? 表示什么?"

　　做法2:分步列式"2+3=5,10-5=5",并追问"2+3"先求什么? 接下来老师提出:"能不能把这两个算式合并成一个算式? 并且要先算2+3。"阿涛就在刚才写的算式"3+2-10=5"中"3+2"的下面,画上了一条横线,并在横线下面写出得数5。(图3)莹莹就直接改成了"5+5-10=0"。(图4)

续表

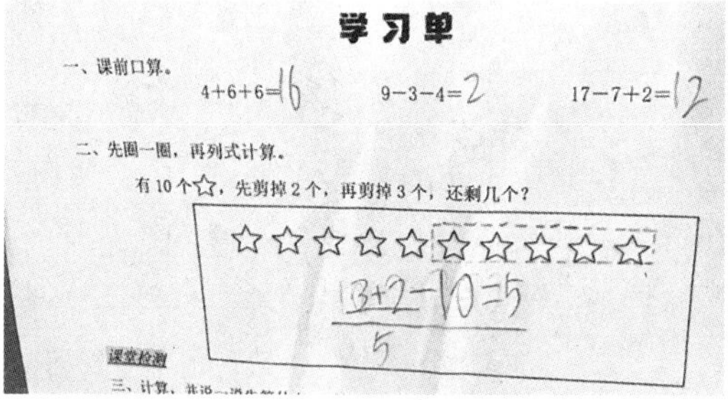
学习单

一、课前口算。

4+6+6=16　　9−3−4=2　　17−7+2=12

二、先圈一圈，再列式计算。

有10个☆，先剪掉2个，再剪掉3个，还剩几个？

3+2−10=5

5

课堂检测

图3

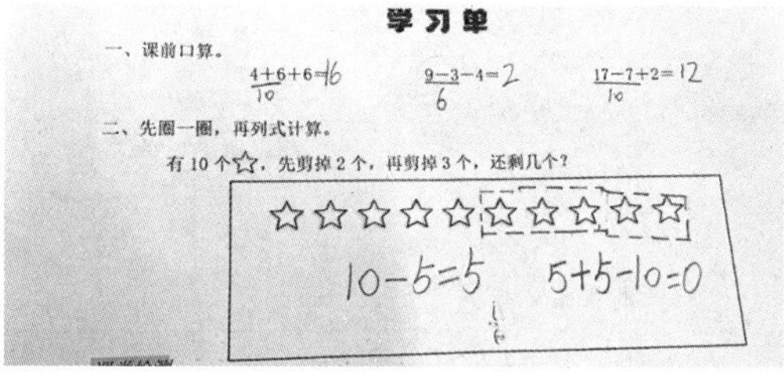
学习单

一、课前口算。

4+6+6=16　　9−3−4=2　　17−7+2=12

二、先圈一圈，再列式计算。

有10个☆，先剪掉2个，再剪掉3个，还剩几个？

10−5=5　　5+5−10=0

图4

环节三：

教师拿两人的练习进行反馈讲评，引导学生辨析，指出错误。阿涛将原来写的“3+2−10=5”，先改成“10−2+3=5”（图5），再改成“10−（2+3）=5”（图6），莹莹也进行了订正（图7）

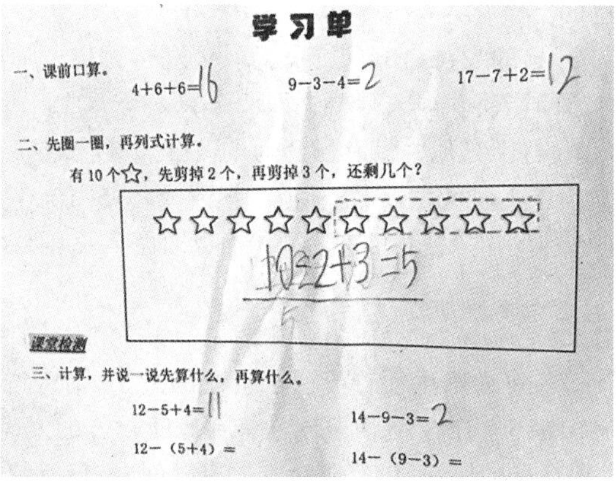
学习单

一、课前口算。

4+6+6=16　　9−3−4=2　　17−7+2=12

二、先圈一圈，再列式计算。

有10个☆，先剪掉2个，再剪掉3个，还剩几个？

10−2+3=5

课堂检测

三、计算，并说一说先算什么，再算什么。

12−5+4=11　　14−9−3=2

12−（5+4）=　　14−（9−3）=

图5

续表

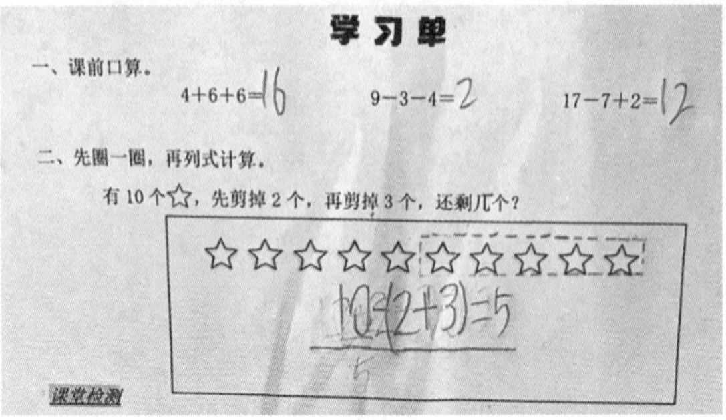

图6

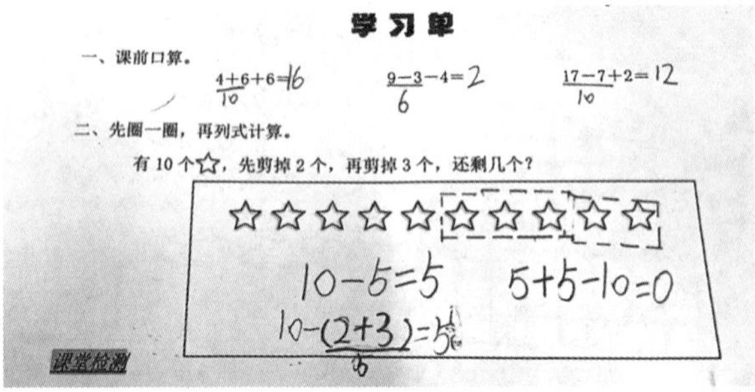

图7

课堂观察关键事件的回溯与分析:(写清从什么角度进行回溯与分析,尽量从两到三个角度提出)

1.为什么对自己的错误答案无感?

阿涛的答案从一开始的"3+2-10=5",到与同桌交流,再到老师反馈了两种解法以后,他都没有发现自己的错误。当老师要求把两个算式合成一个算式时,他也只是在"3+2"底下加了一条横杠,其他并没有做任何的改变。莹莹她一开始写的是"10-5=5",与同桌交流、老师反馈两种解法后,她却把答案改成"5+5-10=0"。莹莹没有关注问题是要求"还剩几个",她的结果是0,那就是剩0了。为什么两位学生都对自己的错误答案无感?

2.交流时倾听什么?

在与同桌交流环节,每人都主动轮流说了自己的方法,阿涛说:"3加2减10等于5",莹莹也说:"我是10减5等于5"。两位同学都在倾听对方的发言,但是都没有发现对方的错误,也没发现自己的错误,没有向对方提出疑问,各自保留了自己的做法。我们不禁要思考:同桌交流时倾听什么? 仅仅是听到吗?

　　3.新概念学习的不易。

　　从两位同学经历的学习过程来看,我深深地感受到,学生学习、建构一个新概念是多么的不易,阿涛从最开始的"10-2-3=5"到"3+2-10=5",再到"10-2+3=5",最后才实现"10-(2+3)=5"的目标。阿涛是受了从左往右运算顺序的负迁移,他认为先算的一定是要放在前面。莹莹也经历了从"10-5=5"到"5+5-10=0"到最后的"10-(2+3)=5"的过程,第一次的解法她是直接呈现结果,没有体现中间的计算过程,第二次的解法是对计算结果的验算。每位学生都有自己独特的认知方式,新概念学习是多么的不易。

提出思考及改进策略:(写清从什么角度提出的思考与改进策略,尽量从两到三个角度提出)

　　1.让学生真正经历。

　　本节课教师通过两个问题引领学生探究:问题1:"你还有其他的方法吗?"问题2:"能不能把这两个算式合并成一个算式? 并且要先算2+3。"两位同学都能够积极主动地思考,用自己的方法尝试解答并进行交流,他们经历了自学、同桌互学、师生共学三个过程的探究,积累了丰富的体验。虽然两个人两次的计算过程都是错误的,都没能列出小括号,最后是在师生的共同反馈中认识了小括号,学会了小括号的应用,这样的探究过程是有价值的。他们在探究的活动中独立思考,学会与同伴交流,发现自己的错误,重构了自己的认知,最终达成了学习目标。因此,只要让学生真正经历探究过程,即使探究的过程出现错误或没能探究出结果,这样的学习也是有价值的、深刻的。

　　2.让学生真正倾听。

　　本节课的同桌交流环节,双方只是听到了对方的发言,并没有真正的听进和听懂,因为双方交流完都没有发现对方的错误,也没发现自己的错误。所以在交流前老师要细化倾听的要求:"同桌的想法你听懂了吗? 你同意他的想法吗? 如果不同意,你有什么问题可以问他?"让学生明确他不仅要听到,还要听懂,有不明白、不同意之处还要提出质疑。以此促进同桌交流的有效性。

　　3.让学生学会反思。

　　为什么学生对自己错误的答案无感? 原因在于学生不能主动反思自己答案的正确与合理性。因此,要注意培养学生的反思意识。首先,教师每节课要有意识地留出让学生反思的时间,并进行指导:你的做法和他人一样吗? 不一样在哪? 为什么会这样错,现在明白了吗? 其次,可以让学生像莹莹那样,保留每次的解答过程,不要擦除,这样更有利于让学生看见自己的学习过程,更便于学生进行对比、分析。最后,要教给学生特定的反思方法。本课是以解决问题为载体进行小括号的认识学习,可以对解决问题中算式与条件和问题的对应进行专项的教学:题目中已知的要用的条件有几个? 在等号左边的算式中能找到吗? 要求是什么? 等号右边的得数是所求的问题的答案吗? 以此来帮助学生对自己解法的反思,提高解决问题的能力。

续表

4.关注每位学生。 　　学生的学习过程缓慢而复杂，不同的学生有着独特的认知方式。因此，教学是慢的艺术。课上老师留足时间让学生探究、交流，学生才能展现出最真实的学习状态。作为教师，俯下身，才能发现每位孩子的独特之处，为他们创设最适合的学习方式，并给予最及时的指导与帮助，让每位孩子成为最好的自己。

注：表中学生名字为化名。

　　在运用LOCA课堂观察时，捕捉课堂的关键事件是很重要的事情。陈静静博士在《学习共同体——走向深度学习》一书中提到，在课堂观察过程中，有一些重要的情境引发观察者的强烈关注，并不自觉地对此情境进行反思和重构，这就是学生学习的关键事件。判断深度学习是否发生，就需要观察者走近学生，仔细观察，全面搜集学生的学习证据，寻找学生学习的关键事件，更需要观察后与执教老师共同反思和重构课堂。作为一项教研工具，课堂观察记录表的设计与使用目前仍在探索阶段。后续我们将继续深化其在LOCA课堂观察中的应用，并进一步加强其与融美数学各维度的紧密联系。

第二节

融美数学的学业质量评价

2022课标首次明确了以核心素养为主要维度的学业质量标准,提出"发挥评价的育人导向作用,坚持以评促学、以评促教"。统筹教、学、评的一体化,成为教育教学的重要抓手,为教师教、学生学、考试命题、学业评价等提供依据和指导。融美数学教学主张回应新课程、新课标的要求,积极推进学业质量评价探索。

一　丰富评价方式,关注核心素养

评价的目的是全面了解学生数学学习的过程和结果,而科学评价可以"激励学生学习,改进教师教学"。这里特别强调以下两点:一是要关注学生数学学习的过程,二是要关注学生数学学习的结果。[①]融美数学对学生的学习评价要以核心素养为导向,坚持"学生立场",实现学生全面而有个性的发展,既要尊重学生个性,关注学生的差异,实现不同发展,也要回归数学,关注数学学习的本质;还要适应社会,关注社会对于人才的需求。以下是根据课标精神,融美数学在学业质量评价方面的推进措施。

1.根据学段特点,优化评价方式

2022课标强调:"第一学段的评价应以定性的描述性评价方式为主,第二、第三学段可以采用描述性评价和等级评价相结合的方式,第四学段可以采用等级评价和分数制评价相结合的方式。"就小学阶段而言,评价方式应包括书面测验、口头测验、活动报告、课堂观察、课后访谈、课内外作业、成长记录等,可以采用线上线下相结合的方式。每种评价方式各有特点,教师应结合学习内容、学生学习特点,选择适当的评价方式。例如,可以通过课堂观察了解学生的学习

---

① 张春莉,杨雪.深化核心素养导向的学生学习评价改革[J].小学教学(数学版),2022(Z1):30.

过程、学习态度和学习策略，从作业中了解学生基础知识和基本技能的掌握情况，从探究活动中了解学生独立思考的习惯和合作交流的意识，从成长记录中了解学生的发展变化。

对第一学段的学生来说，评价重在激发学生的数学学习动机，调动学生的学习积极性，过早地将学生的学习成果进行等级划分，反而会对学生的学习造成阻碍。因此，该阶段对学生的评价主要聚焦于学生的学习习惯与态度，强调对学生进行有温度的评价，重在发挥评价的激励功能和改进教学的功能。不同学段、不同评价方式的调整与变换，有利于改变因分数给学生贴标签的僵硬做法，使评价成为促进学生全面发展、促进教师反思和改进教学的有力举措。

2.关注核心素养，评价内容多维

评价内容多维是指在评价过程中，在关注"四基""四能"[①]达成的同时，特别关注核心素养的相应表现。教师不仅要关注学生知识技能的掌握，还要关注学生对基本思想的把握、基本活动经验的积累；不仅要关注学生分析问题、解决问题的能力，还要关注学生发现问题、提出问题的能力。全面考核和评价学生核心素养的形成和发展。

比如，在"两位数减一位数的退位减法"（以下简称退位减法）的教学中，指向的核心素养是运算能力。运算能力的内涵是"根据法则和运算律进行正确运算的能力。能够明晰运算的对象和意义，理解算法与算理之间的关系……"。在2022课标中，对应的内容要求为"探索加法和减法的算理与算法，会整数加减法"，学业要求为"能口算简单的百以内数的加减法"。可见，在这一内容的学习中，需要学生在理解退位减法算理的基础上，掌握其算法。然而，退位减法的算理究竟是什么？学生理解算理有什么样的表现？课标相应的学业质量标准描述为"能进行简单的整数四则运算"，而对如何指向对算理理解的评价并没有进行细致论述。这就需要在具体教学和评价中，首先厘清退位减法算理理解的内涵，将理解算理这一教学目标具体化。以"35-7"为例，其基本算法是"先重组再减"，即先把35重组为20与15，然后计算"15-7"。其算理理解目标的达成需要有以下具体化的表述：第一，能认识数的结构并进行重组；第二，能对计算过

---

① "四基"指的是：基础知识、基本技能、基本思想、基本活动经验。而"四能"包括：发现问题能力、提出问题能力、分析问题能力、解决问题能力。

程进行表征;第三,能从操作和表征中概括出计算的顺序;第四,能在操作、表征、抽象的基础上提炼出"基本算法"。确定评价的内容要素,实际上反映的是课标所规定的课程领域的具体学习目标,是教学和评价的核心。在以上案例中,当厘清退位减法的算理内涵后,运算能力这一核心素养在教学中得到落实就成为可能。

3.评价主体多元,提供展示平台

评价主体多元指综合运用教师评价、学生自我评价、学生相互评价、家长评价等方式,对学生的学习情况进行全方位的考查。如在每个学习单元结束时,教师可以要求学生设计一个学习小结,对自己的学习情况进行评价,也可以组织学生在班级展示交流学习小结让学生互评,以及让学生自评总结自己的进步,反思自己的不足,汲取他人值得借鉴的经验。

根据学生的年龄特征,评价结果的呈现应采用定性与定量相结合的方式,关注每一名学生的学习过程。评价结果的呈现应更多地关注学生的进步,关注学生已有的学业水平与提升空间,为后续的教学提供参考。评价结果的运用应有利于增强学生学习数学的自信心,提高学生学习数学的兴趣,使学生养成良好的学习习惯,促进学生核心素养的发展。

教师要注意分析全班学生评价结果的变化,了解自己教学的成绩和问题,分析、反思教学过程中影响学生能力发展和素质提高的原因,寻求改善教学的对策。同时,以适当的方式,将学生的一些积极变化及时反馈给学生。

二 优化命题设计,呈现融美试卷

《义务教育质量评价指标》提出"教师达到专业标准要求,具备较强的育德、课堂教学、作业与考试命题设计、实验操作和家庭教育指导等能力,以及必备的信息化素养和信息技术应用能力……"命题设计是每一位数学教师的基本功之一。从"教学评合一"的理念出发,以终为始,加强命题研究,是提高教师课堂教学效率,提升育人水平的必要途径。2022课标指出"以核心素养为导向的考试命题,要关注数学的本质,关注通性通法,综合考查'四基''四能'与核心素养。适当提高应用性、探究性和综合性试题的比例,题目设置要注重创设真实情境,提出有意义的问题,实现对核心素养导向的义务教育数学课程学业质量的全面考查。"融美数学依据课标精神,坚持"教学评合一"的研究理念,主张命题要坚持素养立意,凸显育人导向,呈现"五美"特征。

1.关注五育融合,突显学科育人

2022课标指出,数学教育承载着落实立德树人根本任务、实施素质教育的功能。融美数学强调通过在小学数学命题中创设学科育人的情境,让学生在作答过程中,受到滋养和熏陶,润物于无声。

【样题1】习近平总书记在致首届全民阅读大会的贺信中指出:"希望全社会都参与到阅读中来,形成爱读书、读好书、善读书的浓厚氛围。"王强热爱阅读,他读一本书,第一天读了全书的 $\frac{1}{4}$,第二天读了28页,此时已读的页数和未读的页数的比是4:5,这本书一共有多少页?

【样题2】牛奶中含有丰富的营养物质,有助于增强免疫力、提升人体记忆能力,促进睡眠,补充钙质,助力身体生长发育。一款原价每箱68元的纯牛奶,甲、乙、丙三个商店均在促销,甲商店"买四送一",乙商店每箱打八五折出售,丙商店每满100元减20元,小红要买5箱这样的牛奶,去哪个商店买最划算?

【样题3】"龟兔赛跑"讲述了这样的故事:领先的兔子骄傲起来,睡了一觉。当它醒来时,发现乌龟快到终点了,于是急忙追赶,但是为时已晚,乌龟还是先到了终点……下列折线图中与故事情节相吻合的是( )。

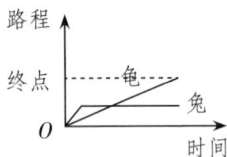

A

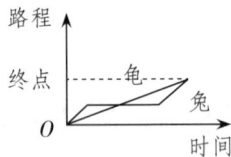

B

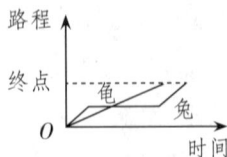

C

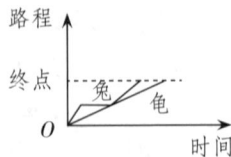

D

以上三道试题,分别借助阅读推广、健康教育、骄兵必败等情境,让学生在完成答题的过程中培养积极的情感态度与正确的价值观。

【样题4】航天科技中的数学。2021年10月16日6时56分,令中华儿女骄傲自豪的神舟十三号载人飞船与空间站组合体完成自主快速交会对接。航天员翟志刚、王亚平、叶光富进驻天和核心舱,中国空间站开启有人长期驻留时代。

①翟志刚、王亚平、叶光富三位航天员的年龄乘积是92 455,三位航天员中翟志刚最为年长,王亚平、叶光富两位航天员年龄相同。那么三位航天员的年龄最大的是(　)岁。

A.55　　　　B.41　　　　C.56　　　　D.40

②同学们在看完中国空间站宣传片后,淘气和笑笑两名同学发现中国空间站的太阳能电池板是可以折叠的。于是淘气拿出一张8 cm×12 cm的长方形纸片做起实验来,他将这张纸对折两次,得到一个较小的长方形。笑笑看到后神秘地问淘气,经过这两次对折后所得的矩形可能的最小周长是(　)cm。

A.20　　　　B.22　　　　C.24　　　　D.28

③根据中国空间站宣传片及国家航天局公布的数据显示,中国空间站"天和核心舱"长约16.6米,重量约22.5吨。笑笑想算算"天和核心舱"平均每米重多少吨。聪明的小朋友们,请你帮助笑笑计算下,

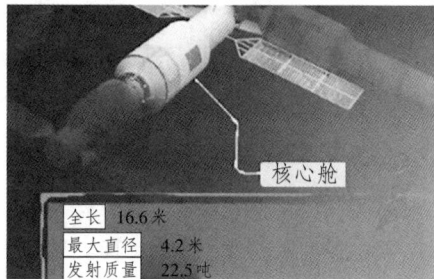

"天和核心舱"平均每米约重(　)吨。

A.1.35　　　B.1.36　　　C.1.55　　　D.1.56

从我国第一颗人造地球卫星东方红一号发射升空,到2022年神舟十三号载人航天飞船安全降落,一代又一代航天人向国人展示了"航天精神"。在这一组试题中,命题者借助宇航员的年龄、可折叠太阳能电池板、"天和核心舱"的重量创设数学情境,让学生置身于神舟十三号的探索任务中,通过解决实际问题了来感受当代人努力拼搏、不畏艰难的精神。[①]

【样题5】请在括号中填入合适的单位。港珠澳大桥是中国境内一座连接香港、珠海、澳门的桥隧工程,已于2018年10月24 日正式通车。澳珠澳大桥工程总投资1 269(　　　),桥隧全长55(　　　),是世界上最长的跨海大桥,如驾车

---

① 刘晓萃,陈艳.融入红色文化的小学数学命题案例研究[J].辽宁教育,2023(21):19-20.

从香港到珠海、澳门仅需45(   )。

【样题6】为了喜迎国庆,学校组织五年级248名学生观看了电影《厉害了,我的国》,在感受了中国日益强大的综合国力后,学生们都想成为国家的建设者,想当工程师的人数是全年级人数的四分之一,想当教师的人数比想当工程师的人数少二分之一,请问想当工程师和教师的总人数是多少?

以上几道样题,虽然是对数感和计算能力的考查,但添加了具有爱国主义、时代气息的题材,为试题注入了新的活力。这样的设计不仅能够提高学生的数学兴趣,还能够让学生了解我国在时代发展中的辉煌成就,感受国家的繁荣与昌盛。这有助于学生树立远大抱负,培养健全的人格,促进他们全面发展。

教材在编写时会加入《九章算术》《几何原本》等书中的数学文化内容。在教学过程中,教师也可以让学生体验相关的数学文化,展现数学发展史中我国著名数学家的数学成果,让学生感受我国数学家的卓越贡献。在试题命制时,也可以适当选取中华优秀的数学文化素材,渗透正确的人生观和价值观,充分体现数学学科的育人价值和功能。①

【样题7】同安封肉是厦门同安传统的名菜,属于闽菜系。银祥食品把每盒封肉真空包装在棱长为2 dm的正方体礼盒里。一个长10 dm、宽8 dm、高9 dm的长方体纸箱里,最多能放(   )盒封肉。

A.13　　　　　B.20　　　　　C.80　　　　　D.90

【样题8】京剧是我国的国粹,剪纸是流传已久的民间艺术,这两者的结合无疑是最能代表中国特色的艺术形式之一。下图京剧脸谱剪纸中是轴对称图形的个数是(   )

A.1个　　　　　B.2个　　　　　C.3个　　　　　D.4个

样题7以同安封肉为素材,旨在增强学生的家乡认同感。样题8以考查轴对称图形为立足点,巧妙融合了国粹京剧脸谱与剪纸,除了能够给学生带来数

---

① 薛磊,吴丽娟.基于课程标准的小学数学命题设计[J].小学教学(数学版),2023(12):37.

形之美的视觉享受外,还能够让学生领略脸谱与剪纸艺术的文化魅力,激发他们深入学习祖国丰富文化遗产的兴趣,增强学生热爱祖国文化的情感。

【样题9】七巧板是一种古老的中国传统智力玩具,下图是一副七巧板拼成的大三角形。请你只移动其中的一块七巧板,将拼成的三角形变成梯形。请你利用平移和旋转的数学知识,写出平移和旋转的过程。(可以用字母A、B、C等标注移动的七巧板的顶点,并在方格纸上保留移动痕迹)

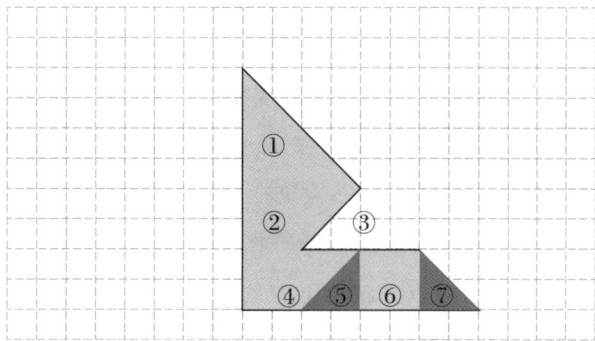

该题考查的知识点是平移和旋转,要求学生能根据图形特征,分析需要操作哪块七巧板,并在头脑中进行变换与比较,得到所求梯形的表象。

二 关注学科本质,突显数学文化

在小学阶段"数与运算"主题中,不仅要理解整数、小数、分数的意义,还要理解整数、小数、分数基于计数单位表达的一致性。在平日的教学中,重视教学内容的整体分析和一致性教学,可以帮助学生在头脑中形成系统的知识框架,建立能够体现数学学科本质的知识体系,实现有效学习。

【样题10】在小学阶段,我们分别学习了整数、小数、分数的加减法(如下图)。在计算时,整数的加减法要"末位对齐",小数的加减法要"小数点对齐",分数的加减法要"先通分再计算"。它们的计算方法看似不同,但在计算原理上是相同的。

$$\frac{1}{4}+\frac{2}{3}=\frac{3}{12}+\frac{8}{12}=\frac{11}{12}$$

(1)"265-23"中是5个( )减3个( )等于2个( )。

(2)"45.14+3.2"中是1个( )加2个( )等于3个( )。

(3)"$\frac{1}{4}+\frac{2}{3}$"中转换成了3个( )加8个( )等于11个( )。

(4)我发现整数、小数、分数的加减计算都是( )。

这是一个数学情境的题目,考查的知识点是学生学完异分母分数的加减法后,要求能通过列举的算式,理解整数、小数、分数的加减运算都是相同的计数单位相加减,感悟运算的一致性。

【样题11】数学中的黄金分割比(约为0.618:1)在作曲领域也被广泛认可。在创作一些乐曲时,音乐家会将高潮或者是音程、节奏的转折点安排在全曲的黄金分割点处。比如要创作一首90小节的乐曲,根据黄金分割比的规律,其高潮要在第( )小节处比较合适。

A.45　　　　B.55　　　　C.65　　　　D.75

【样题12】蟋蟀的鸣叫可以算得上大自然的音乐,殊不知蟋蟀鸣叫的频率与气温密切相关,用一个式子表示:$C=4t-16$。其中C代表蟋蟀每分钟叫的次数,t代表温度。当蟋蟀每分钟叫的次数为104时,可以计算此时温度应该是( )℃。

A.22　　　　B.30　　　　C.32　　　　D.35

【样题13】探究规律:

$$1+121\times9$$
$$2+232\times9$$
$$3+343\times9$$
$$4+454\times9$$

我发现了( )。

根据规律再写出两个类似的算式试一试:( )。

【样题14】著名的哥德巴赫猜想是:"任意一个大于2的偶数,一定能写出两个质数相加的和。"下面与哥德巴赫猜想不符合的是( )。

A.48=11+37　　B.82=69+13　　C.100=29+71　　D.30=17+13

【样题15】我国明朝时期的《算法统宗》里讲述了一种"铺地锦"的乘法计算方法,例如计算62×37,方法如下图:

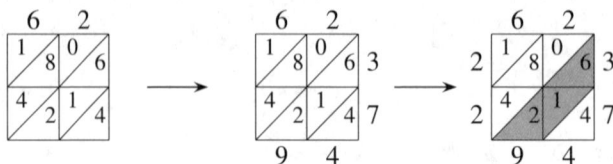

通过观察和理解,请你用"铺地锦"的方法计算出26×18,并说一说乘法"铺地锦"的方法与你所熟悉的乘法竖式计算方法有什么相同点?

【样题16】如右图,四边形ABCD是直角梯形,其中AE=EB=CD=3 cm,BC=ED=2 cm。以AB边为轴将该梯形旋转一周,形成的物体体积是(　　)cm³。

A.62.8　　B.37.68　　C.50.24　　D.75.36

【样题17】小明学了圆的面积后,积极尝试新的探究方法(如图)。请根据信息帮小明算出圆形茶杯垫的面积是(　　)cm²。

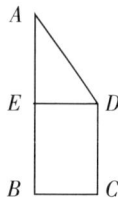

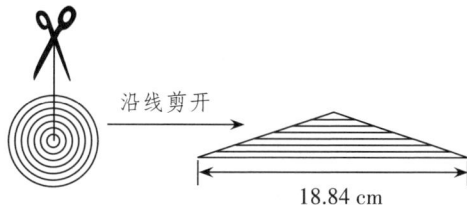

18.84 cm

3.关注问题解决,突显高阶思维

在命题创新实践时,充分发挥跨学科融合学习的优势,合理进行命题设计,促使学生在跨学科融合的主题情境中积极主动地思考探索,发现问题、解决问题,进而达到发展学生数学核心素养的目的。

【样题18】《早发白帝城》是李白在流放途中突然得知被赦而即兴创作的一首七言绝句。白帝城位于今重庆市奉节县,江陵即现在的湖北省荆州市,两地的水路距离大约340 km,"千里江陵"是一种夸张的说法,形容路途遥远。如果李白早晨6点出发,当天晚上12点到达,船的平均速度约为20千米/时,"一日还"是真的还是夸张写法? 如果是真的,船的平均速度不低于多少才能保证当日抵达江陵?

本题融合语文、地理、数学等多学科知识创设情境问题,学生从主题情境中获取有价值的数学信息,进行思考解答。根据给定的信息,从早晨6点到当天晚上12点的时长是:12-6+12=18(时)。

(1)第一问:20×18=360(千米)360>340,所以"千里江陵一日还"是真的;

(2)第二问:要想当天到达江陵,就是要求出船的最小速度,即340÷18=18(km/h)……16(km),18+1=19(km/h),所以,船的速度至少要19 km/h。

这样的命题设计紧密联系生活,融合跨学科知识,有效地培养了学生数学抽象能力和模型思想。同时,学生利用分析法和综合法提取有效信息,提高了发现生活中的数学问题并解决问题的能力,提升了数学核心素养。

【样题19】光明小学需要添置19套课桌椅。下面是3名同学围绕所需花费的金额展开的讨论(如下图),你赞同谁的估算结果?请你估一估,写出估算的过程。

本题设置了生活化的估算情境,引导学生辨析判断,写出自己的估算过程。小红、小芳、小丽三名同学不同的估算结果是教师预设不同的估算方法得到的,也是学生最容易出现的几种情况。学生解决问题的过程是还原估算方法的过程。如果把课桌和椅子的价格都往小估,则是$(50+20)×20=1\,400$(元);如果把课桌的价格往大估,椅子的价格往小估,都估作整十数,则是$(60+20)×20=1\,600$(元);如果把课桌和椅子的价格都往大估,则是$(60+30)×20=1\,800$(元)。教师可以从学生写出的估算过程中判断其选用的估算方法是否合理,能否面对具体的问题选择合适的估算方法,是否具有有理有据的推理意识。具有过程性的试题可以让学生的数学思维"看得见",便于教师清晰地评测出学生的思维水平,发现学生的思维差异,找到学生思维障碍的症结,这对于依据学生的思维现实展开教学具有重要的意义。[①]

4.关注多维思考,突显深度理解

单一测评内容大多数是对事实性知识的识别和再现,而基于数学理解的命题设计,应有意识地提供一些能让学生运用不同数学语言、从多维角度阐述问题的试题,以此来考查他们对数学对象是否真正理解。

【样题20】从数学的角度考虑,下面哪一个图形与其他两个不同?找出这个图形,并说一说你的理由(写出一种即可)。

---

① 邰晓定.指向深度学习的小学数学命题转变[J].教学月刊小学版(数学),2023(4):63.

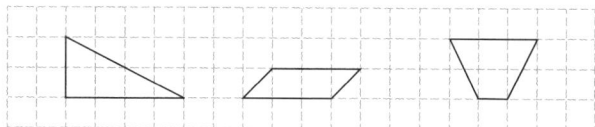

（1）这个与众不同的图形名称是（　　）。

（2）你下结论的理由是什么？写出你的思考过程。

这道试题可以在认识了三角形、平行四边形和梯形之后使用。题目答案不唯一：从图形的运动角度看，三个图形中只有梯形是轴对称图形；从边或角的数量看，只有三角形有3条边或3个角；从边的位置关系看，只有平行四边形中有两组分别平行的对边（当然也可以选梯形，因为梯形只有一组互相平行的对边）。这样的试题，除了可以考查学生是否掌握这几个平面图形的基本特征，还可以检测学生是否有能力从多个维度去思考、分析和表达。当学生能从不同角度展开思考，他们的数学理解也就真正建立起来了。

【样题21】根据下面三幅图的规律，摆5个六边形需要（　　）根小棒。

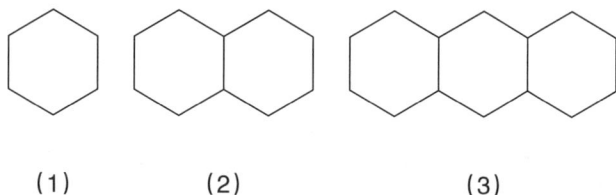

（1）　　　　　（2）　　　　　　　　（3）

这道试题通过呈现具体的情境，考查学生能否发现图形排列中的简单规律，并要求他们给出下一个或下几个图形所需要的小棒根数。学生在答题的过程中，首先需要对前三个图形进行必要的观察、比较、分析，从中提取相同的数学结构特征（规律），进而利用发现的规律解决问题。其中，归纳推理一直在支撑学生的思维进程。将数学思想融入发现和运用规律的思维过程中，这样的命题立意更高，更能反映学生对数学对象的理解。

【样题22】将长方形沿一条直线剪开，不可能得到图形（　　）。

A.　　　　　　B.　　　　　　C.　　　　　　D.

为了考查学生对图形特征的掌握情况，很多教师习惯于采用填空的形式。比如，长方形的四个角都是（　　）角，对边（　　）。这样的填空，考查的是学生对知识的记忆。而上面的试题，让学生运用长方形的特征进行判断，将图形特征的考查不露痕迹地蕴含其中,不仅有助于了解学生对图形特征的掌握情况,也有助于考查学生空间观念的发展情况。

5.设计开设试题,突显差异发展

数学开放题是相对于传统的封闭题而言的,其主要特征是问题答案的不唯一性,解法不固定性,需要用所学的知识,通过观察、比较、分析、综合、抽象、概括,甚至猜想,机智地得到答案,从而养成探究习惯,提高思维能力,增强数学素质。这类试题往往能形成考生积极探究问题的情景,鼓励学生多角度、多侧面、多层次地思考问题,有助于充分调动学生的潜在能力。

【样题23】在一个正方形中剪去一个小长方形,可以怎样剪呢?请动手画一画,至少画出4种不同的剪法。然后思考以下问题:剩余图形的周长跟原正方形周长相比,有什么变化?从这些周长变化中,你能发现什么规律吗?(以下是学生画出的部分剪去图形的示意图。)

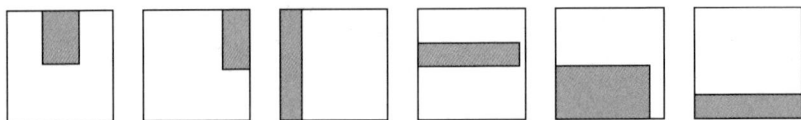

图1　　　图2　　　图3　　　图4　　　图5　　　图6

【样题24】不列竖式,你会怎样比较"432÷5"与"717÷9"的大小?请将你的思考过程写在下面。(右图是部分学生的思考过程)

本题给出两个一位数除三位数算式,要求学生在"不列竖式"的情况下比较结果的大小,侧重于估算意识与估算方法的考查。经统计,本题的得分率为55.8%,满分率为30.2%。从学生的解答过程来看,有三种不同的策略:(1)通过估算对结果作出判定;(2)根据除数和被除数的前两位判断商的大小;(3)把被除数拆成整百数和两位数,并分别与除数相除。估算时,部分学生不能根据数据的特点选择合理的估算方法。同时发现有些学生在有了"不列竖式"的要求后,便不知道该如何判定结果大小。这些问题反映出学生习惯于精确计算,估算的意识和能力尚显不足。[①]

三　关注过程学习,推进表现性评价

2021年3月,教育部等六部门印发了《义务教育质量评价指南》,对新的教育形势下如何改进学生发展质量评价给予方向指引。2021年8月,教育部办公厅发布的《关于加强义务教育学校考试管理的通知》,明确指出,"义务教育学校考试面对的是未成年学生,主要发挥诊断学情教情、改进加强教学、评价教学质量等方面功能""小学一二年级不进行纸笔考试"。《义务教育数学课程方案》指出,要"创新评价方式方法……注重动手操作、作品展示、口头报告等多种方式的综合运用,关注典型行为表现,推进表现性评价"。2022课标指出"考试形式以纸笔测试为主,可采用基于信息技术的考试方式,并与过程性评价、表现性评价等多样化的评价方式相结合。"在融美数学学业质量评价体系中,表现性评价是其中重要形式。

表现性评价是在真实或模拟真实的情境中评价学生应用知识解决问题的能力,它需要"任务"引发学生相对应的表现,并且这样的任务没有唯一标准的答案,需要基于评分规则对学生的表现作出判断。[②]

完整的表现性评价应包括三个核心要素:一是目标,即希望学生达成什么样的学习结果,往往是那些居于课程核心的、需要持久理解的目标;二是表现性任务,即学生需要完成的任务或作业,用于引发学生的相关表现,为目标是否达成提供直接证据;三是评分规则,即判断和解释学生对目标的掌握程度的标准,往往呈现了描述性的不同水平的期望,为学生的学习提供参照,而不仅仅只有二元的对错评分。

表现性评价能够检测高级认知能力、情感、态度等重要教育结果,考查学生实验操作能力和实践能力、应用知识解决实际问题的能力和创新能力等重要的

① 周君斌.发现和改进,从研究命题开始[J].小学教学(数学版),2022(2):42.
② 周文叶,董泽华.表现性评价质量框架的构建与应用[J].课程·教材·教法,2021,41(10):121.

素养。面对同一个知识点,表现性评价和纸笔评价"含金量"完全不同。

例如,考查学生利用长方形面积公式解决实际问题的能力。纸笔测试通常在一个长方形图上标出长和宽的数值,让学生计算面积;考查的能力仅仅为"利用长方形面积公式进行计算的能力",只要学生记住面积公式会乘法计算,就可以答对了。而表现性评价则是"怎样量出数据并计算出课桌面的面积?"学生先要选择工具,由于直尺的量程较大,比较适合课桌面的测量,所以选择直尺。接下来,要科学使用直尺测量课桌面的长和宽,不仅要读数准确,还要克服直尺量程不够的问题,必要时可补接测量;为了减少误差,需要多次测量并取平均值。最后,利用面积公式计算出面积。这样的测试不仅仅考查学生工具的选择、刻度尺的使用和读数、基本测量方法和面积公式的掌握,还考查学生对科学的态度、测量的技能、解决真实问题的能力和灵活应用知识的智慧。

表现性评价就是教师让学生在真实或模拟的生活情境中运用先前所获得的知识来解决某个问题或创造某种东西,以考查学生知识与技能掌握的程度,以及实践、问题解决、交流合作和批判性思考等多种复杂能力的发展状况。表现性评价又称为真实性评价,强调在真实情境中完成真正的任务。这种评价关注发展性功能,注重评价的多元融合取向,具有全面性、多样性、开放性、多元化等特点。在融美数学的推进过程中,表现性评价是一种重要的评价方式。

传统的以纸笔为主的评价方式更多检验的是应试教育影响下的单一人才对知识的记忆,其评价结果依据的是最终的考试成绩,只能考查学生"知道什么",而对于学生"怎么想的"和"会做什么"则是纸笔测试的盲区。现代社会对人才要求更高,要求的是具有创新精神和实践能力的新型人才,这些单靠纸笔测试是完成不了的,而"表现性评价关注的就是学生知道什么和能做什么,通过更真实的表现展现学生的各种能力"。

表现性评价的兴起是与传统的纸笔测试相互补充的,而并不是完全对立的,就其特点来讲,表现性评价更具情境性,更尊重学生的主体性。融美数学认为在推进表现性评价时,做好以下"三个关注"。

1.关注减负提质,营造乐学氛围

作为落实"双减"政策的相关措施,"小学一二年级不进行纸笔考试",更多指向减轻学生和家长的考试焦虑。我们经常采用游园闯关形式进行表现性评价,设计学生喜闻乐见的主题,让学生快乐参与评价的全过程。

比如,一所学校的一年级以"和谐号数学之旅"为主题,活动以车厢的形式呈现,分别设置了数字车厢、位置车厢、生活车厢、图形车厢、时钟车厢等多个环节。从名称上也很自然地和教材中的知识点联系起来。二年级的活动则以太空元素为主题,将活动环节分别以"金木水火土"进行命名,新奇的主题设置充满了趣味与挑战,极大地激发了学生的学习兴趣和探索欲望。

又如,一所学校设计的"我为祖国立志愿,争做小小航天员"的一年级主题游园活动方案。科技兴国,航天之梦,承载着中华民族富强繁荣的伟大追求。中国航天精神需要新一代儿童根植于心,立志于行。主题游园评价活动,链接一年级教学内容和航天新闻大事记,同时将习惯、礼仪、知识与能力培养等穿插在活动中,引导学生在玩中学,学中玩,体验评价学习的乐趣,达成"评价即学习"的目标。活动内容包含4大项目,每个项目都有几个可选项,学生根据自己的兴趣选择一项,完成游戏,收集"梦想之星",每个项目5颗星,共计20颗星。主题游园活动方案详见表8–1。

表8–1 主题游园活动方案

序号	项目	背景资料(科普版面与语音宣传)	活动名称与构想
1	长征星速	"长征"系列运载火箭是我国自行研制的杰出成果,是其他飞行器"上天"的基础。"东方红"升空靠它,"嫦娥"探月也靠它。 "长征一号"运载火箭:1970年4月24日,我国第一颗人造地球卫星"东方红一号",便是由"长征一号"运载火箭发射升空的。 "长征五号B遥二"运载火箭:2021年4月29日,该运载火箭搭载空间站"天和"核心舱,在海南文昌航天发射场发射升空,"天和"是中国空间站的关键舱段。 "长征六号"运载火箭:2021年11月5日,该运载火箭成功将广目地球科学卫星(又称"可持续发展科学卫星1号")发射升空,卫星顺利进入预定轨道。	计算发动机: 此项目以数的认识与20以内数的计算为主,有三组题分别以"长征一号""长征五号""长征六号"命名,让学生根据自己的喜好选择。

续表

序号	项目	背景资料(科普版面与语音宣传)	活动名称与构想
2	神舟飞天	"神舟"系列是载人航天飞船,中国自行研制,是航天员天地自行往返的载人工具。飞船结构分为:轨道舱、返回舱、推进舱、附加段四部分。且发射地均在酒泉卫星发射中心。 "神舟五号":2003年10月15日搭载中国飞天第一人杨利伟顺利进入太空。 "神舟十二号":2021年6月17日,聂海胜、刘伯明、汤洪波乘坐该飞船进入太空,于三个月后成功返航,这是中国空间站阶段首次载人飞行任务。 "神舟十三号":2021年10月16日,翟志刚、王亚平、叶光富乘坐该飞船进入太空。中国空间站迎来首位女飞行员,他们计划在太空"出差"6个月。这是我国空间站关键技术验证阶段的最后一次飞行任务。	手可摘星辰: 此项目主要是让学生用学过的知识和方法解决简单的实际问题,发展学生的应用意识。共3组让学生选择,分别以"神舟五号""神舟十二号""神舟十三号"命名。
3	嫦娥奔月	"嫦娥"系列,听名字便知道和月球有关,是我国自主研发的探月卫星。嫦娥卫星主要用于获取月球表面三维影像、分析月球表面有关物质元素的分布特点、探测月壤特性、探测地月空间等。有嫦娥,应该有玉兔。 "嫦娥三号":于2013年首次成功登陆月球,是中国航天领域技术最复杂、实施难度最大的空间活动之一。 "玉兔号":是月球车的名字,跟随嫦娥探测器一起登陆的月面巡视器。	穿越星之门: 此项目主要是让学生利用所学知识认识钟表,进行简单的拨钟操作。分为"师拨生说""师说生拨"两类,有"嫦娥三号""走进玉兔"命名的两组题供学生选择。
4	天宫定居	"天宫"是我国的空间实验室,相当于太空基地。 "天宫"系列与"神舟"系列载人飞船已经实现了多次对接。 "天宫一号":主要是和载人飞船配合,完成空间交会对接实验任务。 "天宫二号":和"天宫一号"外形相同,但是却承担着不同的任务。是拥有太空补给功能的载人航天实验室,能够支持2名航天员在轨工作、生活30天。同学们,你知道吗?天宫二号它出现问题时可以自己快速更换和在轨维修,真的了不起。	图形助推器: 此项目主要是让学生利用所学过的立体图形拼搭出自己喜欢的物体,并能准确辨认各个图形和数出个数。共两个题组,分别以"天宫一号""天宫二号"命名。

2.关注五育融合,重视学科育人

比如,在一年级的评价方案中,我们可以设立"碰乒乓球"项目,巧妙地引入被誉为"国球"的乒乓球。虽是简略介绍乒乓球誉为"国球"的背景,却极大地增强了孩子们的民族自豪感,爱国主义教育便很自然地融入到了我们的活动中。在二年级评价方案中,我们可以引入七巧板的使用,让学生感受祖国光辉灿烂的文化,感受七巧板的美,渗透德育和美育;"拨时小能手"活动中,开国大典、"神舟十三号"发射、地球一小时,总有一个时刻能够打动你。在这些活动中学生感受到时间的可贵。了解到"地球一小时"的目的不是为了节省电,而是为了使公众认识到保护地球的重要性,增强大家的环保意识,在平常的生活中,就养成环保的好习惯。

又比如,一所学校的办学理念"行真教育",在一、二年级创设了"'行真号'时光机起飞了"的主题情境。在这个大主题下,一、二年级有各自的小主题,一年级的主题是"跳跳猴畅游数学岛"、二年级的主题则是结合冬奥背景,引入雪容融为主题式人物,设计了以"雪容融闯冬奥"为主题的数学游园活动。情境凸显真实,主题重在知识的完整和系统,这样的活动不仅具有教育意义,更能有效吸引学生的注意力。

一所学校在一年级下学期,以冬奥会为大背景,把全册的教学内容巧妙地融入数学运动会闯关环节:数字赛道(踩石过河)、图形赛道(图形体操)、统计赛道(整理器材)、生活赛道(体育商场、快乐飞镖)。每个体育项目都配有导语,简单介绍各体育项目,旨在拓宽学生的知识面。学生们不仅在"玩"中学数学,还在"玩"中学体育、学语文。

3.关注学科本质,着力素养提升

表现性评价经常以主题式游园闯关的形式举行,在实施过程中经常会遇到"见活动不见学科"的现象。在实施过程中,我们要关注学科本质,着力素养提升。

如一所学校在一年级测评方案中,以"海底纵队大冒险"为主题,设计5个挑战关卡。其中活动项目"开启宝箱"包括"数图形数量""补图形空缺""搭立体图形"。"海底加油站"包括"口算听算""算理表达""计算推理";"海底装备区"包含"计算总金额""求物品价格""灵活付款";"海底大派对"包括"找规律""算人数""定方案","顺利返航"包括"自制钟表""认识时刻"。该活动项目与测评因素、学科核心素养、课程标准的对应关系,详见表8-2。

表8-2　测评方案信息汇总

关卡	活动项目	测评因素	学科核心素养	课程标准
1	开启宝箱	理解运用图形知识有序数数	几何直观,推理意识	认识图形 图形运用
2	海底加油站	数的计算又快又准	运算能力	数的计算 实践与应用
3	海底装备区	生活中会用数学	数感,推理意识	量的计算 时间与应用
4	海底大派对	解题有方法	几何直观,推理意识	数的计算 实践与应用
5	顺利返航	理解运用钟表知识	几何直观,创新几意识	实践与应用

图8-2　"海底纵队大冒险"测评方案

二年级则与班队活动融合,以"走进厦门"为主题串联活动(如表8-3)。学生通过活动综合运用数学知识解决实际问题,体会探索的乐趣,感受数学的魅力。这可以培养学生的数学意识和实践能力。

表8-3　"走进厦门"综合评价细目

主题	涉及知识点	游考内容特点	能力培养目标
小小计算家	表内除法、有余数的除法、混合运算、万以内数的认识	随机挑选美食卡片限时完成口算题,寓教于乐。开放题巧算凑20,灵活进行混合运算。	培养数感和运算能力,提高计算速度和准确性,渗透灵活、简便计算。
小小统计员	数据收集整理	借助"闽南童玩进课间"活动,学生分工合作收集信息,整理数据,完成统计表。	提高实践能力和表达交流能力,培养数据分析观念,体会统计的价值,培养合作意识。
小小设计师	图形的运动(一)	以市花三角梅为基础图形,综合运用平移、旋转、对称的内容,进行自主设计,创造精美图案。	巩固图形变换、图形运动相关知识,发展学生的空间观念和创新意识。

主题	涉及知识点	游考内容特点	能力培养目标
小小推理家	推理	以厦门景点为桥梁,根据信息,进行推理判断。	发展推理能力和应用意识,促进思维能力提高。
小小估测家	克和千克	利用生活经验建立重量表象,小队研学前采购物资进行估算和单位换算。	建立1克和1千克的质量观念,培养学生估量物体质量的意识。

有的学校在表现性评价设计了"时光倒流卡",也就是在评价过程中设置了一次"复活机会",允许学生申请其中某个自己觉得不满意的项目重新挑战。时光倒流卡的使用方法,老师并未教授,让孩子自己去发现多种选择,而这些选择会带来不同的结果,这也是育人部分,是学科评价的价值体现。"智慧高手"是挑战题,供学有余力的孩子自我挑战、展示自我。结合学校的益智器具研究,活动设计了益智器具限时挑战环节,如魔方、七巧板、魔尺等。智慧高手项目的开展,需要"手眼脑"的协调,不仅可以激发学生参与智力挑战的兴趣,还可以启迪学生的智慧、陶冶情操。这样的挑战是精彩的,每一次挑战不论输赢都是人生中的一场历练,比的是收获,赛的是情谊。希望通过这样的活动,磨炼学生意志,开发学生潜能,促进学生的全面发展。

表现性评价还可依托"互联网+"技术的赋能,自主开发构建"互联网+赏识教育评价体系"。有的学校设计了六个评价维度,分别是:道德品质、学业水平、运动健康、艺术审美、实践体验、交流合作。学生完成表现性评价,则会自动生成一张电子"赏识成长卡"。借助信息技术提升表现性评价的展现效果,也是融美数学今后重点关注的一个方向。

融美数学的课堂评价

美的课,是能让人赏心悦目的课,听着不累,听课的人不想下课,听不够,还想听。——外在的感觉,简单的判断。

美的课,能不知不觉让人想象、联想、比较,思维活跃,又不累,思维流畅、敏锐而广阔。——内在的质地,饱满的感受。

美的课,是自然的呈现,不刻意,也不落套,有航路却不是轨道,看似平常,却有深意。——时尚却不平庸,形神兼备。

上课就像写诗。上出美的课,就像写出了一首脍炙人口的好诗。

以上是柳袁照老师在其个人公众号上发表的《把课上得美些,再美些》中提出的观点,这样精辟而独到的表达,让人在美的课堂上感受到一种浪漫。但这对评课者的学术底蕴提出了更高的要求。评价是教学活动的指挥棒,融美数学追求美的课堂。有了科学的评价标准,教学活动才能沿着正确的方向前进。

融美数学课堂教学评价是对融美数学课堂教学效果的一种评估和反馈。其评价对象则不仅仅包括课堂教学中教师的活动,还包括学生的活动以及教师与学生的交互作用,其目的在于以"学"评"教"、以"学"促"教"。

为了更好推进融美数学的研究,团队研发了简易可行的课堂评价量表(表8-4),可与课堂观察记录单配合使用。融美数学课堂评价的主要内容包括学生表现、教师表现和师生、生生互动情况。整体课堂表现,以"五美特征"作为评价维度,细化为10项评价指标。具体如下:

表8-4 融美数学课堂评价量表

执教人		课题：			学科：			
评价维度	评价指标	评价要素	等第/分值				得分	
			优	良	中	差		
和谐之美	学科育人	教师是否关注全体学生，挖掘学习内容中的育人因素。	10	8	7	6		
	氛围愉悦	关注全体学生学习的积极性和主动性，是否能始终保持良好的学习状态，是否专注、投入。	10	8	7	6		
本质之美	突显学科	能在形象具体的数学对象中感受到数学美（简洁、对称、统一、奇异）。	10	8	7	6		
	呈现恰当	数学美自然融入教学设计中，学生兴趣浓厚。	10	8	7	6		
深度之美	结构教学	教学设计体现知识、方法、思维的结构化理念，并有效实施。	10	8	7	6		
	挑战学习	学生是否能在主动探究中获得知识、掌握技能。	10	8	7	6		
生长之美	互动积极	关注学生学习方式的丰富性，既有独立思考，又有合作交流，既有动手实践，又有理性思辨等。	10	8	7	6		
	差异发展	全体学生是否能有差异性发展。	10	8	7	6		
创造之美	注重实践	提供丰富的动手实践，交流讨论、作品展示的机会。	10	8	7	6		
	质疑反思	关注学生是否能在轻松、安全的学习氛围中质疑问难，积极主动发表意见，出现创新火花。	10	8	7	6		
总分			100					
等第[优秀：90及以上；良好：80~90(不含)；中等：70~80(不含)；较差：60~70(不含)]								
"融美"关键事件记录								
改进教学的建议								
评价人			评价时间					

在融美数学课堂评价量表的使用过程中,应主要关注以下几点。

(1)评价目标明确。在评价融美数学课堂教学时,首先要明确评价的目标,是评估教师的教学效果,还是学生的学习效果。同时,还要明确评价的具体内容,如教学方法、教学内容、课堂氛围等。

(2)评价内容全面。融美数学课堂教学评价应该包括多个方面,如教学方法的创新性、教学内容的深度和广度、课堂氛围的活跃度、学生的学习效果等。评价内容应该全面、客观,能够反映融美数学课堂教学的真实情况。

(3)评价方式多样。融美数学课堂教学评价可以采用多种方式,如教师自评、学生互评、专家评价等。同时,还可以采用定量评价和定性评价相结合的方式,以便更全面地了解融美数学课堂教学的效果。

(4)评价结果及时反馈。评价结果应该及时反馈给教师和学生,以便他们了解自己的表现和不足之处。同时,评价结果还可以作为改进教学和提高学习效果的依据。

(5)关注个体差异。融美数学课堂教学评价应该关注个体差异,尊重每个学生的特点和需求。对于不同层次的学生,应该采用不同的评价标准和方法,以便更好地促进他们的全面发展。

总之,融美数学课堂教学评价是一个复杂而重要的过程,需要综合考虑多个方面进行评价。通过科学合理的评价方式和方法,发挥评价的激励、导向、诊断功能,可以有效促进融美数学教学主张在课堂落地,促进教师在追寻良好的数学教育道路上不断前进。

参考文献

书籍类:

[1]成尚荣.核心素养的中国表达[M].上海:华东师范大学出版社,2018.

[2]中华人民共和国教育部.义务教育数学课程标准(2022年版)[M].北京:北京师范大学出版社,2022.

[3]李吉林.情境教育:一个主旋律的三部曲[M].北京:中国人民大学出版社,2019.

[4]范蔚,赵伶俐.审美化教学论[M].北京:北京师范大学出版社,2016.

[5]李泽厚.美学四讲[M].天津:天津社会科学院出版社,2001.

[6]车文博.人本主义心理学[M].杭州:浙江教育出版社,2003.

[7]卢家楣.情感教学心理学[M].上海:上海教育出版社,2000.

[8]郑毓信.数学方法论[M].南宁:广西教育出版社,1996.

[9]伯特兰·罗素.我的哲学的发展[M].北京:商务印书馆,1982.

[10]马斯洛.动机与人格[M].3版.许金声,等译.北京:中国人民大学出版社,2012.

[11]周国平.周国平论教育[M].上海:华东师范大学出版社,2009.

[12]弗莱雷.被压迫者的教育学[M].顾建新,赵友华,何曙荣,译.上海:华东师范大学出版社,2001

[13]马丁·布伯.人与人[M].张见,韦海英,译.北京:作家出版社,1992.

[14]杜威.我们如何思维[M].伍中友,译.北京:新华出版社,2010.

[15]弗里德里希·席勒.审美教育书简[M].冯至,范大灿,译.北京:北京大学出版社,1985.

[16]李如密.教学艺术论[M].济南:山东教育出版社,1995.

[17]李泽厚.李泽厚十年集(第一卷)[M].合肥:安徽文艺出版社,1994.

期刊论文类:

[1]薛二勇,李健.高质量教育体系建设:涵义、挑战与着力之处[J].教育与经济,2022,38(6):3-11.

[2]汤杰英.美育概念考察[J].西南师范大学学报(人文社会科学版),2002,28(2):70-76.

[3]杨培明.基于"大美育"理念的新时代学校美育认识与实践[J].教育研究与评论,2021(1):14-18.

[4]崔允漷,王涛.培根铸魂 启智润心——《义务教育课程方案(2022年版)》解读[J].全球教育展望,2022,51(4):6-7.

[5]项贤明.在人工智能时代如何学为人师?[J].中国教育学刊,2019(3):76-80.

[6]何齐宗,晏志伟.人工智能时代教师的审美素养:何以必要与何以生成[J].中国电化教育,2021(11):46-53.

[7]于冬梅.小学数学美感课堂的研究[D].杭州:浙江大学,2019.

[8]俞昕.高中数学中思辨数学的教育价值[J].数学教学研究,2010,29(10):2-5.

[9]崔佳.马克思审美思想研究——审美实践的人性意蕴及其现代性批判[D].长春:东北师范大学,2020.

[10]王然,徐苗苗.马克思人的全面发展理论之于人类文明新形态的当代价值[J].学校党建与思想教育,2022(18):6-8.

[11]杨鲜兰,程亚勤.论习近平对人的全面发展理论的创新发展[J].湖北社会科学,2020(4):12-17.

[12]张立文.融突和合论——中国哲学元理[J].江汉论坛,2021(3):5-23.

[13]王静雯.探讨浸入式艺术《融》的艺术价值[J].作家天地,2022(16):140-142.

[14]范文贵.小学数学反思性教学研究[J].湖南第一师范学院学报,2010,10(2):15-20.

[15]张伟,杨斌,张新民.聚焦未来素养,建构全息育人课堂[J].人民教育,2019(Z1):115-118.

[16]赵宋光.论美育的功能[C]//中国社会科学院哲学研究所美学研究室,上海文艺出版社文艺理论编辑室.美学第三卷(1981年出版).上海文艺出版社,1981:22.DOI:10.26914/c.cnkihy.1981.000005.

[17]查有梁."审美—立美"教育模式建构(上)[J].课程·教材·教法,2003(3):35-41.

[18]鞠玉翠."立美教育"再探[J].教育研究,2018(9):59-65.

[19]檀传宝.美学是未来的教育学[J].人民教育,2015(15):1.

[20]耿海天,陈煜娴,韩雨.探究维果茨基的情感心理学哲学[J].牡丹江大学学报,2023,32(7):23-27.

[21]卢家楣.情感教学心理学研究[J].心理科学,2012,35(3):522-529.

[22]董奇.学生学习的脑科学进展、启示与建议[J].教育家,2018(28):9-12.

[23]张玉孔,郎启娥,胡航,等.从连接到贯通:基于脑科学的数学深度学习与教学[J].现代教育技术,2019,29(10):34-40.

[24]李婷婷,况勇,何清华.脑科学研究与儿童数学学习[J].现代教育技术,2021,31(5):37-43.

[25]余文森,龙安邦.论义务教育新课程标准的教育学意义[J].课程·教材·教法,2022,42(6):4-13.

[26]李政涛.基础教育的后疫情时代,是"双线混融教学"的新时代[J].中国教育学刊,2020(5):5.

[27]徐利治.数学方法论与数学教学改革[J].中学数学,1984(5):2-3.

[28]雷晶.小学数学审美化教学的价值追求及其实现机制研究[D].武汉:湖北大学,2018.

[29]项贤明.论教学的审美之维[J].课程·教材·教法,2022,42(9):87-93.

[30]程明喜.小学数学"深度学习"教学策略研究[J].数学教育学报,2019,28(4):66-70.

[31]张楚廷.教育中,什么在妨碍创造[J].高等教育研究,2002,23(6):1-5.

[32]刘冬梅.论"学科之美"[J].教育理论与实践,2014,34(34):60-64.

[33]黄振.欣赏数学之美[J].亚太教育,2015(31):117-118.

[34]张玉峰,孟爱红.数学美的本质[J].数学教育学报,2006,15(3):24-26.

[35]陈焕斌,张雄.略论数学美的本质属性[J].数学教育学报,2008(5):28-30.

[36]马云鹏.小学数学"深度学习"的理解与教学设计[J].小学教学(数学版),2022(3):4-8.

[37]续润华,孔敏.现代教育理论视野下的学生观探析[J].教学与管理,2011(13):28-29.

[38]崔洪霞.新时代教师应具备的"学生观"[J].人民教育,2022(6):64-65.

[39]高细媛.审美视野下的教学理解[D].武汉:华中师范大学,2012.

[40]赵伶俐.以审美化视点结构教学实现学科美育[J].江苏教育,2020(73):6.

[41]余胜泉,胡翔.STEM教育理念与跨学科整合模式[J].开放教育研究,2015,21(4):13-22.

[42]段安阳.从"教材"到"学材",重构"学"的课堂——小学数学学材开发的价值探寻与实践建构[J].小学教学参考,2015(26):3-6.

[43]张豪锋,王小梅.基于对话教学理论的课堂学习共同体研究与设计应用[J].现代教育技术,2010,20(2):46-50.

[44]邱廷建.正确处理九大关系 构建和谐数学课堂[J].小学数学教育,2012(4):10-12.

[45]周群.让小学数学对话教学走向高效[J].小学教学参考,2022(9):28-30.

[46]陈宇翔,赖智君.基于人教数字教材,实现复习通性通法——以"平面图形周长和面积的总复习"为例[C]//第七届中小学数字化教学研讨会,2022.

[47]叶澜.更新教育观念,创建面向21世纪的新基础教育[J].中国教育学刊,1998(2):6-11.

[48]杨熠.基于结构图谱的小学数学计算教学新范式[J].教学与管理,2022(35):38-41.

[49]陈美华.小学数学实验育人价值转化的"三重意蕴"[J].教学与管理,2020(32):40-42.

[50]刘加霞.通过"再创造"学习数学:"为何"与"何为"——《作为教育任务的数学》一书观点评述之二[J].教育研究与评论.2022(6):115-119.

[51]吴恢銮.数学游戏:内涵、教育价值与实施策略[J].小学教学参考,2023(27):1-5.

[52]余颖.数学游戏:基于校本的思考与探索[J].教育研究与评论(小学教育教学),2016(10):33-40.

[53]张春莉,杨雪.深化核心素养导向的学生学习评价改革[J].小学教学(数学版),2022(21):30-32.

[54]刘晓萃,陈艳.融入红色文化的小学数学命题案例研究[J].辽宁教育,2023(21):17-20.

[55]薛磊,吴丽娟.基于课程标准的小学数学命题设计[J].小学教学(数学版),2023(6):36-38.

[56]邬晓定.指向深度学习的小学数学命题转变[J].教学月刊小学版(数学),2023(4):61-64.

[57]王栋祥.小学数学命题动向——2020年小升初数学试题赏析例谈[J].中小学数学(小学版),2021(22):37-39.

[58]周文叶,董泽华.表现性评价质量框架的构建与应用[J].课程·教材·教法,2021,41(10):120-127.

[59]何齐宗.教师的审美素养及其本体价值分析[J].高等教育研究,2006,27(6):73-77.

[60]任为新.基于审美素养的中小学教师培训调查分析[J].中小学教师培训,2018(1):22-24.

[61]谢圣英.教师教学体态语言美的意蕴探析——以数学教学为例[J].教育理论与实践,2012,32(14):39-41.

[62]国建文,肖李.教师审美敏感力的实践困境及其破解——基于"审美敏感"的视角[J].美育学刊,2023,14(4):98-104.

[63]杨正家.论数学教师的数学教学素养[J].现代基础教育研究,2018,31(3):114-118.

[64]陈静静.揭开学习的奥秘:焦点学生学习历程的观察与分析[J].教育科学,2020,36(3):52-57.

[65]徐五光.数学美与数学的统一美[J].杭州师范学院学报(自然科学版),1994(3):39-46.

[66]徐丽华,李国强.美育维度下的小学数学教学探析[J].华中师范大学学报(人文社会科学版),2012,51(4):220-224.

[67]李春慧.对"数学统一性"的认识[J].数学之友,2020(1):9-10.

[68]袁懿,何袁静,陈丽娜.数的运算及数量关系的一致性研究——以小学数学六年级上册数与代数整体教学为例[J].重庆第二师范学院学报,2023,36(5):74-82.

[69]赵莉.小学数学数的概念一致性与运算一致性研究[D]长春:东北师范大学,2023.

[70]杨莉荞,王利,杨新荣.小学数学创造性思维:内涵、特征与培养策略[J].小学数学教师,2022(3):22-27.

[71]郑毓信.数学学习中的"再创造"和"再认识"[J].教育视界,2023(6):5-9.

[72]丘成桐.创新的基础在质疑问难[J].中国教育学刊,2021(4):7.

[73]张铭凯.重大主题教育融入课程:价值诉求、现实挑战与实践进路[J].课程·教材·教法,2023,43(2):41-48.

[74]罗生全,周莹华.重大主题教育进课程教材的逻辑理路与实践进路[J].当代教育科学,2023(1):32-39.

[75]许锋华,丁雪艳.基于重大主题教育进课程教材的教师CROSS跨学科能力及其培育[J].教育理论与实践,2022,42(26):3-8.

[76]李健,李海东.重大主题教育进中小学数学教材:现实意义、基本遵循与实践进路[J].课程·教材·教法,2023,43(3):96-102.

[77]柳夕浪.重大主题教育何以进课堂?——教学改革热点问题透视之三[J].人民教育,2022(1):36-39.

[78]沈湘平.以有机融入方式为主落实重大主题教育[J].人民教育,2022(9):21-23.

[79]田慧生.强化重大主题教育设计,增强课程教材育人功能[J].教育家,2021(39):6-7.

[80]李玲玲.海峡两岸关于量感的教材编排对比及教学思考——以"容积(容量)"为例[J].小学教学(数学版),2023(1):12-14.

后记

《庄子》"始生之物,其形必丑",其释义为"刚产生的事物,样子一定很丑,如化蝶之蛹,刚出生的小孩等。比喻新事物刚产生的时候不够完美,需要逐渐完善才会更美好。"在书稿终于成型的日子,更加体会到上述话语的深意。

撰写书稿,并非首次。2012年,本人第一本专著《小学数学教师5项修炼》由华东师大出版社出版,至今已第五次印刷。2022年,本人第二本专著《课程统整:小学项目式学习的实践研究》由福建教育出版社出版。前两本书稿,可谓是无心插柳。因为平时有记录教育感悟的习惯,积累了较多的素材,到了一定程度,根据素材进行总结提升,便有了两本书的撰写出版。因此,并没有觉得写书是件很困难的事情。

融美数学教学主张,是在参加卓越教师培训期间,在专家、导师的帮助下孵化产生的。这既是对自己三十多年教学生涯的反思总结,也是自己对未来数学课堂的思考。但当准备把只是概念化的"融美主张"用书稿的形式表达出来,对自己来说,无疑是莫大的困难。理论积淀的匮乏、实践案例的单薄,成了一道道拦路虎。自我怀疑、思路迷茫之余,沉下心,踏实地学习、思考。所幸,在经历文献学习、自我反刍、导师指导的过程中,关于融美数学的内涵及相关体系构建逐步清晰起来。

感谢厦门市音乐学校谭筱英书记,她不仅是我的领导,更是我在教育美学方面的启蒙老师,她提出的"和美教育"办学理念为学校构建了大美育研究的良好氛围,也直接促成我学习思考和探索教育美学在学科教学的深入应用,并最终孵化出"融美数学"的教学主张;感谢我的导师郑鑫副教授、朱福荣院长,对"融美主张"给予充分的肯定,并提出很多指导意见和建议;感谢我的研究伙伴林颖琦、黄丽萍、李彩娟等老师,你们分享的案例丰富了"融美数学"的实践表达。感谢西南大学出版社朱春玲编辑,她严谨细致的工作作风,认真对待每一个字符,让我更增添了对学术研究的敬畏,她体谅一线教师作者的工作负担,帮助承担了很多校对工作,让编作之间的故事更加美好。

由于时间、精力的局限，再加上学养不足的事实，本书存在诸多遗憾。在融美数学的内涵解读、体系建构、实施路径、评价研究等方面的阐述，都还有不尽如人意之处。在参考文献方面，由于涉及面广，有些资料无法查清并注明原始出处，深感歉疚和遗憾。

几分惶恐，更多遗憾，然终究是要面呈读者，愿您能从中感受到我们的努力，并给予宝贵的建议和意见。